SOUVENIRS DIPLOMATIQUES

L'ALLEMAGNE

ET

L'ITALIE

1870-1871

PAR

G. ROTHAN

ANCIEN MINISTRE PLÉNIPOTENTIAIRE
ANCIEN MEMBRE DU CONSEIL GÉNÉRAL DU BAS-RHIN

« *Omnes omnium civitates
patria una complexa est.* »
DE OFFICIIS, I, 57.

I

L'ALLEMAGNE

PARIS
CALMANN LÉVY, ÉDITEUR
ANCIENNE MAISON MICHEL LÉVY FRÈRES
3, RUE AUBER, 3

1884

Droits de reproduction et de traduction réservés

CALMANN LÉVY, ÉDITEUR

DU MÊME AUTEUR
OUVRAGES COURONNÉS PAR L'ACADÉMIE FRANÇAISE
Format in-18.

LA POLITIQUE FRANÇAISE EN 1866. — LES ORI-
GINES DE LA GUERRE DE 1870 . . . . 1 vol.
L'AFFAIRE DU LUXEMBOURG. — LE PRÉLUDE DE
LA GUERRE DE 1870. . . . . 1 vol.

PARIS. — IMPRIMERIE CHAIX, 20, RUE BERGÈRE — 1594-4.

L'ALLEMAGNE
ET
L'ITALIE

LA FRANCE ET L'ALLEMAGNE

EN JUILLET ET AOUT 1870

« Jamais la paix n'a été aussi solidement assurée, » disait M. Émile Ollivier, le 30 juin 1870, et le 6 juillet, l'Europe était brusquement réveillée par les véhémentes déclarations de M. de Gramont. On ne se méprit pas sur la portée de ce coup de théâtre. Il révélait de profonds, de secrets ressentiments. Le gouvernement français rappelait le cabinet de Berlin, publiquement au respect des convenances internationales; il lui notifiait que la France, déçue, froissée, était résolue, désormais, à ne plus tolérer aucune atteinte aux intérêts traditionnels de sa politique. Pour les esprits clairvoyants, il était évident que la question de prépondérance posée entre la France et la Prusse, depuis Sadowa, allait se dénouer violemment. Il n'avait pas dépendu de M. de Bismarck qu'elle ne fût résolue déjà, en 1867, lors de l'affaire du Luxembourg.

La mise en demeure qui partait si inopinément de la tribune française à l'adresse de la cour de Prusse, causa en Allemagne une indicible émotion. On en fut atterré à Berlin. « C'est donc la guerre, et nous n'y sommes pas préparés ! » s'écria, plein d'angoisses, le Prince Royal, en apprenant, dans un château de la Silésie, l'incident qui s'était produit au Corps Législatif. Le général de Moltke lui-même ne put se défendre d'un sentiment d'inquiétude : « Il faut que mes agents m'aient bien mal renseigné, disait-il au baron Nothomb, pour que la France, à moins de céder à un accès de folie, avec d'aussi faibles effectifs et une préparation à peine ébauchée, nous jette un pareil défi ! »

La presse prussienne, sous la première impression, donna libre cours à ses passions. Mais dès le lendemain son attitude se modifiait. Un mot d'ordre parti de Varzin lui prescrivait le calme et l'effacement. Parler de la candidature Hohenzollern avec indifférence, dégager entièrement la responsabilité du gouvernement prussien, signaler et reproduire les attaques des journaux français, sans les relever par des commentaires, telle était la consigne.

M. de Bismarck était dérouté par les confidences intempestives que Prim avait faites à notre ambassadeur. La candidature du prince de Hohenzollern nous était révélée prématurément par suite d'une dépêche chiffrée, mal traduite, mal interprétée. Elle devait rester secrète jusqu'à la réunion des Cortès. Le hasard avait dénoué une trame savamment ourdie.

L'opinion allemande se refusait à comprendre la pensée qui avait pu déterminer le gouvernement prussien à exposer l'Allemagne à un conflit avec la France, dans le seul but de satisfaire l'amour-propre de la maison de Hohenzollern.

« Le cabinet de Berlin, à en juger par le désarroi de sa presse, écrivais-je de Hambourg, le 9 juillet, a été surpris, bouleversé par la révélation prématurée de la candidature du prince de Hohenzollern au trône d'Espagne. Cet incident éclate inopportunément pour les convenances de sa politique; il se voit, sans pouvoir invoquer l'intérêt allemand, mal engagé dans une grosse question européenne et fâcheusement compromis par les menées ténébreuses de sa diplomatie. Aussi ses journaux, contrairement à leurs habitudes agressives, se renferment-ils dans une ré serve significative, obéissant à un mot d'ordre parti du ministère des affaires étrangères. Ils se bornent à dégager l'action personnelle de M. de Bismarck des arrangements intervenus entre le gouvernement espagnol et le prince de Hohenzollern, tout en déplorant que le gouvernement de l'empereur, dans ses déclarations à la tribune du Corps législatif, ait mis le cabinet de Berlin violemment et publiquement en cause, sans tenir compte de ses légitimes susceptibilités. Ces directions si conciliantes données à la presse seront-elles maintenues? Je ne voudrais pas en répondre. Je serais plutôt tenté de croire à un retour offensif dès qu'on aura repris contenance. Les agents prussiens ne dissimulent pas leur irritation; ils se sentent profondément atteints dans leur amour-propre; ils ont peine à s'expliquer, tant leur mortification est vive, la condescendance de leur gouvernement en face des provocations de notre presse et des manifestations qui se sont produites au Corps législatif. Il faudrait peu de chose, je le crains, pour pousser la Prusse à des résolutions extrêmes. Mais reste à savoir si le roi et son premier ministre, qui évidemment se sentent mal engagés, sur un mauvais terrain, voudront, dans de fâcheuses conditions morales, se jeter, sans la certitude du succès et sans le prétexte d'une agression, dans une lutte à outrance. On se plaît à en douter ; on croit plutôt qu'ils persisteront à ne pas se départir d'une conduite modérée, contents d'avoir réussi à nous mettre aux prises avec les susceptibilités nationales de l'Espagne et heureux d'avoir trouvé, à la veille des élections, un moyen infaillible de conjurer le conflit qu'ils redoutaient avec le Parlement du Nord sur la question militaire. »

L'agitation était grande des deux côtés du Mein. Les ennemis du chancelier relevaient la tête ; ils s'attaquaient à ses procédés. Sa politique était l'objet d'amères critiques, jusque dans les rangs de sa diplomatie. Il était désapprouvé par le comte de Bray et le baron de Varnbühler ; il ne pouvait compter ni sur l'assistance du Wurtemberg, ni sur celle de la Bavière. Notre langage résolu paraissait légitime et, comme l'écrivait M. de Saint-Vallier, si la Prusse pendant la première semaine du différend, du 3 au 11 juillet, avait posé à Stuttgard et à Munich, la question du *casus fœderis*, elle se serait heurtée contre un refus péremptoire. La neutralité des royaumes du sud, eût enlevé à la guerre tout caractère national, elle eût maintenu la route ouverte entre la France et l'Autriche ; c'étaient cent cinquante mille combattants de moins sur les champs de bataille, dans les rangs de nos ennemis. Jamais M. de Bismarck ne s'était trouvé dans une situation plus scabreuse. Il fallait son sang-froid, son audace, les ressources de son esprit et aussi le bonheur qui préside à sa fortune pour sortir de l'impasse où il se trouvait acculé. Il sut conjurer le danger et nous battre sur le terrain où nous devions triompher en restant maître de lui-même. Il n'avait pas de parti pris ; il s'en remettait, comme le grand politique dont il s'est assimilé les procédés, aux circonstances et aux sottises de ses adversaires, pour régler son plan de conduite. Il spéculait sur nos passions, sur nos maladresses, sur les adversaires de l'empire, sur la révolution. Il n'ignorait pas les causes qui avaient déterminé le ministère du 2 janvier à prendre de si haut l'incident espagnol. Il savait que derrière l'irritation qui se manifestait au corps législatif, se cachaient des intrigues parlementaires, des arrière-pensées dynastiques ; que l'extrême droite voulait à tout prix renverser le cabinet et que pour atteindre son but elle était résolue à donner à la candidature du prince de Hohenzollern, les proportions d'une question nationale. Peut-être connaissait-il aussi les espérances qu'on caressait dans les entours immédiats du souverain. On se flattait qu'une guerre heureuse affermirait la dynastie et permettrait, en vue de la consolidation de la régence, de revenir sur les concessions libérales faites par l'empereur.

M. de Bismarck suivait, depuis Varzin, les péripéties de cette crise; il guettait le prétexte qui devait lui permettre de rentrer en scène. Il désirait la guerre, mais il ne se souciait pas d'en assumer la responsabilité. Il manœuvrait de façon à nous réserver l'odieux de la provocation. Tandis qu'il envoyait le comte d'Eulembourg à Ems pour faire connaître au roi l'irritation du sentiment public et l'indignation de l'armée, en face de son excessive mansuétude vis-à-vis de la France, il agissait à Vienne, à Florence et surtout à Pétersbourg; il correspondait avec M. de Moltke qui déjà préparait, silencieusement, la mobilisation de l'armée.

L'Allemagne, qui n'était pas dans le secret de ses desseins, s'alarmait à l'idée d'une guerre dont les causes étaient équivoques et dont l'issue lui paraissait chanceuse. La France avait encore du prestige, on savait que depuis 1866 elle avait armé sans relâche; on ne soupçonnait pas qu'elle fût sans alliés, on la croyait militairement et diplomatiquement prête à toutes les éventualités.

Il semblait que le gouvernement de l'empereur venait de saisir une merveilleuse occasion d'isoler la Prusse, de rendre illusoires les traités d'alliances qu'elle avait imposés aux États du Midi, en séparant sa cause de celle de l'Allemagne. On s'attendait à voir nos généraux procéder d'une façon foudroyante. Déjà, avant la rupture des relations diplomatiques, le bruit courait qu'un corps d'armée marchait sur le Luxembourg et que les avant-gardes françaises pénétraient dans la Palatinat. On craignait que l'armée prussienne ne fût surprise avant d'être concentrée. Je cédai, je l'avoue, plusieurs jours à ces illusions. Je n'étais pas seul à les partager [1]. Je m'imaginais, en

1. M. Georges Le Sourd, notre chargé d'affaires à Berlin, m'écrivait à la date du 13 juillet : — « Mon cher ami, j'ai lu vos dépêches avec le plus vif intérêt, je n'ai pas besoin de vous le dire, et je vous remercie beaucoup de me les avoir si généreusement communiquées. Quant aux miennes elles ne vous apporteraient réellement aucun fait ni aucune appréciation d'une valeur réelle. Je n'ai fait qu'une communication à M. de Thile, le 4 juillet, sur une dépêche télégraphique de Paris, qui est la seule parole officielle que j'aie eu du ministère avant comme après la foudroyante déclaration du *Duc*. Thile a immédiatement et par une *consigne* formelle, qu'il exécute comme un factionnaire, décliné tout entretien sur cette affaire, que le gouvernement prussien considérait *comme n'existant pas;* je me suis borné à lui faire connaître, en l'accompagnant des arguments *ad hoc*, l'impression d'étonnement légitime que nous avions ressentie. — Depuis, rien. — Vous connaissez le résumé du premier entretien de Benedetti avec le roi, je ne sais pas

voyant le gouvernement de l'empereur si résolu, si cassant, que la guerre, poursuivie et préparée de longue main allait éclater dans des conditions certaines de succès, que nous avions cinq cent mille hommes sous la main pour les jeter en moins de quinze jours, au cœur de l'Allemagne, que nos escadres réunies à Cherbourg n'attendaient qu'un signal pour appareiller et débarquer sur les côtes danoises un corps d'armée qui forcerait la Prusse à se préoccuper de la défense de Berlin. Je me plaisais à croire aussi, que la

ce qui s'est passé depuis lors; les nouvelles manquent. Ce qui les a terrifiés ici, dès l'origine, c'est l'énergie violente de notre première déclaration; ils y ont vu un parti pris de guerre. Le langage agressif de nos journaux et l'ensemble de notre situation les a convaincus que nous voulions une rupture. Ils ont reculé devant cette extrémité, comme ils le feront toujours, à moins que *le sentiment national ne vienne forcer la main du roi ou à favoriser les plans de M. de Bismarck*. Il est évident que voilà une *reculade*.; on a connu la renonciation hier soir, à dix heures; Bismarck était arrivé de Varzin à six heures, il comptait partir ce matin pour Ems. Il a annoncé le désistement au ministre d'Italie; on croit qu'il repartira ce matin pour Varzin. L'incident est donc clos, mais la sécurité n'est pas rétablie et la partie n'est probablement que remise. Il faudrait presque regretter une solution, qui ajourne une guerre, que nous eussions entamée aujourd'hui, *si toutefois nous sommes prêts*, dans d'excellentes conditions. — On s'est surtout plaint de notre animosité, de l'attitude comminatoire du Duc, de la précipitation de notre courroux, de ce que nous avons formulé un *ultimatum* sans avoir rien entendu, etc., etc. Le fait est un *succès* pour nous, mais je vous le répète, nos rapports avec Berlin vont devenir bien difficiles et nous allons en pâtir ici.

Russie était pressentie sur son attitude éventuelle, que nos alliances étaient conclues à Vienne, à Florence à Copenhague, qu'au premier coup de canon l'Autriche et l'Italie procéderaient à des concentrations de troupes sur les frontières allemandes. Je ne pouvais pas me douter, à plus de deux cents lieues de Paris, sans instructions, sans avoir été interrogé sur les dispositions du Nord de l'Allemagne, qu'on passerait outre, sans avoir tout prévu, sans être en quelque sorte mathématiquement assuré de la victoire.

L'erreur fut courte ; bien avant la déclaration de guerre, je vis le piège, je mesurai le danger, je compris que nous étions perdus.

Le 12, à six heures du soir, M. de Bismarck accourait à Berlin, anxieux, déçu par la tournure que prenaient les événements. Sa résolution était arrêtée, il comptait, partir aussitôt pour Ems, stimuler le roi et le prémunir par son intervention dans ses colloques avec notre ambassadeur, contre de nouvelles défaillances, lorsqu'à dix heures il reçut la dépêche qui annonçait le désistement du prince de Hohenzollern. C'était un grave échec pour sa politique, l'aventure avait mal tourné, il en sortait amoindri, humilié; la Prusse, pour la seconde fois, avait reculé. Mais la France, en formulant de nouvelles exigences, allait renouveler la faute que l'Autriche avait commise au mois de juin 1866, lorsqu'elle refusait le congrès. Il eut suffi alors d'une sage inspiration du cabinet de Vienne pour rendre imminente la chute d'un ministre impopulaire, réduit au rôle d'agresseur.

Le 11 juillet, dans la matinée, M. Olozaga était informé que le prince Antoine de Hohenzollern, venait de notifier au maréchal Prim, par le télégraphe, le retrait de la candidature de son fils. Quelques heures plus tard, M. Benedetti avisait de son côté le duc de Gramont, que le roi lui avait promis une réponse pour le lendemain et qu'il approuverait le désistement dès qu'il lui serait communiqué. — La dignité du roi était en jeu, il se refusait de céder ouvertement à nos injonctions, mais pour éviter une rupture, il promettait à notre ambassadeur de ratifier la renonciation *spontanée* du prince de Hohenzollern, dès qu'elle serait connue de l'Europe.

Il avait suffi d'élever la voix pour obtenir une légitime satisfaction. La Prusse reculait devant nos véhémentes apostrophes, mortifiée, atteinte dans son prestige, et son ministre pris au piège qu'il nous avait tendu, était rejeté dans ses embarras intérieurs; il subissait un de ces échecs dont les plus audacieux ont peine à se relever.

L'Allemagne ne s'y méprenait pas. Les adversaires de M. de Bismarck, proclamaient au Nord et au Midi sa déconvenue ; ils illuminaient à Stuttgard.

La France, après bien des mécomptes, venait de remporter un éclatant succès ; l'Europe, tenue en haleine depuis Sadowa, approuvait la leçon si vertement infligée à la politique turbulente, agressive du cabinet de Berlin. Le gouvernement de l'empereur, malheureusement, ne comprit pas la portée des concessions qu'il avait si rapidement obtenues ; au lieu de les tenir secrètes et de ne s'en prévaloir que du haut de la tribune, il les compromit aussitôt en les ébruitant prématurément. Fier d'avoir préservé la paix, M. Émile Ollivier porta à la Chambre la bonne nouvelle ; il laissa circuler de main en main, le télégramme de Sigmaringen, que venait de lui communiquer l'ambassadeur d'Espagne, sans se préoccuper de l'adhésion du roi de Prusse, qui seule devait clore l'incident. « Nous avons obtenu ce que nous désirions, disait-il à M. Thiers, nous tenons la paix, nous ne la laisserons pas échapper. » Le Garde des Sceaux, subordonnait aux élans de sa joie, la raison d'État. Il oubliait le parti de la guerre, il ne prévoyait pas que le désistement de Sigmaringen, présenté sans l'adhésion d'Ems, loin de calmer les passions, servirait de thème à de perfides interpellations. Le ministère espérait monter au capitole, il allait être traîné aux gémonies. On lui reprochait d'avoir été joué par la cour de Berlin, on disait ironiquement que le télégramme du « *père Antoine* » était une satisfaction dérisoire, que l'incident Hohenzollern était secondaire, que la Prusse seule était en cause, qu'on ne pouvait lui permettre de se désintéresser du conflit, qu'il fallait une *participation saisissable* du roi à l'acte de renonciation, on réclamait des garanties formelles. M. de Gramont perdit contenance. Il savait par la dépêche de M. Benedetti que le roi ne nous refusait pas *sa participation*, qu'il approuverait sans ambage la renonciation dès qu'il en serait officiellement avisé par le prince de Hohenzollern[1]. Il lui suffisait de s'expliquer à la tribune pour dissiper le malentendu et faire triompher la sagesse. Mais excité par les généraux qui répondaient de la victoire, dominé par les intrigues de la Cour et de la Chambre, impressionné par les attaques de la presse, grisé par les manifestations tumultueuses de ses adversaires,

---

1. M. de Saint-Vallier télégraphiait, à la suite d'un entretien avec la reine Olga, « que le roi Guillaume avait prié le prince Antoine de détourner son fils de l'aventure espagnole et de lui rappeler la fin tragique de Maximilien. »

il estima que l'approbation verbale était insuffisante, il réclama des garanties écrites pour l'avenir.

Ce n'est pas ainsi que notre politique avait procédé dans des circonstances d'une bien autre gravité, au mois d'avril 1867. Notre honneur national était alors réellement en cause, il s'agissait de renoncer publiquement à une province que la Prusse nous avait promise et que déjà le roi de Hollande nous avait cédée. Mais, pressentant le piège, le gouvernement impérial refusa de jouer le jeu de son adversaire; il resta impassible devant des excitations calculées; il rèussit par sa sagesse, par sa modération, à s'assurer le concours des puissances. Par une évolution habile, faite sous le coup du danger, il força la Prusse à évacuer le Luxembourg, malgré de solennelles déclarations. « Il prouva, sans rien sacrifier de sa dignité, que le gouvernement d'un grand pays choisissait son heure et n'exposait pas les forces dont il était le gardien, aux convenances d'un homme d'État téméraire (1). »

En face de nos exigences, les sympathies des puissances, qui nous étaient acquises, se reportèrent du jour au lendemain, vers la Prusse. Elle avait fait à la paix des sacrifices inat-

---

1. *L'Affaire du Luxembourg.* Calmann Lévy.

tendus, tandis que la France, en formulant des conditions inacceptables, ne cachait plus ses arrière-pensées de vengeance et de conquête.

Le duc de Gramont avait mis l'honneur national solenellement en cause, il lui fallait pour le satisfaire, une concession qui fût à la hauteur de ses violentes déclarations. Il hésita cependant, avant de brûler ses vaisseaux; il eut conscience de sa responsabilité, il comprit qu'il avait dépassé la mesure en réclamant une garantie écrite; il réduisit ses demandes à une promesse verbale. « Faites un dernier effort auprès du roi, télégraphiait-il à M. Benedetti, dites-lui que nous nous bornons à lui demander de défendre au prince de Hohenzollern de revenir sur sa renonciation. Qu'il nous dise : je le lui défendrai et qu'il vous autorise à me l'écrire, ou qu'il charge son ambassadeur de me le faire savoir et cela nous suffira. »

Il était trop tard, les passions se réveillaient en Prusse, l'armée et la bureaucratie s'attaquaient à la faiblesse du souverain, le parti national s'agitait bruyamment et M. de Bismarck s'appliquait dans l'ombre à nous couper la retraite. Exiger des garanties pour l'avenir, même dans une forme adoucie, c'était s'exposer à un refus certain. Le roi était arrivé à la dernière limite des concessions. Il fit dire à notre ambassadeur par un de ses aides de camp, dans les termes les plus courtois, qu'il ne pouvait faire davantage après avoir donné son approbation entière, et sans réserve, au désistement.

Les calculs de M. de Bismarck se trouvaient justifiés : de provoqués, nous devenions provocateurs. Le moment était venu pour le ministre prussien de démasquer ses batteries, de nous pousser dans nos derniers retranchements. Il était certain que le roi était à bout de patience, que l'Europe nous désapprouvait, que les passions germaniques se réveillaient, il n'avait plus de ménagements à garder ; il allait rentrer en scène par un coup de maître, d'une façon retentissante.

Dans la nuit du 13 au 14 juillet, il faisait remettre à l'agence Wolf une dépêche, qui, d'après ses calculs, devait surexciter les passions à Paris et jeter le gouvernement français dans un redoutable dilemme : reculer ou se précipiter sur la pointe de son épée. Il annonçait *urbi et orbi* que le roi avait refusé de recevoir l'ambassadeur de France et qu'il lui avait fait notifier par un aide de camp qu'il n'avait plus rien à lui communiquer. Cette dépêche n'avait qu'une valeur diplomatique relative, le cabinet de Berlin pouvait la désavouer bien qu'il l'eût dictée et fait adresser, contrairement aux usages de sa chancellerie, à ses agents à l'étranger. Quelques-uns s'y laissèrent prendre ; M. de Wertern, à Munich, et le général de Rœder, à Berne, en firent l'objet d'une communication officielle [1]. Leurs propos belliqueux, signalés par le marquis de Cadore et le comte de Guitaut-Comminges, permirent à M. de Gramont d'interpréter le télégramme dans le sens d'un outrage, infligé publiquement, et en quelque sorte officiellement[1], à la France, par la Prusse. Le gouvernement de l'em-

---

1. Dépêche du comte de Guitaut. — Berne, 14 juillet 1870. — « Le général de Rœder a remis au président fédéral une dépêche de M. de Bismarck annonçant le refus du roi Guillaume de s'engager comme roi de Prusse de ne jamais donner son consentement à la candidature du prince de Hohenzollern s'il en était de nouveau question, et le refus de S. M. de recevoir notre ambassadeur. »

1 Dépêche du marquis de Cadore. — 14 juillet 1870. — « M. de Wertern a dit à M. de Bray que le roi de Bavière serait sans doute impressionné par ce fait, que M. Benedetti a abordé le roi de Prusse sur la promenade, d'une manière provocante, pour lui demander de l'autoriser à télégraphier à son gouvernement, que S. M. s'engageait à refuser à tout jamais son autorisation au prince de Hohenzollern de revenir sur sa détermination.

» Le comte de Bray, très ému en face de cette dépêche télégraphique, me prie de vous dire, qu'après la renonciation du prince de Hohenzollern, l'opinion publique en Bavière ne comprendrait pas que nous fassions la guerre, uniquement pour obtenir de la Prusse des garanties qu'elle croit de sa dignité de refuser dans la forme exigée. Il espère que nous n'insisterons pas et que nous accepterons une transaction proposée par les puissances. »

pereur ne s'arrêta qu'au procédé, dont l'intention était manifeste, il se refusa de voir le piège.

La paix, certaine un instant, était subitement remise en question. Que s'était-il passé ? Les versions sont contradictoires. Tant que tous les acteurs mêlés de près ou de loin à ce drame funeste, ne se seront pas expliqués, il sera difficile d'écrire une page d'histoire définitive. M. Émile Ollivier prépare, dit-on, un volume qui sera la justification de sa politique. Personne n'a jamais mis en doute ses sentiments pacifiques, il les a affirmés en toutes circonstances, à la tribune, dans ses entretiens particuliers. Mais il importe d'être fixé sur les causes secrètes qui ont déterminé le chef du cabinet du 2 janvier, à sacrifier ses tendances, d'un instant à l'autre, au parti de la guerre. « J'étais devant mon bureau,[1] m'a-t-il dit un

On remarquera que le général de Roeder communiquait la dépêche au président fédéral, tandis que M. de Wertern se bornait à signaler les procédés de notre ambassadeur au ministre dirigeant du roi de Bavière. La dépêche prussienne provoqua dans tous les centres diplomatiques une grande émotion, mais nulle part on ne lui attribua le caractère officiel qu'on lui prêtait à Munich et à Berne. M. de Bismarck reconnut, du reste, peu de jours après, dans sa circulaire du 20 juillet, que la dépêche n'avait été adressée à ses agents qu'à titre d'information et que le roi n'avait été l'objet d'aucun outrage.

1. J'eus occasion de voir M. Émile Ollivier après mon retour de Florence, à Montcalieri, près de Turin, où il s'était retiré après le 4 septembre. L'entretien eut lieu le 5 mai 1871.

jour, occupé à rédiger la déclaration conciliante arrêtée dans le conseil, après le désistement du prince de Hohenzollern, et dont je devais donner lecture à la Chambre. J'étais heureux d'avoir su conjurer un conflit qui, un instant, paraissait imminent, lorsque le duc de Gramont entra dans mon cabinet profondément ému. Il tenait en main des documents et, entre autres, la dépêche télégraphique que M. de Bismarck avait expédiée à ses agents pour les informer que le roi, après avoir été insulté par notre ambassadeur, avait refusé de le recevoir. « C'est un soufflet, disait-il, que la Prusse applique sur la joue de la France, je déposerai mon portefeuille plutôt que de supporter un pareil outrage ». Je voulais la paix, je la poursuivais ardemment, sans relâche; j'avais réussi à faire prévaloir la conciliation, d'accord avec l'empereur, qui combattait de toute son autorité les résolutions extrêmes, et je me trouvais subitement sous le coup d'une provocation, en face de la guerre. » M. Émile Ollivier n'a rien ajouté à ces confidences, mais dans des entretiens qu'il a eus depuis, et dont l'écho m'est revenu, il a été plus explicite. Il a raconté, qu'au reçu de la dépêche que M. de Bismarck avait adressée à ses agents et fait reproduire par ses journaux, le conseil fut convoqué sans délai, et si hâtivement que deux des ministres ne purent être atteints, en temps utile, par les lettres de convocation. L'empereur ouvrit la séance en disant, que le secret des délibérations qu'on s'était promis le matin, n'avait pas été observé ; qu'on lui avait reproché depuis, d'avoir méconnu le plébiscite, outrepassé son rôle, en imposant en quelque sorte à ses conseillers, la politique de la paix. « Je suis aujourd'hui, je le reconnais, aurait-il ajouté, un souverain constitutionnel ; il est de mon devoir de m'en remettre à votre sagesse, à votre patriotisme, pour décider du parti qu'il nous reste à prendre en face des incidents qui viennent de se produire. » Les débats s'engagèrent aussitôt ; le duc de Gramont soumit au conseil les documents qui portaient atteinte à l'honneur de la France, et sur les instances du maréchal Lebœuf, on arrêta la convocation immédiate des réserves.

Il ne pouvait plus être question de congrès, la dernière chance de médiation était enlevée aux puissances.

Le 14 juillet, le courant changeait brusquement en Allemagne ; on eût dit une renverse de vent. La presse venait d'être relevée de sa consigne. « La candidature du prince de Hohenzollern, disaient les journaux officieux, n'est qu'un prétexte, l'empereur veut la guerre à tout prix; la Prusse n'aurait plus de raison d'être en Allemagne, si elle se soumettait aux exigences de la France. Une insolence inouïe a reçu la réponse qu'elle méritait; on a mis à la porte l'ambassadeur français, représentant la personne même de l'empereur. »

« Hier, écrivais-je à la date du 14 juillet, tout le monde croyait à la paix, ce matin, personne ne doute plus de la guerre. Les articles véhéments de *la Correspondance provinciale*, dans lesquels V. E. est personnellement prise à partie, un entrefilet d'origine semi-officielle daté d'Ems et disant que le roi, au lieu de recevoir notre ambassadeur, lui aurait fait répondre par un de ses aides de camp qu'il n'avait plus rien à ajouter aux explications qu'il lui avait fournies, tout cet ensemble de nouvelles, ainsi que le langage de plus en plus acerbe des journaux, ont soulevé les plus vives alarmes.

» Tout semble indiquer, en effet, que les résolutions violentes l'ont emporté dans les conseils du roi Guillaume. On tient la mobilisation pour imminente, ainsi que la convocation des Chambres et du parlement du Nord, qui serait transformé en Parlement allemand. Depuis plusieurs jours déjà, les réserves ont été appelées sous les drapeaux, sans bruit, par convocations individuelles, et les soldats sont rompus aux fatigues par des marches forcées. Quant aux places fortes, elles sont de longues date largement approvisionnées. Le gouvernement prussien ne sera donc pas pris au dépourvu; il le sera d'autant moins que les perfectionnements apportés sans relâche à son plan de mobilisation, que déjà je vous signalais dans ma correspondance de Francfort, lui permettront d'avoir dans le plus court délai — neuf à douze jours — toutes ses forces sur pied. Lors de l'affaire de Luxembourg, il croyait avoir sur nous l'avantage de la vitesse et la supériorité du nombre; aussi voulait-il prendre l'offensive et porter la guerre sur notre territoire. L'avantage du nombre lui est resté, grâce au service obligatoire; mais sa mobilisation sera-t-elle plus rapide que la nôtre? Tout est là. Les états-majors prussiens feront de suprêmes efforts pour nous devancer, nous surprendre en pleine formation; ils tâcheront de l'emporter dans les premières rencontres; ils savent que le sort de la campagne dépendra des premières victoires, qu'elles décideront des alliances et de la transformation de l'Europe. Il ne faut pas nous le dissimuler, si la fortune des armes nous était contraire, nos provinces de l'Est seraient perdues; elles seraient, par droit de conquête, annexées à l'empire d'Allemagne.

» En attendant, les appréhensions sont vives tout le long du Rhin; on ne doute pas que toutes nos dispositions ne soient prises pour envahir instantanément le Midi de l'Allemagne, aussitôt la guerre déclarée. On s'attend à l'occupation immédiate du grand-duché de Bade; cette mesure serait d'un effet moral considérable; l'occupation de Carlsruhe, qui est le siège des agitateurs prussiens, exercerait sur le Wurtemberg et la Bavière, encore perplexes, une action peut-être déterminante. On s'attend aussi à l'apparition d'une escadre à Copenhague avec trente mille hommes de débarquement. Déjà le bruit court qu'un de nos corps d'armée serait en marche sur le Luxembourg. Nos coups devront être foudroyants, je ne saurais trop le répéter, si nous voulons empêcher le Midi de se rallier autour du drapeau allemand dès le début de la guerre. »

La paix ne tenait plus qu'à un fil. Tout indiquait que la Prusse ne se prêterait plus à aucune transaction et que le gouvernement impérial, insensible à tous les avis, frappé de vertige, s'arrêtait aux résolutions extrêmes, sans plan arrêté, sans alliés et sans craindre d'assumer le rôle de provocateur. Je ne cachai pas mes impressions au duc de Gramont. Voici le tableau que je lui traçai de la situation :

Hambourg, 17 juillet 1870. — « Personne ne s'entend mieux que M. de Bismarck à impressionner l'opinion publique au profit de sa politique et à régler sa conduite suivant les circonstances. Tant qu'il s'est senti mal engagé dans l'incident espagnol, il s'est effacé et il a prescrit à sa presse, dont nous connaissons la savante organisation, l'ordre de maintenir sa polémique au diapason le plus modéré. Le roi, d'ailleurs, était hésitant et il fallait compter avec ses irrésolutions. Il savait aussi qu'en Allemagne on blâmait les agissements de la politique prussienne au delà des Pyrénées et que, tout en regrettant les termes excessifs de notre mise en demeure, on n'admettait pas que la candidature d'un prince de Hohenzollern pût amener des complications redoutables entre deux grands pays. Mais le chancelier était à peu près certain que nous ne serions pas satisfaits d'une renonciation indirecte, sans garantie pour l'avenir; il était convaincu que nous formulerions des demandes plus complètes et plus pressantes. Il lui importait donc de s'effacer entièrement et de nous laisser directement aux prises avec les susceptibilités et la dignité du roi, qu'il excitait, dit-on, sous main. Il dégageait, par cette tactique, sa responsabilité des conséquences d'un refus, et, en arrangeant ensuite à sa façon, dans les journaux et dans ses dépêches télégraphiques, les démarches et les paroles de notre ambassadeur auxquelles il donnait le caractère le plus blessant pour S. M., il était certain de soulever, non seulement en Prusse, mais dans toute l'Allemagne, où le sentiment dynastique a encore de profondes racines, un cri d'indignation générale. C'est ce qui n'a pas manqué de se produire, et partout, sur la foi des versions calomnieuses colportées par ses gazettes, le courant de l'opinion publique, qui lui était contraire, s'est retourné comme par enchantement. Il est démontré aujourd'hui pour tous les Allemands que nous avons, de propos délibéré, insulté le roi Guillaume, le plus chevaleresque des souverains, et que nous l'avons fait avec l'intention caractérisée de provoquer la guerre. J'ai essayé en vain de rectifier autour de moi les faits et d'énumérer la série des provocations dont nous avons été l'objet de la part de M. de Bismarck depuis 1866 ; je n'ai réussi à convaincre personne. Tous les torts sont maintenant de notre côté; on ne voit plus que le roi insulté et l'Allemagne provoquée. Cette conviction aurait malheureusement aussi passé le Mein, s'il faut en croire la presse prussienne. Le sentiment national, surchauffé dans l'armée et dans les masses par l'incident d'Ems, s'imposerait, à l'heure qu'il est, à tous les gouvernements méridionaux.

» Aussi les dépêches télégraphiques à sensation, lancées dans toutes les directions, affirment-elles, la fidélité inébranlable de la Bavière et du Wurtemberg aux traités d'alliance. Ces assurances ne contribuent pas peu à exciter le patriotisme au nord de l'Allemagne, en inspirant aux plus timides, une confiance absolue dans l'issue de la guerre.

» L'Allemagne est faite maintenant, disent les journaux; nous sommes tous unis de la mer aux Alpes; le roi partira pour l'armée comme protecteur de la Confédération du Nord, mais il reviendra empereur d'Allemagne. »

» Le consul général d'Angleterre, dont deux fils sont enrégimentés dans l'armée prussienne, me dit que l'enthousiasme est grand à Berlin, que personne ne doute de la victoire et qu'on parle de l'Alsace comme d'une conquête désormais certaine. M. Ansley m'apprend également que des dépêches affichées à l'instant à la Bourse, annoncent que le Danemarck a proclamé sa neutralité; cette nouvelle aurait soulevé des transports d'allégresse. Il m'en coûte de la tenir pour certaine, car le Danemarck, par sa position, est appelé à jouer un rôle trop important dans nos combinaisons stratégiques, pour que notre diplomatie ait pu négliger de s'assurer, de longue date, son alliance. D'après M. Ansley, le président des duchés de l'Elbe, le baron de Scheel-Plessen, aurait paru à Copenhague avec la menace d'envahir instantanément le Jutland si l'on hésitait à donner les gages que réclamait le cabinet de Berlin. Le conseil des ministres aurait délibéré pendant deux heures sur cet ultimatum, et finalement, ne pouvant compter sur une assistance immédiate de la France, il se serait décidé à ne pas participer aux événements de la guerre. Cette résolution, si elle devait se confirmer, aurait une gravité sur laquelle je ne crois pas devoir insister. Elle ne manquera pas d'avoir un immense retentissement en Allemagne, où l'alliance danoise nous paraissait assurée en tout état de cause. Dès le début des complications actuelles, les journaux allemands ne dissimulaient pas leurs craintes à ce sujet. Ils ne se préoccupaient pas moins de notre entente avec l'Autriche et avec l'Italie ; ils appréhendaient des démonstrations militaires sur les frontières de la Silésie, de la Bavière et du Tyrol ; ils s'attendaient surtout à une pression caractérisée et décisive du cabinet de Vienne sur les cours du Midi. Ils se montrent aujourd'hui fort rassurés ; ils affirment que la France ne peut pas compter sur l'assistance effective de ces deux puissances ; ils s'appuient sur les manifestations de la presse italienne et surtout sur le langage des organes officieux de la chancellerie impériale, qui, en effet, parlent avec ostentation du désintéressement militaire et politique de l'Autriche. Les prévisions de M. de Bismarck au sujet de l'attitude éventuelle du gouvernement autrichien, signalées maintes fois dans ma correspondance et dont je vous entretenais récemment encore, se trouveraient donc pleinement justifiées.

» Si l'on s'en tenait aux nouvelles diplomatiques répandues par la presse officieuse, dans une pensée facile à comprendre, nous entrerions en campagne sans aucun allié. Je ne voudrais pas préjuger l'attitude du cabinet de Vienne pendant le cours des événements ; mais, je le répète, j'ai de la peine à croire que le cabinet de Copenhague, en admettant qu'il se retranche réellement derrière la neutralité pour échapper à une invasion prussienne immédiate, reste insensible à l'apparition de nos escadres sur les côtes danoises avec des troupes de débarquement. Les sentiments dont s'inspirent l'armée et les populations ne manqueront pas de l'entraîner, il est permis de l'espérer, malgré les engagements que la communication prussienne a pu lui faire prendre dans une heure de défaillance.

» Toutefois, je ne saurais trop conjurer le gouvernement de l'empereur, d'aviser, dès à présent, aux moyens de défense les plus extrêmes, et de nous préparer, moins à une campagne sur le Rhin, qu'à une lutte à outrance, *jusqu'au couteau*, suivant l'expression des journaux : c'est la nation entière que nous devons, sans perdre une minute, appeler sous les armes pour repousser le choc dont nous sommes menacés. La guerre prend en effet, dans le Nord surtout, un caractère national ; toutes les résistances autonomes sont dominées ou brisées. M. de Bismarck a réussi par ses savantes manœuvres à réveiller le sentiment de la justice et de l'équité, si profond chez les Allemands, et il n'est personne, de ce côté-ci du Rhin, qui ne soit convaincu à présent, que la guerre était irrévocablement arrêtée dans notre esprit, dès le début de l'incident espagnol. »

Les passions grandissaient au Nord et au Midi, elles se confondaient comme deux courants électriques dans un irrésistible élan de patriotisme. Les gouvernements méridionaux étaient débordés ; ils ne pouvaient plus équivoquer sur le *casus fœderis*, l'agression était manifeste, ils livraient leurs armées à la Prusse. Notre envoyé à Stuttgard, le comte de Saint-Vallier, dans un langage pathétique, se rendait l'interprète attristé des plaintes et des regrets de la cour de Stuttgard. Il dressait, sans le vouloir, l'acte d'accusation que l'histoire dirigera contre un ministre qui, dominé par le parti militaire, insensible aux appréciations de sa diplomatie, réglait la marche des événements, au gré de son imagination. L'histoire remet tout en place, le courage et les défaillances : elle révèle les fautes commises et les services rendus.

« Vous voulez la guerre, disait le baron de Varenbühler à notre ministre, le 15 juillet, vous la voulez malgré toutes vos assurances pacifiques, malgré tous vos intérêts, malgré les mauvaises récoltes, malgré les gages de tranquillité et de calme que vous avez trouvés dans le plébiscite. Il y a huit jours, vous aviez tout le monde avec vous ; l'opinion en Europe approuvait votre juste susceptibilité ; elle reconnaissait le bien fondé de vos griefs. Vos journaux ont commencé à détacher de vous vos amis, en prodiguant l'outrage à des souverains, à des peuples étrangers ; ils ont donné prise sur nous à la Prusse, ils ont facilité son action en lui permettant d'exalter les passions ; ils nous ont rendu impossible l'attitude de réserve que nous étions déterminés à garder..

» Le désistement du prince Léopold avait apaisé les alarmes, rendu la confiance aux affaires, l'espoir aux gouvernements ; il constituait pour la France un beau et légitime succès. La Prusse, malgré l'énergie de vos déclarations, avait cédé ; elle s'était humiliée devant la France, car le prince Antoine n'a pas envoyé sa renonciation sans y être engagé sous main par le roi Guillaume. C'était donc un triomphe pour la France, un abaissement pour sa rivale. Tout le monde applaudissait à ce double résultat, habitué que l'on était depuis quatre ans à voir l'arrogance du côté de la Prusse, la modération du côté de la France. Tout à coup, au milieu de cet abaissement, vous formulez de nouvelles exigences, l'Europe y répond par un cri d'étonnement, vos amis par un cri de douleur ; vous compromettez les résultats acquis et vous donnez raison à vos adversaires qui vous accusent de vouloir la guerre à tout prix. Le mérite de la modération vous échappe, il est maintenant du côté de la Prusse. Vous étiez l'offensé, vous êtes le provocateur. Le vieux roi Guillaume, abreuvé d'injures par vos journaux, est resté patient pendant toute une semaine, mais il n'y a plus à compter que sa longanimité se prolonge ; c'est un refus que vous allez chercher, un refus qui vous obligera ou à reculer en perdant tous vos avantages, ou à tirer l'épée, à exposer l'Europe aux horreurs de la guerre, sans avoir un grief sérieux à invoquer à l'appui de votre imprudente détermination. Je reçois de tous côtés des télégrammes où le blâme a remplacé l'approbation que vous aviez rencontrée jusqu'ici. La presse européenne vous devient hostile, la presse allemande, calme au début, devient violente, belliqueuse. L'irritation va grandir de part et d'autre, le feu va s'étendre, il ne pourra plus être éteint que dans des torrents de sang. Je vous le déclare avec chagrin, votre gouvernement assume par ses nouvelles résolutions, une terrible responsabilité. D'ailleurs, que signifie cette garantie que vous réclamez? A-t-elle une importance réelle ? Je soutiens que non. La renonciation des Hohenzollern est signée par le chef de famille, comme l'acceptation de la candidature avait été signée par lui. Cette renonciation est faite avec l'agrément du roi de Prusse, elle est inspirée par ses conseils, elle est lancée à la face de l'Europe qui en prend acte et qui ne tolérerait pas que ses auteurs viennent à manquer plus tard aux engagements qu'ils ont contractés solennellement. Le candidat lui-même s'est enlevé par ce refus tout prestige aux yeux du peuple espagnol. Vous ne pouvez donc raisonnablement redouter pour l'avenir son élection par les cortès, ni son acceptation, parce qu'elle le déconsidérerait à tout jamais aux yeux du monde entier. Ces réflexions sont celles de toute l'Allemagne, qui ne voit plus dans vos nouvelles exigences que le désir d'humilier un souverain qui est, après tout, un prince allemand.

» Les actes du roi de Prusse avaient depuis quatre ans semé dans nos cœurs de graves rancunes, votre hautaine insistance nous force à nous rappeler qu'il est un des chefs de la nation germanique et que l'insulte qu'il subirait de la part d'un gouvernement étranger retomberait sur tous les États allemands. Vous rendez notre cause solidaire de la sienne, vous nous jetez dans les bras de la Prusse, vous cimentez notre alliance. Hier j'ai décliné les ouvertures prussiennes : tout à l'heure je vais être forcé de les accueillir. Je sais qu'il en est de même à Munich. La Prusse va donc pouvoir compter sur l'alliance du Sud. »

Ce rapport émouvant, dont le résumé était expédié par le télégraphe, dans la journée du 15, — quatre jours avant l'envoi de la déclaration de la guerre à Berlin — se terminait ainsi :

« La journée d'hier n'a fait qu'augmenter les alarmes, tous mes collègues partis en congé sont revenus en hâte. Leur langage nous est devenu unanimement contraire. Le ministre du roi Louis, qui cependant est très sympathique à la France, dit que la Bavière sera forcée de faire cause commune avec la Prusse. Les agents de Russie et d'Italie ne cachent pas leur hostilité, le ministre d'Angleterre nous blâme énergiquement, le ministre d'Autriche lui-même, n'apporte aucun ménagement dans ses critiques.

» Telle est la fâcheuse situation dans laquelle nous placent les derniers événements. J'ai tenu à vous en transmettre un exposé sincère et à vous faire voir comment, de favorable au début, elle est devenue rapidement mauvaise [1]. »

Ces impressions étaient confirmées de tous côtés. L'Angleterre s'écartait du débat, la Rus-

[1]. Cette dépêche, d'un accent si sincère, au lieu de donner à réfléchir au duc de Gramont, l'exaspéra à en juger par une note tracée de sa main. « On ne peut réellement pas laisser passer, écrivait-il, les appréciations de cette dépêche. S'il suffit de quelques articles de journaux, comme *le Pays* et *la Liberté*, pour changer le point de vue auquel se placent les hommes politiques du Wurtemberg et les progrès, soi-disant sensibles, que depuis quatre années notre politique avait faite dans ce pays, il faut avouer que les progrès étaient plus apparents que réels. Ils sont en vérité de peu de valeur. Rien n'est plus faux que le parallèle établi dans cette dépêche entre la presse française et la presse

sie se montrait hostile, l'Italie équivoque et l'Autriche mécontente. « Il importe qu'il n'y ait pas de malentendus, écrivait le comte de Beust à la date du 8 juillet, au prince de Metternich; je tiens à ce que l'empereur et ses ministres ne se fassent pas l'illusion de croire qu'ils peuvent nous entraîner simplement à leur gré, au delà de ce que nous avons promis. Le seul engagement que nous avons pris, c'est de ne pas nous entendre avec une tierce puissance. Nous le tiendrons; mais parler avec assurance ainsi que l'a fait le duc de Gramont, dans le conseil des ministres, de corps d'observation que nous placerions en Bohême, c'est pour le moins s'avancer bien hardiment. Rien n'autorise le gouvernement français à faire entrer cette combinaison dans ses calculs. Le cas de guerre ajoutait M. de Beust, a bien été discuté dans les pourparlers, toutefois il n'a pas été arrêté et même si on voulait donner une valeur plus réelle

prussienne. Les deux presses se valent. C'est voir les choses à un point de vue fort étroit que de voir dans la polémique des journaux, le changement des esprits. Nous n'avons jamais eu la moindre confiance dans la fixité de M. de Varnbübler dont les impressions sont toujours changeantes, et quelque prix que nous mettions à son adhésion, cette considération ne saurait influer sur nos appréciations quand il s'agit de l'honneur national. Il est important que M. de Saint-Vallier pose nettement au cabinet de Stuttgard la question de savoir : 1° s'il se place avec la Prusse

aux projets restés à l'état d'ébauches, on ne saurait en tirer la conclusion, que nous sommes tenus à une démonstration armée dès qu'il conviendrait de nous la demander[1]. »

En exigeant du roi Guillaume des garanties pour l'avenir après le désistement du prince de Hohenzollern, nous rompions les ponts, nous enlevions toute chance à une intervention diplomatique. Le destin semblait nous pousser à écarter nous-mêmes les obstacles qui devaient arrêter l'audace et la fortune du comte de Bismarck. A partir du 14 juillet tout sentait la poudre en Allemagne ; les passions étaient déchaînées, ma dernière dépêche de Hambourg porte la date du 18. Je l'écrivis en proie aux plus tristes appréhensions ;

du côté de nos ennemis ; 2° s'il entend garder une neutralité parfaite ; 3° s'il entend faire cause commune avec nous. — De sa réponse dépendra notre manière d'agir envers le Wurtemberg.

» En ce qui touche les ministres d'Autriche et d'Italie accrédités à Stuttgard, dont l'un, l'envoyé italien, ne cacherait pas son hostilité et dont l'autre, l'envoyé autrichien, n'apporterait aucun ménagement à ses critiques, leur conduite est tellement inexplicable et tellement contraire à l'attitude prise par leurs gouvernements respectifs, que je prie M. de Saint-Vallier de me confirmer ses assertions à leur égard, me réservant de m'en expliquer à Vienne et à Florence. »

1. Il importe de dire, pour la justification de notre ministre des affaires étrangères, que M. de Beust dans ses pourparlers confidentiels n'était pas toujours aussi décourageant que dans son langage officiel. Il ne craignait pas, dans ses épanchements intimes, d'entretenir nos illusions sur son concours éventuel. La politique autrichienne était complexe, elle louvoyait, elle attendait

déjà au mois d'avril 1867, j'avais ressenti les douloureuses émotions qui sont réservées parfois à la diplomatie à la veille d'une déclaration de guerre. Je faisais, comme alors, mon examen de conscience ; je me demandais si dans l'accomplissement de ma mission je n'avais pas failli à mes devoirs, si ma clairvoyance ne s'était pas trouvée en défaut. Tout en cédant au découragement, je me rattachais à de décevantes espérances. Je voyais apparaître nos escadres à Copenhague avec trente mille hommes de débarquement, alors qu'on réunissait à peine trente mille hommes pour la défense de l'Alsace !

« Hambourg, écrivais-je, commence à regorger de troupes qui seront dirigées sur les duchés de l'Elbe pour maintenir le Danemarck en respect et s'opposer à nos tentatives de débarquement. Trente mille Français débarquant inopinément à Copenhague nous vaudraient l'alliance danoise et

---

pour se prononcer, le résultat des premières rencontres, elle négociait sans conclure, avec l'arrière-pensée de régler sa conduite d'après les circonstances ; il lui importait surtout de ne pas s'exposer à notre ressentiment. « Il ne faut pas qu'un accès de mauvaise humeur, écrivait M. de Beust au prince de Metternich, nous ménage une de ces évolutions subites auxquelles la France nous a habitués. C'est un dangereux écueil qu'il s'agit d'éviter ; *faites donc sonner bien haut* la valeur de nos engagements, notre fidélité à les respecter, afin que l'empereur Napoléon, ne s'entende pas, tout à coup avec la Prusse, à nos dépens. »

forceraient la Prusse à concentrer au moins cent cinquante mille hommes dans le Nord pour protéger ses côtes et même sa capitale. — L'Allemagne semble avoir conscience de la lutte gigantesque qui va s'engager; elle ressemble à un vaste camp, la nation entière se met sous les armes. Un silence presque solennel où perce la haine a fait place aux clameurs des premiers jours. Le vide se fait autour de la légation; mes meilleurs amis l'évitent. Elle est, du reste, surveillée nuit et jour par les émissaires du baron Magnus, le ministre de Prusse. Il en est venu quelques-uns m'offrir leurs services en invoquant leurs sympathies pour la France; je les ai froidement éconduits. — J'ai prié le syndic de faire préparer mes passeports et je lui ai demandé instamment de me faire notifier la rupture des relations diplomatiques dès que le télégraphe l'aura informé de la remise de notre déclaration de guerre au comte de Bismarck. J'ai hâte d'arriver à Paris pour vous faire part de mes impressions. »

Le 19, à sept heures du soir, le secrétaire du Sénat me remettait mes passeports [1]. Tous mes préparatifs étaient faits, je quittai Hambourg aussitôt. Je laissai l'Allemagne tout entière soulevée,

1. J'étais accrédité auprès de sept États : le grand-duché de Mecklembourg-Schwerin, le grand-duché de Mecklembourg-Strelitz, le

courant aux armes, grave, solennelle, haineuse, comprenant qu'il s'agissait d'une lutte suprême, prête à tous les sacrifices. A Paris, je ne vis que des esprits agités, des scènes tumultueuses, des bandes avinées, se livrant à des saturnales patriotiques. Le contraste était poignant. /

J'avais précipité mon départ de Hambourg; les communications étaient rompues entre les deux pays, les voyageurs et les correspondances, ne pénétraient plus en France que par des voies détournées, il devait tarder au Gouvernement de conférer avec ses agents accrédités en Allemagne, de connaître leurs dernières impressions. Je me trompais. Le ministre avait d'autres préoccupations, et l'empereur rongé par la maladie,

---

grand-duché d'Oldenbourg, le duché de Brunswick, les villes libres de Hambourg, Brême et Lubeck. Le grand-duc de Schwerin et le grand-duc d'Oldenbourg me notifièrent sur l'heure, par télégraphe, la rupture des relations diplomatiques; ils étaient inféodés à la Prusse et convaincus de sa supériorité. Je ne reçus aucune communication du duc de Brunswick, ni du grand-duc de Strelitz; ces deux princes n'étaient pas en communauté de sentiment avec la cour de Berlin. A Lubeck, où l'hostilité contre la France était de tradition, on se porta devant notre vice-consulat, pour y briser l'écusson impérial. Le cri de guerre, qui dans la soirée du 15 retentit si dramatiquement dans toute l'Allemagne, sur une dépêche laconique, émouvante, qui fut à la même heure affichée dans les villes et jusque dans les bourgades, n'empêcha pas mes amis, à Hambourg, d'accourir à la légation, pour me donner, sous la première impression, des témoignages touchants de leur sympathie et de leurs regrets.

accablé par les soucis, ne donnait pas d'audiences. Je ne vis, dans les salons d'attente des Tuileries, que quelques officiers d'ordonnance, insouciants, désœuvrés. Ils jouaient aux cartes, tandis que le souverain, opposé à la guerre, adonné au fatalisme, cédait aux sombres prévisions qui, peu de jours après, se réflétaient dans sa mélancolique proclamation.

Le duc de Gramont ne me reçut que le surlendemain, le 23 juillet. Je le trouvai superbe dans ses allures, hautain dans ses appréciations. Il croyait à la vertu des mitrailleuses ; elle paraissait être, à ce moment, le dernier mot de sa science diplomatique. Il voyait la Prusse écrasée, implorant la paix, et l'Europe émerveillée, sollicitant nos bonnes grâces, si bien qu'il dédaignait les alliances. « Nous aurons après nos victoires, me disait-il, plus d'alliés que nous n'en voudrons. » Il entendait avoir ses coudées franches au moment de la paix. Il en était à se féliciter de l'évolution de la Bavière et du Wurtemberg. « Vous aviez tort de croire, disait-il à M. de Saint-Vallier, que nous souhaitions la neutralité des royaumes du Sud, nous n'en voulons pas, elle gênerait nos opérations militaires, il nous faut les plaines du Palatinat pour développer nos armées. » Jamais politique n'avait procédé avec plus de témérité, elle devait aboutir à des catastrophes.

A peine la guerre était-elle décidée, que les défectuosités de notre organisation militaire éclataient au grand jour. On s'aperçut que les calculs de nos états-majors ne répondaient pas à la réalité, que nos alliés éventuels restaient impassibles. On dut modifier le plan de campagne, sous le coup des événements, sous la pression d'avis multiples et contradictoires. On divisa nos forces au lieu de les concentrer, on se retrancha sur la défensive au lieu de « développer nos armées dans les plaines du Palatinat, » et de prévenir par la rapidité de nos mouvements la jonction des États méridionaux avec la Prusse[1].

La diplomatie étrangère assistait, à ce moment, à deux spectacles bien opposés ; tandis qu'elle

1. D'après les plans combinés, discutés au début de l'année 1870 entre notre état-major et l'archiduc Albert, la France devait mobiliser, en treize jours, quatre cent mille hommes et former trois armées : celle de la Moselle, commandée par le maréchal Bazaine ; celle de Châlons, dite de réserve, commandée par le maréchal Canrobert, et celle du Rhin, commandée par le maréchal Mac-Mahon. La première, la plus considérable, était appelée à tenir en respect le gros des forces prussiennes, les deux autres prenaient l'offensive et opéraient leur jonction avec l'armée autrichienne. L'Autriche, ayant besoin de quarante-deux jours pour sa mobilisation, s'engageait à masser, dès le début de la campagne, quarante mille hommes à Pilna, sur les frontières de la Saxe, et quarante mille hommes à Olmütz, sur les frontières de la Bohême ; l'Italie devait jeter quarante mille hommes en Bavière. Dans ces conditions la guerre n'avait rien qui pût alarmer la

voyait en Allemagne les armées s'ébranler méthodiquement, soutenues par un immense élan patriotique, elle constatait qu'à Paris le désarroi régnait dans les sphères gouvernementales, que la confusion présidait à nos préparatifs, que déjà la révolution s'affirmait dans les rues. Elle reconnaissait qu'elle avait surfait la puissance agressive de la France, elle comprit que le gouvernement de l'empereur s'était jeté, tête baissée, dans une formidable aventure qui le conduirait fatalement à sa perte. Déjà l'Autriche et l'Italie, désabusées, parlaient de neutralité, et M. de

France. La participation de l'Autriche et de l'Italie imposait forcément la neutralité au Wurtemberg et à la Bavière, l'alliance éventuelle de l'Autriche et de la France ne prévoyant, à vrai dire, qu'un cas de guerre : la violation flagrante du traité de Prague. L'incident espagnol renversa des combinaisons à peine ébauchées. Le gouvernement de l'empereur, au lieu de se concerter préalablement avec le cabinet de Vienne et le cabinet de Florence, céda aux passions militaires et aux entraînements irréfléchis de l'opinion. Aussi la France se trouva-t-elle, seule, en face de l'Allemagne entière avant d'avoir conclu ses alliances. Le plan de campagne, basé sur la coopération de l'Autriche et de l'Italie, dut être modifié sous le coup des événements: on s'aperçut aussi que notre mobilisation reposait sur des calculs chimériques. — Les responsabilités sont difficiles à fixer. Tous ceux qui ont poussé à la guerre, ou mal rempli leur devoir, se sont cachés derrière l'empereur ou derrière le maréchal Lebœuf. L'histoire aura de la peine à saisir les vrais coupables; les papiers des Tuileries ont été brûlés et les archives du ministère de la guerre et même du ministère des affaires étrangères présentent de troublantes lacunes. Voir, à l'appendice, page 315, la mission de l'archiduc Albert et du général Lebrun.

Gramont affirmait toujours qu'elles répondraient résolument à son appel, à l'heure opportune !

Le Directeur politique ne partageait pas tant de quiétude. Il lisait les correspondances, elles devenaient alarmantes. Partout, en Europe, le sentiment public se retournait contre la France, les gouvernements ne nous ménageaient plus l'expression de leur désapprobation. Le prince Gortschakoff récriminait, il trouvait que Napoléon III, après avoir imposé un Hohenzollern à la Roumanie, au mépris du traité de Paris, avait mauvaise grâce de protester contre la candidature du prince Léopold, et l'empereur Alexandre renchérissait encore sur les réflexions déplaisantes de son ministre. Il mettait le sang-froid du général Fleury à de rudes épreuves : il lui parlait en termes amers de l'injure faite à son oncle, il disait que l'honneur n'était pas le privilège exclusif de la France [1].

M. Despretz était un homme d'expérience, il donnait de sages conseils, mais l'on ne ques-

---

[1]. Dép. tél. du duc de Gramont au général Fleury : « On ne peut vraiment pas considérer comme une susceptibilité de notre part le langage que dicte le soin de notre honneur national et de notre intérêt politique. » — La première rédaction écrite de la main du ministre portait : « Je ne pense pas qu'on puisse appeler terrain de susceptibilité celui de notre honneur national et, si vous n'êtes pas disposé à nous y suivre, nous y marcherons seuls. »

tionnait plus personne. Il me demanda de suivre les manifestations de l'opinion au dehors et de résumer chaque jour, dans un travail d'ensemble, les nouvelles d'Allemagne. Mes appréciations le plus souvent irritaient le ministre, elles contrariaient son optimisme. Il ne se décida à les envoyer à Saint-Cloud et au quartier général, que sur la demande formelle de la régente. Toute sa politique était basée sur les victoires de nos armées, il les escomptait d'avance. Il prétendait surprendre la Prusse et la gagner de vitesse. Si les alliances n'étaient pas conclues, il était convaincu qu'elles le seraient après les premières rencontres. C'est la seule explication à donner à l'incohérence de sa politique, au déplaisir que lui causaient les réflexions chagrines [1].

Sans illusions sur le dénouement de la guerre, je m'efforçai d'impressionner les hommes dont dépendait notre salut. Je les conjurai de se départir de leurs présomptions et de songer, moins à une entrée triomphale à Berlin, qu'à la défense de notre capitale. Je connaissais l'organisation de l'armée prussienne; je l'avais étudiée avec une sollicitude incessante depuis la fin de 1866, convaincu que les préparatifs qui se poursuivaient

---

[1]. Il était sous la coupe de généraux qui lui reprochaient amèrement ses lenteurs diplomatiques!

fiévreusement sous mes yeux, se retourneraient au moindre prétexte contre la France.

Déjà en 1867, le 11 mai, le jour même où la conférence de Londres réglait la question du Luxembourg, qui nous avait valu de si chaudes alarmes, j'écrivais au ministère : « Les procédés courtois vont succéder maintenant aux menaces, mais les visites royales et les propos de M. de Bismarck ne sauraient plus nous faire oublier le danger permanent dont nous sommes menacés depuis que le roi Guillaume peut, en vertu de sa réorganisation militaire, avec des approvisionnements toujours au grand complet, et ses nombreux moyens de transports, combinés dans une pensée stratégique, jeter sur nos frontières, en neuf jours de temps, montre en main, à l'heure voulue, deux cent cinquante mille hommes effectifs, sans devoir attendre tous les effets de la mobilisation, qui, quelques jours après, ajoutera à cette avant-garde formidable pour le moins deux cent mille combattants [1]. »

C'est sous l'empire de ces préoccupations, que j'allais au ministère de la guerre. Je connaissais le général Lebrun, je tenais à lui faire part des impressions que je rapportais d'Allemagne.

Je le trouvai avec le général Jarras, dictant

1. Voir *l'Affaire du Luxembourg*. — 4e édition. Calmann Lévy.

des ordres de marche... Je ne lui cachai pas mes alarmes, je lui exprimai la crainte que l'armée allemande n'eût une forte avance. Je lui rappelai que, lors de notre dernière rencontre en 1868, je lui disais que la Prusse avait, depuis la campagne de Bohême, gagné plusieurs jours sur son plan de mobilisation, que si la guerre devait éclater, elle serait prête en neuf jours. Le général Lebrun était loin de méconnaître l'organisation de la Prusse, mais il n'admettait pas alors que l'entrée en campagne de son armée pût être plus rapide que la nôtre. Il reconnut, non sans émotion, en écoutant les renseignements précis que je rapportais d'Allemagne, sur le mouvement des troupes, sur les dispositions prises et sur les ordres donnés par les états-majors, dès la première alerte, au lendemain de la déclaration de M. de Gramont, que nous pourrions bien dans nos calculs éprouver de sérieux mécomptes. Il m'engagea à voir le ministre qui, sur sa demande, me reçut aussitôt. — Quelles impressions rapportez-vous? me demanda le maréchal, —Des impressions fort tristes: je crains que le gouvernement de l'empereur n'ait été mal inspiré, et qu'en provoquant la Prusse il n'ait joué le jeu de M. de Bismarck. — Je ne vous demande pas d'appréciations sur les résolutions du gouvernement, je ne suis pas un homme politique. Veuillez me dire ce que vous savez de l'armée allemande. — Vous me permettrez cependant de vous faire observer, monsieur le ministre, qu'il ne saurait être indifférent à vos combinaisons stratégiques que l'Allemagne du Sud, qui ne demandait qu'à équivoquer sur le *casus belli*, ait été forcée dès la première heure, en face de nos exigences, d'exécuter résolument ses traités d'alliance. Il en est résulté pour la Prusse un avantage considérable; elle a puisé dans l'attitude patriotique de la Bavière et du Wurtemberg une force irrésistible; elle a pu donner à la guerre un caractère national, et dès le début de la campagne, vous aurez à compter avec cent cinquante mille hommes de plus, qu'il eût été aisé de neutraliser. — Je vous le répète, me répondit le maréchal, je ne m'occupe pas de politique; je désire que vous m'appreniez ce que vous savez sur la mobilisation et la formation des armées allemandes... — Il paraissait certain, répondis-je, il y a deux jours, lorsque je quittai Hambourg, que le 25 juillet toutes les réserves d'infanterie, le 27 toutes les réserves de cavalerie auraient rejoint leurs corps, et que le 2 août au plus tard toute l'armée serait concentrée. J'ajouterai que le ministre de Prusse à Paris, le baron

Werther, a annoncé à la foule, en traversant la gare de Hanovre, qu'il était à même d'affirmer que l'Allemagne avait une forte avance et qu'elle surprendrait l'armée française en pleine formation. »

Les traits du maréchal se contractèrent, il pâlit, s'agita anxieusement ; les questions qu'il m'adressa étaient décousues, elles dénotaient un trouble profond. Il semblait réveillé en sursaut sous le coup d'une nouvelle imprévue, décisive pour sa fortune. Il ne pouvait croire à une mobilisation aussi rapide des forces ennemies. Il avait dit, devant la commission, que nous avions une avance de huit jours sur la Prusse ! L'avait-on mal renseigné ? Avait-il cru, sur la foi de rapports militaires autorisés, que l'armée prussienne ne serait pas en état de tenir campagne avant vingt et un jours ? — On l'a prétendu. — Ces rapports, s'ils existent réellement au Dépôt de la guerre, ne suffiraient pas pour justifier le maréchal Lebœuf, mais ils atténueraient du moins sa responsabilité. C'est un point d'histoire qui mérite d'être éclairci. Il a été déterminant pour les résolutions du gouvernement de l'empereur, il a pour une bonne part décidé du sort de la France [1].

---

1. Voici ce qu'écrivait à ce sujet, en 1872, dans la *Revue militaire*, un lieutenant-colonel d'état-major attaché au Dépôt de la guerre :

Peu de jours après, j'eus dans les jardins du ministère de la justice, un long entretien avec le garde des sceaux.

La confiance de M. Émile Ollivier dans le succès de nos armées était absolue : il avait une foi aveugle dans les assurances que lui donnait le maréchal Lebœuf qui, lui-même, croyait aux alliances promises par le duc de Gramont[1]. Il fut

« Dans un rapport *inédit du 15 juillet 1869*, un militaire bien placé pour étudier l'organisation prussienne, affirmait que la Prusse avait adopté, comme base de sa mobilisation, *le chiffre de vingt et un jours*. — L'expérience nous a malheureusement montré que l'auteur de ce rapport, très souvent exact dans ses appréciations et ses prévisions, s'est trompé en cette circonstance. Les conséquences de ce faux calcul n'ont pu être conjurées par le télégramme qu'il expédia sous le coup des événements, disant que : « *vu l'urgence*, » le délai de mobilisation avait été réduit à onze jours. Tout prouve qu'en 1870, la mobilisation prussienne n'a pas été précédée, comme l'annonçait la dépêche du 15 juillet 1869, d'une période de préparation ; qu'elle n'a pas été de vingt et un jours, ni même de onze jours, comme l'affirmait la dépêche télégraphique expédiée à la veille de la déclaration de la guerre, mais bien de sept jours. » Cet article, attribué à l'un de nos officiers d'état-major les plus distingués, n'a pas été relevé.

1. Le duc de Gramont s'est justifié aux dépens du Ministre de la guerre, et le maréchal Lebœuf a reproché au Ministre des affaires étrangères de lui avoir promis, sinon l'entrée en campagne immédiate de l'Italie et de l'Autriche, du moins des démonstrations militaires sur les frontières allemandes, dès l'ouverture des hostilités, qui eussent impressionné les États du midi et paralysé une partie des forces prussiennes ; mais il est difficile d'admettre des arguments qui ne tendent à rien moins qu'à détruire la solidarité entre les membres d'un même gou-

frappé cependant des réflexions que je lui sou mis, sa pensée semblait ne pas s'y être arrêtée. « Vous me permettrez de vous faire observer, lui dis-je, que nous faisons cette guerre dans les conditions les plus inégales. Les risques ne sont pas proportionnés aux avantages. Vous connaissez le caractère de l'empereur et l'esprit généreux de la France. Si nous sommes vainqueurs aux premières rencontres, l'empereur aura tellement hâte de rentrer à Paris, à la tête d'une armée victorieuse, qu'il offrira à la Prusse, aux applaudissements du pays, une paix magnanime. La guerre, à peine commencée, sera finie sans que la question de prépondérance, implacablement posée aujourd'hui entre la France et l'Allemagne, soit résolue. Il se contentera de quelques

vernement, pour leur permettre de dégager leur responsabilité personnelle d'événements qu'ils ont collectivement provoqués. Un ministre de la guerre ne peut pas se retrancher derrière sa spécialité et alléguer, que n'étant pas juge des relations internationales, son devoir se borne uniquement à exécuter les mesures dictées par la politique, pas plus, qu'un ministre des affaires étrangères, pour justifier la témérité de ses conceptions, ne saurait se retrancher derrière son ignorance des choses de la guerre et prétendre, qu'il n'a pas à se préoccuper de l'état et du nombre des forces qui devront se rencontrer sur les champs de bataille.

M. de Gramont a publié pour sa défense des brochures et des livres. Le maréchal Lebœuf s'est borné à répondre aux questions que lui a posées la commission d'enquête. Il vit au fond d'une province dans une retraite sévère; il porte le deuil de la France.

rectifications de frontières qui n'ajouteront rien à notre puissance, mais qui perpétueront les haines en Allemagne et serviront de prétexte et de stimulant à de futures revendications. D'ailleurs, si, contre toute prévision, l'empereur se laissait entraîner par la victoire à continuer la lutte pour s'assurer les frontières du Rhin, il serait arrêté par l'intervention jalouse de l'Angleterre et de la Russie, secrètement alliée au cabinet de Berlin. Le pourra-t-il, d'ailleurs après avoir déclaré solennellement à la face de l'Europe qu'il ne faisait pas de guerre de conquête? Si la Prusse, au contraire, doit l'emporter, elle ne se laissera impressionner par aucune considération, elle fera ce qu'elle appelle *la guerre à fond*, elle ne déposera les armes que lorsque la France sera démembrée et l'empire germanique reconstitué. » Mes réflexions parurent impressionner le garde des sceaux. Il me demanda de les développer dans un mémoire. Il n'était plus temps. Peu de jours après, M. Émile Ollivier était emporté par la tourmente.

Le ministère du 2 janvier était soucieux de l'honneur national, il avait en vue la grandeur de la France, son patriotisme ne saurait être incriminé. Mais il manqua de sang-froid, de prévoyance, il ne sut pas tirer parti d'un éclatant succès, il se laissa déborder par les passions au lieu de les dominer, il céda aux excitations de la presse, aux entraînements d'une opinion nerveuse irréfléchie. Il se méprit aussi sur les tendances des cabinets étrangers, il fut victime des menées de la cour et du Parlement, il subit, surtout, l'ascendant de généraux présomptueux. L'histoire tiendra compte de ses intentions; mais quelle que soit son indulgence, elle ne mettra pas les hommes qui détenaient le pouvoir, au mois de juillet 1870, au nombre de ceux qui ont bien mérité de leur pays.

L'agitation était extrême à Paris, dans la journée du 6 août. La foule parcourait tumultueusement les rues; elle réclamait des nouvelles. A huit heures, le Gouvernement ignorait encore l'issue des batailles engagées dans les plaines d'Alsace et sur les confins de la Lorraine. Les dépêches de la matinée disaient qu'on se battait à Spickern dans les meilleures conditions. Mais depuis midi le télégraphe était resté muet. Vers minuit, l'impératrice accourait affolée aux Tuileries, frappée par le destin. Elle s'attendait à la victoire, et c'était la défaite! « *Nos armées sont en pleine déroute;* lui télégraphiait l'empereur, *il faut se montrer à la hauteur des circonstances et songer à la défense de notre capitale.* »

Ce fut un cruel réveil après de folles espérances! Mais déjà, le lendemain, on cédait à de nouvelles illusions. On se refusait à reconnaître que la dynastie était mortellement atteinte et que la France était militairement perdue. On spéculait sur les retours de la fortune qui depuis Sadowa nous avait abandonnée.

Il était dans ma destinée de prévoir et d'annoncer les catastrophes! Je luttais pour mon foyer natal, je savais, comme tous ceux qui vivaient en Allemagne, que l'Alsace serait l'enjeu de la guerre, inévitable depuis 1866. C'est dans cette crainte que je m'attachais aux pas de M. de Bismarck, que je le suivais dans ses évolutions et qu'avec l'intuition qu'inspire le danger, comme lors de l'incident du Luxembourg, je pressentais ses desseins et je déroulais le jeu compliqué de sa politique. Il est vrai, qu'à cette époque, le marquis de Moustier dirigeait notre politique extérieure et le maréchal Niel protégeait nos frontières.

Le prince de La Tour-d'Auvergne succéda au duc de Gramont. Il avait refusé d'entrer dans le ministère Ollivier; il se sacrifia après nos premiers désastres. Il n'avait pas la plume brillante de M. Thouvenel, elle n'était pas nerveuse et personnelle comme celle de M. de Moustier. Mais, il réunissait à un rare degré, les qualités du diplomate militant : le tact et l'esprit; il avait surtout le don de plaire et de persuader. Il remplit de nombreuses missions : partout il réussit[1]. A Berlin il se refusa d'apostiller auprès du gouvernement de l'empereur, l'exposé que M. de Bismarck, déjà en 1862, lui faisait de sa politique aventureuse. A Londres, en 1867, lors de l'affaire du Luxembourg, il contribua pour une bonne part au salut de la France ; il lui assura l'intervention résolue de lord Stanley, il obtint de la reine Victoria une démarche pressante et décisive auprès du roi de Prusse. Les regrets sont stériles, mais du moins, est-il permis de croire, que si au mois de juillet 1870, il avait siégé dans les conseils de son souverain, les événements eussent suivi un cours moins calamiteux. Il prit en main une succession désespérée ; il fut abreuvé de soucis. Sa santé était gravement éprouvée ; le chagrin précipita sa fin. Le prince de la Tour d'Auvergne eut le cruel devoir de porter aux Tuileries la nouvelle de la bataille de Sedan. « *Vous mentez,*

---

[1]. Les quatre ministres des affaires étrangères qui avaient servi l'empire le plus utilement, M. Thouvenel, le comte Walewski, le marquis de Moustier et le prince de La Tour-d'Auvergne, furent enlevés à la fleur de l'âge ; ils n'avaient pas dépassé cinquante ans. « Ménagez vos forces, disait M. Thouvenel sur son lit de mort au marquis de Moustier, vous voyez où j'en suis arrivé pour avoir trop écrit ! » — M. de Moustier ne tint pas compte de ces sages recommandations, il paya de sa personne plus qu'aucun de ses prédécesseurs, aussi, deux ans après son entrée au Ministère, succombait-il, comme M. Thouvenel, à une maladie du cœur.

il est mort ! » s'écria l'impératrice, lorsqu'il lui apprit que l'empereur était prisonnier.

Dans les entretiens que j'eus avec le ministre dans ces heures d'angoisses, et dans les rapports que je lui adressais journellement, j'appelais son attention sur l'éventualité du siège, je démontrais l'opportunité de dédoubler le gouvernement et d'envoyer des délégués dans une des villes du centre de la France. Ces rapports révélaient la pensée des États-majors allemands, ils insistaient sur l'urgence de pourvoir en temps opportun à l'administration des départements non envahis, sur la formation de nouvelles armées, en vue de la paix ; ils conseillaient la sortie du numéraire de la Banque de France et de nos richesses artistiques.

Voici ce que j'écrivais à la date du 28 août 1870 :

« Vous m'avez demandé de vous résumer en quelques pages, les considérations que je vous ai soumises de vive voix, sur l'urgence de transférer dans une des villes du Centre, soit Tours, soit Bourges, sinon le gouvernement tout entier, du moins une délégation du pouvoir exécutif qui, au nom de la régence, serait chargée d'administrer les départements non envahis, et d'organiser de nouvelles armées, assez nombreuses pour impressionner l'ennemi, le jour où se règleront les conditions de la paix.

» Les événements se précipitent, en effet, et il n'est que temps d'aviser, avant que les communications soient rompues entre la capitale et la province. Paris est à la fois le cœur et la tête de la France ; couper les artères qui les relient l'un à l'autre, c'est laisser le pays sans impulsion, sans direction, c'est le livrer éperdu à l'anarchie, à l'invasion ; — c'est la pensée, nous n'en saurions douter, qui préside aux combinaisons stratégiques de la Prusse. Les états-majors allemands se flattent que le gouvernement central, surpris et terrifié par la rapidité et l'imprévu de la défaite, ne se préoccupera que de son salut personnel ; que, soucieux des partis qui tendent à le renverser, il laissera échapper des instants précieux, et qu'avant de se reconnaître, Paris sera déjà hermétiquement investi, sans approvisionnements et sans s'être assuré les moyens de communiquer avec le dehors. Ce ne serait plus alors, pour nous traiter à merci, qu'une question de semaines, lentes et mortelles pour l'assiégé, mais faciles et réconfortantes pour les assiégeants, qui disposeraient sans résistance de toutes les ressources qu'un gouvernement défaillant leur aurait abandonnées.

» J'ai fait ressortir cette tactique dans mes résumés au jour le jour, sur l'Allemagne. Vous aurez pu constater que mes prévisions sur la marche des événements ne se sont que trop vite justifiées [1]. La situation n'a fait que s'aggraver chaque jour. La bataille de Saint-Privat, si glorieuse pour nos armes, est restée infructueuse, tout porte à croire qu'elle a décidé irrévocablement du sort de Metz. Il est à craindre aussi, que le mouvement que nous opérons en ce moment

1. RAPPORT AU MINISTRE DES AFFAIRES ÉTRANGÈRES. — *25 Août 1870*. — « Il résulte d'une série de correspondances militaires allemandes, qu'il entrerait dans la tactique prussienne de rejeter le maréchal Mac Mahon sur les frontières de la Belgique, où toute l'armée serait déjà concentrée, pour procéder au désarmement des corps français qui chercheraient un refuge sur le territoire belge. Quant à l'armée du maréchal Bazaine, on la considère comme entièrement investie. Il est de fait que depuis la bataille de Saint-Privat, les Prussiens ont élevé tout autour de Metz, avec une activité fiévreuse, des tranchées et des redoutes, et que, à l'heure qu'il est, tout ou partie du parc de siège est mis en position. Dans les cercles militaires de Berlin on considérerait la tâche la plus importante de la guerre comme terminée. On affirme que la seconde phase des opérations militaires ne sera pas de loin aussi meurtrière que la première. Mais pour empêcher que l'opinion allemande ne cède à des illusions, autorisées par les débuts foudroyants de la campagne, on se refuse à considérer la victoire définitive comme prochaine, ni même comme certaine. La marche sur Paris, dit-on, s'effectue assurément dans les conditions les plus rapides ; mais avant de livrer bataille sous les murs de Paris, il faudra préalablement que nos derrières soient entièrement couverts par la prise de Strasbourg, de Metz et des places secondaires, et que l'armée française qu'on se plaît à appeler « l'armée du Rhin » ait cessé d'exister. Tous les soldats allemands demanderaient à marcher sur Paris ; ils se montreraient fort déçus, toutes les fois que les nécessités stratégiques les obligent à rétrograder. »

avec nos dernières ressources, pour faciliter la sortie au maréchal Bazaine, ne réponde pas à la pensée généreuse qui l'a conçu, et qu'il n'aboutisse à une catastrophe. C'est la conviction qui se dégage de toutes les appréciations qu'émettent les journaux militaires étrangers sur la marche chanceuse tentée par le maréchal Mac-Mahon. Ils n'admettent pas que les forces qu'il commande, composées de soldats improvisés, d'éléments sans cohésion, puissent tenir tête à des armées expérimentées, supérieures en nombre, enflammées par de récentes victoires. Ils sont convaincus que nous jouons nos dernières cartes, et qu'avant peu les Prussiens consacreront la conquête de l'Alsace, par une entrée triomphale à Paris, où tout serait déjà préparé par leurs agents, de connivence avec les meneurs des faubourgs, pour une explosion révolutionnaire.

» Il s'agit, vous le voyez, de prendre un parti. Dans d'aussi périlleuses circonstances les minutes comptent comme des heures. Avant peu, l'occasion sera passée de recourir aux mesures que commande le salut. Aussi faut-il, sans plus tarder, pourvoir énergiquement, sur la plus vaste échelle, au munitionnement et à l'approvisionnement de Paris, mettre à l'abri de toute atteinte, dans un de nos ports militaires, les joyaux de la couronne, le grand-livre de la dette publique, nos richesses artistiques les plus précieuses [1], les documents secrets de nos archives [2]; il importe aussi de mettre la capitale en communication avec les départements, par des fils souterrains qui passeraient sous le lit de la Seine [3]. Déjà le marquis de Ploëuc, le sous-gouverneur de la Banque de France, a fait comprendre à M. Rouland, sur mes instances, la nécessité de faire sortir le numéraire de Paris, pour le soustraire aux convoitises de la révolution, si elle devait éclater, et aux âpres exigences du vainqueur au jour de la reddition. Mes conseils, repoussés d'abord, ont été pris en considération depuis nos premiers désastres.

» Les régents ont compris qu'il s'agissait de sauver la fortune et le crédit de la France et que leur responsabilité serait gravement engagée, si faute de prévoyance, de décision, la révolution

1. Des tableaux furent envoyés en province, d'autres furent descendus dans les caveaux du Louvre. On envoya les plus belles toiles, telles que les Noces de Cana, de Paul Véronèse, à Brest. La Vénus de Milo fut placée dans un des caveaux de l'Hôtel-de-Ville.

2. Les papiers du ministère, dirigés sur l'Angleterre, furent, faute de précautions, saisis à Dieppe, comme bagages de la princesse Mathilde, et ramenés à Paris. Ils ne furent réintégrés aux archives, qu'après de longues et de périlleuses escales à l'Hôtel-de-Ville et au ministère de l'Intérieur.

3. L'entreprise fut confiée à un Hongrois qui s'empressa, dit-on, de vendre le secret aux Prussiens.

ou l'étranger consommaient notre ruine en mettant la main sur les richesses confiées à leur garde. M. de Ploëuc me dit que tout l'or, sauf 60 millions que je l'ai engagé à garder en caisse pour pourvoir aux exigences du siège, sera expédié à Brest [1]. Il est hors de doute pour moi, qu'avant peu de semaines, Paris sera sans communications avec le reste de la France. Les états-majors prussiens connaissent à fond la topographie de ses environs; il n'est pas de sentier infime qu'ils n'aient relevé ; ils se flattent qu'avec 250 mille hommes et une cavalerie nombreuse, audacieuse, vigilante, Paris sera investi hermétiquement, de telle façon que pas un homme, pas une lettre, n'en pourront sortir. Bien qu'on proteste contre ces prévisions et qu'on les taxe de chimériques [2], elles ne se recommandent pas moins à la sollicitude du gouvernement. Pour peu que vous les partagiez, vous reconnaîtrez que la place d'un ministre des affaires étrangères, n'est pas dans une capitale étroitement investie, et que son devoir impérieux est de rester en rapport incessant avec les puissances dont l'assistance diplo-

---

1 Voir à l'appendice n° 8.

2. « Je ne crois pas à l'investissement hermétique, me disait M. Vandal, le directeur-général des Postes. J'ai sous la main des hommes braves, intelligents, d'un dévouement à toute épreuve; je les organise en brigades ; avec de bonnes cartes topographi-

matique nous est plus précieuse que jamais. Il en est de même pour les ministres des finances, de la marine, les directeurs-généraux des postes et des télégraphes qui, dans une ville assiégée, ne sauraient rendre aucun service.

» Vous avez bien voulu me confier, lorsque pour la première fois je vous ai prié d'être l'interprète de ces considérations au Conseil des ministres, qu'il répugnait aux sentiments chevaleresques de la régente, d'abandonner Paris à l'heure des épreuves. Il vous appartient, dans des circonstances aussi décisives, d'amener sa Majesté, en face de la marche fatale et précipitée des événements, à subordonner les élans de son cœur à la question d'État, qui lui commande de dédoubler son gouvernement et d'assurer à la fois la défense de la capitale et l'administration des provinces. J'ai pu me convaincre, dans une audience qu'elle a daigné m'accorder à Saint-Cloud, la veille de la bataille de Frœschwiller, que son courage était à la hauteur de toutes les éventualités.

» Vous excuserez l'insistance que je mets à vous communiquer mes alarmes, et à vous démontrer

---

ques, ils trouveront certainement moyen de déjouer la surveillance de l'ennemi et de se frayer un passage à travers les réseaux les plus ténus. Il ajoutait que le général Trochu, auquel il avait fait part de mes prévisions, les traitait de chimériques. » Voir à l'appendice n° 9.

la nécessité de songer, dès à présent, à l'installation au delà de la Loire d'une délégation gouvernementale. De toutes les résolutions, après tant d'erreurs, il n'en est pas de plus impérieuse, que celle d'organiser des armées nouvelles en vue de la paix, et de préserver de l'anarchie les parties non envahies de notre territoire. C'est un devoir ingrat, douloureux, que je remplis, en enlevant à votre patriotisme ses dernières espérances. Vous serez plus indulgent que votre prédécesseur qui, plus d'une fois, s'est mépris sur ma pensée, lorsque avec une ardeur excessive peut-être, je m'efforçais d'ébranler la quiétude que lui inspiraient des alliances tardivement poursuivies, et des combinaisons stratégiques improvisées sous le coup des événements.»

Le gouvernement de la régence, qui tout d'abord s'était refusé de s'arrêter à d'aussi sombres prévisions, finit par s'en émouvoir; il précipita les travaux de la défense et compléta l'approvisionnement de la capitale.

Après la chute de l'empire, le comte Chaudordy, directeur du cabinet du ministre des Affaires étrangères, soumit mes travaux à M. Jules Favre [1]. Les membres du gouvernement provi-

---

[1]. Deux de ces rapports ont été égarés. Le comte Chaudordy m'a dit les avoir remis à M. Jules Favre qui ne les lui a pas rendus.

soire étaient à ce moment plus préoccupés de l'installation de la République et des agitations populaires, que de la pensée stratégique de M. de Moltke. On ne songea sérieusement à l'administration des provinces, aux conséquences d'un siège imminent, qu'à l'approche des avant-gardes prussiennes. Le choix des trois délégués [1] envoyés à Tours, prouverait au besoin que personne à l'Hôtel de Ville, n'admettait que Paris pût rester sans communication avec le dehors [2]. On se complaisait aux souvenirs de l'invasion de 1792, victorieusement repoussée par les armées républicaines. On substituait la légende à la réalité.

Je quittai Paris le 7 septembre. J'avais assisté à la dernière séance du Corps législatif et, aussitôt la Chambre envahie, je m'étais précipité aux Tuileries. Elles étaient ouvertes à tout venant, il n'y avait plus de factionnaires aux portes, plus d'huissiers dans les antichambres. Je fis au comte de Cossé-Brissac, le récit du drame que j'avais vu s'accomplir, je le priai de prévenir la régente que le moment était venu pour elle de songer au salut de sa personne. Je me trouvais

1. M. Crémieux, M. Glais-Bizoin, l'amiral Fourichon.

2. « Tout d'abord l'idée d'envoyer une délégation prise dans son sein n'était pas venue à l'esprit du gouvernement de la Défense nationale. Il ne s'y arrêta que plus tard. » — *Valfrey*, « *Histoire de la Défense Nationale.* »

au milieu d'une trentaine de dignitaires et d'amis accourus, haletants, éplorés. Je fus témoin de l'agonie du règne. Déjà la foule pénétrait dans les jardins. Vers les trois heures on nous avertit que l'Impératrice était partie. Ce fut un moment de suprême émotion : l'Empire avait vécu.

J'habitais les Tuileries, chez le duc de Bassano, dont j'étais l'hôte, depuis mon retour d'Allemagne [1]. Il avait présidé à ma carrière, je l'assistai dans ces tristes jours. Il lui en coûtait de s'arracher de ce palais désert où le retenaient tant de souvenirs. Il était si respecté, que personne ne songea à troubler son recueillement. La révolution s'arrêta devant ce serviteur intègre qui portait si dignement le deuil de la dynastie. On a parlé de fuite. Le grand chambellan de l'empereur ne sortit des Tuileries que le sept septembre, le cœur brisé, mais la tête haute.

1. Il appartenait au corps diplomatique avant d'entrer dans la maison de l'empereur. Il est encore, à quatre-vingt-un ans, le vaillant compagnon d'exil de l'impératrice.

PRÉFACE

La France, en 1870, était tout entière absorbée par sa défense ; elle vécut, pendant de longs mois, violemment séparée du monde, ignorant ce qui se passait au delà de ses frontières, alternant entre l'espoir et le découragement, ne pouvant s'expliquer ni l'indifférence des peuples, ni l'inaction des gouvernements étrangers, en face de ses malheurs. Il y a donc intérêt à montrer, ne serait-ce qu'à titre d'enseignement, le tableau que présentait l'Europe, tandis qu'engagés dans une lutte inégale, abandonnés de tous, nous combattions, avec une ténacité opiniâtre, pour l'intégrité de notre territoire.

Autrefois notre pensée ne s'arrêtait guère qu'aux souvenirs glorieux de notre histoire ; nous étions fiers de notre passé et certains du lendemain. Nous en sommes réduits aujourd'hui à nous recueillir, à méditer nos fautes, à retremper notre courage dans l'amertume de nos revers. Se rappeler les épreuves d'hier, c'est se prémunir contre celles de demain. « *In ea tempora nati estis quibus firmare animum deceat,* » a dit Tacite.

Les lettres que je publie aujourd'hui, après les études que j'ai consacrées, dans la *Revue des Deux Mondes*, aux origines de la guerre[1], sont moins le récit que le commentaire diplomatique, sous forme de journal, des événements qui se sont déroulés pendant la première période de l'invasion. Je les adressais spontanément à la délégation de Tours, sans caractère officiel, sans même les signer,

---

1. *La Politique Française en 1866.* — *L'Affaire du Luxembourg.*

avec le seul désir d'être utile à mon pays, jusqu'au moment, où « passant outre à mes scrupules », le gouvernement de la Défense me nomma d'autorité Ministre auprès du roi d'Italie [1].

Ces notes, tracées au jour le jour, indignées parfois, sont de nature à jeter quelque lumière sur les défaillances et les arrière-pensées des puissances neutres, sur la politique qui nous a démembrés, sur les négociations laborieuses qui ont présidé à la reconstitution de l'empire germanique, et aussi sur les erreurs et les illusions des hommes qui, dans ces tristes temps, détenaient le pouvoir. « Il faut que tout soit mis en lumière, a dit un jour le prince de Bismarck devant son parlement, dût cette

---

1. Lettre du comte Chaudordy. « L'Italie, comme grande puissance, devant prendre part à la conférence de Londres, il est très important d'être reconnu par elle ; aussi je prends sur moi, dans l'intérêt général, de passer outre à vos scrupules. Vous êtes Ministre plénipotentiaire, envoyé extraordinaire de France auprès du roi d'Italie, et je désirerais que vos lettres de créance fussent remises au plus vite. Voir à l'appendice n° 12, *ma nomination à Florence*.

lumière ne consister qu'en rayons blafards, projetés par une lanterne sourde [1]. »

La guerre de la Défense-nationale, poursuivie obstinément par un gouvernement sorti de la révolution, après l'anéantissement de nos forces régulières, avec des soldats improvisés et des arsenaux épuisés, a été une folie héroïque ; l'Europe l'a jugée ainsi. Elle a fourni à la diplomatie prussienne des arguments pour nous refuser la paix, elle lui a permis de poursuivre ses desseins, sans craindre l'intervention des puissances. L'histoire n'en sera pas moins sympathique pour l'homme qui n'a désespéré ni de nos ressources ni de notre salut. Elle reconnaîtra que, si la Défense a fait couler du sang, amoncelé des ruines, les conditions essentielles de la paix, du moins, sauf l'indemnité de guerre, n'en ont pas

---

1. *Discours du prince de Bismarck au Reichstag.* — 30 novembre 1875. « Je n'estime rien tant, dans le régime de notre époque, que la publicité absolue ; pas un coin de la vie publique ne doit rester dans l'ombre. Il faut que tout soit mis en lumière, dût cette lumière ne consister qu'en rayons blafards, projetés par une lanterne sourde. »

PRÉFACE 69

été aggravées. Il fallait de l'or et des territoires à la Prusse. Jamais sans Metz, sans Strasbourg et d'énormes contributions, elle n'eût traité avec aucun autre gouvernement. C'est l'impression qui ressortira de ces pages, écrites fiévreusement, dans ces heures douloureuses. Les nations traversent parfois de violentes tourmentes qui commandent de suprêmes efforts et justifient les combats désespérés. Ces efforts et ces luttes sont le gage d'un relèvement futur, ils donnent aussi à réfléchir à ceux qui méditeraient de nouvelles agressions [1].

---

1. La France, souvent n'a dû son salut qu'à sa persévérance dans l'adversité. Une publication récente: le *Journal du marquis de Torcy*, nous montre Louis XIV, sans ressources, abandonné de ses alliés, trahi par le duc de Savoie, mais soutenu dans ses Conseils par un ministre patriote, aux prises, pendant treize années, avec l'Europe coalisée, et malgré de passagères défaillances, ne signer la paix qu'après avoir chassé l'ennemi du territoire et sauvé l'Alsace. *Journal inédit de Jean-Baptiste Colbert marquis de Torcy*, publié par M. Frédéric Masson, Plon, éditeur.

I

TROIS MOIS DE CORRESPONDANCE

AVEC LA DÉLÉGATION DE TOURS

―――

SEPTEMBRE 1870

A M. JULES FAVRE.

Morges, le 9 septembre 1870.

Monsieur le Ministre,

L'occupation prussienne ne me permettant pas de rentrer en Alsace où se trouvent mes propriétés, je suis venu à Morges, rejoindre ma famille dont j'étais séparé depuis plusieurs mois. Je tiens à vous dire toutefois, que si j'ai quitté Paris, où je n'ai point de domicile, ce n'est pas comme déserteur de la cause publique, mais convaincu que vous auriez recours à des hommes nouveaux pour représenter votre politique à l'étranger, avec l'autorité voulue. La diplomatie ne saurait, sans inconvénient pour le service, représenter au dehors, du jour au lendemain, deux principes opposés. Mais en face de l'invasion, s'associer à la défense du pays n'en est pas moins un devoir pour tous. Aussi mon concours vous est-il résolument acquis. Les travaux que je faisais au ministère depuis ma rentrée en France, je les continuerai de loin ; je vous adresserai chaque jour des notes sur l'Allemagne et sur le mouvement des esprits en Europe. Je vous les enverrai soit à Bourges, soit à Tours, si le gouvernement provisoire, en prévision d'un investissement rigoureux de Paris, se décidait à se faire représenter par une délégation dans une de nos villes du centre. Cette mesure, sur laquelle je n'ai cessé d'appeler l'attention de votre prédécesseur, me paraît impérieusement commandée aujourd'hui ; elle déjouera les calculs des états-majors prussiens, elle vous permettra de rester en communication avec les Puissances neutres, dont l'assistance nous est plus précieuse que jamais.

Le ministère des Affaires étrangères se trouvait dans un grand désarroi lorsque je quittai Paris; je devais craindre que ma lettre ne parvînt pas à M. Jules Favre. Mon goût pour les peintres d'autrefois m'avait mis en rapports assez suivis avec M. Étienne Arago, qui possédait alors une précieuse collection de tableaux anciens. Je lui envoyai ma lettre, rue Saint-Guillaume, certain qu'il mettrait de l'empressement à la faire parvenir à destination. Je reçus en effet par le retour du courrier, de son secrétaire, la réponse que voici :

Mairie de Paris. — Cabinet du Maire.
Paris, 12 septembre 1870.

« Citoyen,

» Le citoyen, Maire de Paris, s'est empressé de faire parvenir
» votre lettre à M. Jules Favre. Il ne pourra que féliciter le
» gouvernement de la Défense nationale de s'assurer le con-
» cours de citoyens tels que vous, et il vous envoie l'expression
» de ses sympathies. Veuillez, citoyen, agréer nos fraternelles
» salutations.
» Pour le Maire de Paris, son secrétaire.
Au citoyen Rothan, Morges, canton de Vaud.

Morges, 13 septembre 1870.

Les journaux militaires allemands ont toujours considéré la prise de Paris comme le couronnement indispensable d'une guerre contre la France. Ils n'ont différé que sur les moyens de s'en emparer. Les uns se sont prononcés pour un investissement complet, hermétique, en demi-cercle avec une cavalerie dont le chiffre s'élèverait à 40,000 hommes, de façon à empêcher tout ravitaillement, toute communication avec le reste de la France. C'était la théorie de la famine. D'autres, au contraire, recommandaient une attaque de vive force contre un des forts détachés dont l'occupation couperait la ligne de défense et dont l'artillerie se retournerait contre la place. Quelques-uns ont préconisé un bombardement en règle avec une artillerie nombreuse et du plus gros calibre. C'était la théorie de l'incendie et de la dévastation. Il en est enfin qui ont pensé qu'il suffirait du siège régulier de l'un ou de l'autre des forts principaux pour provoquer la capitulation.

J'ai signalé dans le temps, au département, ces discussions que l'éventualité d'un siège de Paris soulevait dans la presse militaire allemande, à un moment où elles semblaient n'avoir qu'un caractère purement spéculatif. Si, au ministère de la guerre, on a gardé le souvenir de ces étranges controverses, on trouvera sans doute dans mes rapports des indications sur la pensée qui préside aujourd'hui au plan, dont l'exécution paraissait chimérique à l'époque où les états-majors prussiens le discutaient publiquement. Du reste, depuis Frédéric II, la prise de Paris a toujours été pour la Prusse l'objectif d'une guerre contre la France [1].

1. Le plan de campagne que Frédéric II avait arrêté dans son esprit et qu'il rédigea dans un accès de goutte avec la mention

II

14 Septembre 1870.

Le manifeste du gouvernement provisoire, publié sous la forme d'une circulaire, à la date du 8 septembre, a en Europe un pénible retentissement. S'il traduit les sentiments de la France, il ne correspond malheureusement pas à la douloureuse situation que nous ont faite les événements. Il semble aux spectateurs attristés d'une lutte aussi inégale, qu'en notifiant à l'Allemagne un pareil ultimatum, les hommes qui détiennent le pouvoir aient perdu le sentiment de la réalité. On comprend les révoltes de la conscience publique française à l'idée d'un démembrement éventuel. Mais à l'étranger, où l'on juge de sang-

---

scriptum in dolore, n'est pas sans analogie avec celui qui fut exécuté en 1870. Il se proposait d'attaquer la France, de l'envahir avec deux armées, l'une en Alsace, et l'autre plus forte dans le Nord, pour marcher sur Paris. « Supposé, dit-il dans ses *Œuvres militaires*, qu'on prît Paris, il faudrait bien se garder d'y faire entrer des troupes parce qu'elles s'amolliraient et perdraient la discipline; il faudrait se contenter d'en tirer de grosses contributions. »

froid, il est difficile d'admettre que la Prusse, après des victoires aussi décisives, puisse ou veuille se prêter à une paix qui ne comporterait pas des cessions territoriales. On trouve la formule de M. Jules Favre « pas un pouce de notre territoire, pas une pierre de nos forteresses », inopportune. Des déclarations aussi absolues, solennellement émises, ferment toute issue à de futures négociations. M. de Bismarck s'en servira pour entraîner l'Allemagne dans une guerre implacable, pour nous aliéner les sympathies de l'Europe, pour arrêter toute velléité de médiation, et les puissances neutres, si réservées déjà, s'en prévaudront pour justifier leur inaction [1].

---

[1]. « Le manifeste répondait aux vœux du sentiment public. Paris l'accueillit avec une sorte d'exaltation frénétique, comme la formule de la raison et du patriotisme. Jamais les fautes du pouvoir n'avaient trouvé une complicité plus étroite dans les illusions du pays. » — M. Valfrey, *Histoire de la diplomatie de la défense nationale*.

III

14 Septembre 1870.

Le gouvernement prussien reconnaîtra-t-il le gouvernement de la Défense nationale et consentira-t-il à entrer en négociations avec lui? La *Gazette de la Croix*, le journal de la cour, ne l'admet pas; elle dit que l'Allemagne ne connaît que le gouvernement impérial et que c'est avec lui seul qu'on conclura la paix. Le roi, ajoute-t-elle, l'a suffisamment indiqué en traitant l'empereur comme un hôte et non pas comme un prisonnier. Au lieu de l'enfermer à Spandau, comme le réclamait l'opinion publique allemande, il lui a donné pour résidence le château de Wilhemshöhe, où il l'entoure des soins et des égards qui sont le privilège des princes régnants. Le gouvernement de la Défense nationale n'est que le produit de l'émeute; d'ailleurs, il n'est pas le seul, déjà il s'en constitue dans d'autres villes. Rien n'indique qu'à Paris même, M. Jules Favre ne soit pas, au premier jour, remplacé par

M. Rochefort, et que ce dernier ne soit pas à son tour renversé par le général Cluseret, sinon par un ouvrier de la Villette.

Il est donc indispensable, prétendent les organes officieux, que la Prusse se maintienne sur le terrain des principes et qu'elle considère comme non avenu le gouvernement de l'hôtel de Ville [1].

IV

15 Septembre 1870.

Tout le monde, en Allemagne, n'approuve pas les théories derrière lesquelles le roi Guillaume se retranche pour se refuser à reconnaître le gouvernement de la Défense nationale. On re-

1. Note du quartier général allemand, insérée à la date du 11 Septembre dans *l'Indépendant Rémois*.

« Les gouvernements allemands ne reconnaissent d'autre gouvernement que celui de l'empereur Napoléon ; il est le seul autorisé à traiter. Ils négocieront soit avec l'empereur, soit avec la régence qu'il a instituée, soit avec le maréchal Bazaine, qu'il a investi de son commandement. Ils n'entreront pas en rapport avec un pouvoir qui ne représente qu'une fraction de l'ancien Corps législatif. »

proche à ses doctrines monarchiques d'être en contradiction avec les principes les plus élémentaires du droit des gens. On trouve que s'immiscer dans les affaires intérieures de la France et lui imposer un gouvernement qu'elle a renversé serait aggraver, d'une façon inique, les conditions de la paix. Tel serait, du reste, l'avis de M. de Bismarck ; il n'aurait écrit et publié le récit de son entrevue avec Napoléon III [1] sur le champ de bataille de Sedan, que pour bien établir, contrairement aux bruits accrédités en Allemagne, que dans cet entretien si émouvant il n'a nullement été question d'imposer à la France la

---

1. Extrait de la lettre du comte de Bismarck au roi : « Donchéry, 2 septembre 1870. — J'ai mis à la disposition de l'empereur la maison que j'occupais à Donchéry. Dans une petite chambre qui ne contenait qu'une table et deux chaises, j'eus avec l'empereur un entretien qui dura près d'une heure. Il insista pour obtenir des conditions favorables pour la capitulation de l'armée... Je déclinai de m'entretenir avec Sa Majesté sur ce sujet; je lui demandai par contre s'il était disposé à ouvrir des négociations de paix. Il répliqua que, comme prisonnier, il n'était pas en situation de traiter. Sur ma question, qui, dans son opinion, représentait actuellement le pouvoir en France, il me renvoya au gouvernement de la Régence existant à Paris... L'empereur sortit ensuite et m'invita à m'asseoir à côté de lui, en plein air, à la porte de la maison. L'empereur ne parla de la situation politique que pour déplorer les malheurs de la guerre, et déclara que lui ne l'avait pas voulue, mais que l'opinion en France l'y avait forcé. »

restauration impériale. Il y aurait donc sur ce point important, de la reconnaissance du gouvernement français, divergence d'opinions entre le roi et son ministre. Mais ces divergences ne se manifestent souvent qu'intentionnellement pour mieux masquer le jeu de leur politique. Elles pourraient bien, cette fois, n'avoir d'autre but que de troubler l'opinion publique en France et de faciliter au parti militaire le moyen d'assouvir ses passions.

V

15 Septembre 1870.

Le cabinet de Vienne suit les événements avec une anxiété croissante. Il a été surpris, consterné par la rapidité de nos défaites. Il s'était flatté que la lutte serait longue, meurtrière, qu'elle le laisserait maître de la situation et libre d'exercer sa médiation, d'accord avec les puissances neutres, entre deux belligérants à bout de force. Il éprouve en ce moment l'amère déception que nous avons ressentie au lendemain de Sadowa. Il a cru à notre supériorité militaire, de même qu'en 1866 l'empereur et ses généraux ont cru à la supériorité incontestable de l'armée autrichienne. Aussi M. de Beust se voit-il aujourd'hui, la conscience troublée, seul en face de la Prusse victorieuse, secrètement alliée à la Russie. Il sait que M. de Bismarck n'est pas dupe de ses protestations, qu'il connaît ses arrière-pensées et qu'il pourrait bien, aussitôt la paix signée, lui demander compte du programme concerté lors de l'entrevue de Salzbourg et des pourparlers qui, jusqu'à la veille de Froeschwiller, se sont poursuivis entre Vienne et Paris. Son dernier espoir est dans notre force de résistance. Il ne voit plus son salut que dans la prolongation de la guerre [1]. Il se croyait perdu après le

1. M. de Beust faisait dire au comte Chaudordy peu de jours après le 4 septembre : « Tenez ferme jusqu'au mois d'octobre. » Plus tard, il lui fit dire : « Tenez ferme jusqu'à Bayonne. » Il lui laissait entrevoir le retour des sympathies de l'Europe et la médiation des puissances neutres, après un glorieux épisode militaire. L'attaché militaire autrichien encourageait de son côté la délégation de Tours à la résistance, en exaltant l'organisation de l'armée de la Loire. « Notre situation militaire n'est pas aussi désespérée que vous le pensez, m'écrivait le comte Chaudordy à la date du 2 octobre. Nous avons les meilleures nouvelles de Paris sur l'union, la fermeté, la volonté et la possibilité d'une longue résistance. L'attaché militaire d'Autriche qui vient de parcourir la province,

désastre de Sedan, il a repris contenance depuis que le gouvernement de la Défense nationale a déclaré qu'il lutterait jusqu'au bout plutôt que de consentir au démembrement de la France. Les organes les plus importants de la publicité autrichienne révèlent, par les attaques chaque jour plus passionnées qu'elles dirigent contre nous et par la satisfaction immodérée que leur inspirent les succès des armes prussiennes, combien l'Autriche, au fond, est inquiète de son avenir, et le prix qu'elle attache à s'assurer les bonnes grâces du vainqueur. Ils l'incitent en quelque sorte à nous démembrer, à nous imposer les contributions de guerre les plus rigoureuses et même à exiger la remise de notre flotte et la cession de nos colonies. Les journaux prussiens les plus rapaces ne vont pas aussi loin dans leurs exigences que la *Neue Freie Presse*.

Ce serait faire injure au gouvernement autri-

---

a été surpris de voir réunis un aussi grand nombre d'hommes bien équipés, bien armés, et munis de tant d'artillerie. Aussi, je crois que nous pouvons avoir bon courage. »

— Dépêche du comte de Beust au prince de Metternich, 23 octobre 1870. — « Nos intérêts s'allient parfaitement avec l'abstention la plus rigoureuse et *ne sont guère compromis par la prolongation de la guerre*. Loin de nous la pensée de vouloir offrir des conseils ou de provoquer des offres. »

chien de croire qu'il partage à un degré quelconque les passions que manifestent certains journaux de Vienne, dont M. de Bismarck s'est assuré le concours. M. de Beust est un homme d'État ; il sait que chaque défaite de la France ne peut que hâter et rendre plus certain l'asservissement de la politique autrichienne à la politique prussienne. Mais, sans illusions sur le dénouement de la guerre, il spécule sur la prolongation de la lutte, dans l'espoir de détourner, ou d'ajourner du moins, le danger dont il se sent menacé [1]. Il évite avec soin de s'expliquer sur les conditions de la paix ; il se borne à exprimer des vœux et à échanger avec les puissances neutres de timides pourparlers. M. de Bismarck a déclaré d'une façon si péremptoire qu'il n'admettait aucune intervention diplomatique, et la supériorité militaire de la Prusse est si grande, malgré les pertes énormes qu'elle a éprouvées, que le gouvernement autrichien ne se soucie pas de lui déplaire et de s'exposer à son ressentiment.

1. M. Busch. — « Le comte de Beust, dit M. de Bismarck, croit-il vraiment que nous serons assez imprudents pour attendre que la France soit relevée pour régler nos comptes avec l'Autriche? Si à Vienne on voulait restreindre le prix de nos victoires, une nouvelle guerre, *ou plutôt la continuation de celle-ci*, ne se ferait pas attendre. »

VI

16 Septembre 1870.

Le roi de Prusse semble, pour le moment, ne vouloir ni restaurer l'Empire, ni reconnaître la Défense nationale. Il veut continuer la guerre; il ne se soucie pas d'être arrêté devant Paris, dont il compte s'emparer de vive force, par les propositions de paix d'un gouvernement régulier. Il pense qu'on ne sera pas embarrassé d'en trouver un, le jour où les armées allemandes occuperont notre capitale; le Corps législatif, qu'aucun décret n'a dissous, pourrait, au besoin, se reconstituer et donner des pleins pouvoirs pour traiter de la paix. Ce qu'il importe au roi Guillaume, c'est que les conditions qu'il nous imposera, lorsqu'il aura tiré de la guerre tous les résultats qu'il en attend, soient ratifiées et garanties par des représentants issus du suffrage universel, c'est-à-dire par le pays tout entier. Peut-être se rappelle-t-il les sympathies dont il a toujours été l'objet à la cour des Tuileries et souhaite-t-il, personnellement, le retour de la dynastie déchue, tandis que son ministre, inaccessible aux sentiments qu'éveille l'infortune, ne voit et n'a jamais vu dans l'empereur qu'un instrument utile au succès de ses desseins.

VII

16 Septembre 1870.

La vérité commence à se faire jour sur les pertes subies par les armées allemandes depuis le début de la campagne jusqu'à la bataille de Sedan. Le correspondant militaire de la *Gazette de Cologne*, qui suit l'armée, et qui a publié une série d'articles fort remarquables sur les opérations de la guerre, accuse 60,000 blessés et tués et 30,000 malades. Il dit que les vides sont comblés chaque jour par des réserves qui, pour beaucoup de régiments, s'élèvent jusqu'à 800 hommes. La 5e division et les magnifiques régiments de Brandebourg n°s 8, 48, 12 et 52, ainsi que le 2e et le 12e dragons, ont été décimés à Mars-la-Tour, après avoir supporté pendant cinq heures le choc de l'ennemi; certains bataillons ne comptaient plus que 400 hommes et trois ou quatre officiers. Les pertes de la garde à Gravelotte ont été épouvantables; les deux régiments des dragons de la garde et le 7ᵉ de cuirassiers ont été presque anéantis. Le régiment nº 16 du 7ᵉ corps ne comptait plus que cent hommes par compagnie, et le 48ᵉ régiment du 8ᵉ corps que 600 hommes par bataillon. Les troupes hessoises et nassauviennes ainsi que les deux régiments de Thuringe faisant partie du 11ᵉ corps ont cruellement souffert. Les fatigues supportées par les troupes ont été excessives. Il est des régiments qui ont couché pendant quinze jours à la belle étoile, faisant six à huit lieues par jour, et du 17 au 18 août jusqu'à douze lieues, portant les charges les plus lourdes et combattant sans reprendre haleine à Gravelotte, du matin à la nuit tombante. Si le temps n'avait pas été aussi clément et si les soldats n'avaient pas trouvé partout des vivres et surtout d'excellent vin pour se réconforter, ils n'auraient jamais pu supporter de pareilles épreuves.

C'est l'artillerie qui a le moins souffert, n'ayant été que peu exposée au feu des chassepots. Tous les officiers s'accordent à dire que le chassepot est une arme remarquable et bien supérieure au fusil à aiguille, surtout à la distance de 700 et de 1,200 mètres; par contre, de 4 à 700 mètres, la supériorité, en raison de l'excellence du tir allemand, serait restée au Zündnadel-Gewehr. Si le soldat français avait su faire un meilleur usage de son arme, les pertes allemandes eussent été deux fois plus grandes.

L'artillerie française, tout en combattant vaillamment, serait restée au-dessous de sa réputation. Ce n'est pas la bravoure qui a fait défaut à la cavalerie, mais l'expérience. En somme, l'armée française serait mieux organisée que l'armée autrichienne et elle se serait mieux battue qu'elle. De là les grandes pertes subies par les armées allemandes. A Gravelotte, le 18 août, leur effectif était de moitié moindre qu'à Kœnigsgraetz, et cependant les pertes ont été du double.

VIII

17 Septembre 1870.

La presse prussienne fait flèche de tout bois ; elle s'empare des plus petits incidents de la guerre pour les dénaturer et en tirer les conclusions les plus odieuses pour notre caractère national[1]. Il importe de maintenir l'opinion en Allemagne au diapason le plus aigü, de combattre la lassitude et de conjurer une réaction sérieuse en faveur de la paix. C'est de l'indignation à froid, réglementée et expédiée du quartier général à tant la ligne.

Les journaux du Midi, tels que la *Sudeutsche-Presse* de Munich et la *Gazette de Francfort*, protestent contre ces déclamations. Il est peu généreux, disent-elles, d'accabler les Français

---

1. « Le peuple français, dit le *Staats-Anzeiger*, n'a donné, dans ces derniers temps, que trop de preuves de la décadence morale la plus profonde. Les assassinats et les crimes des régiments d'Afrique sont dépassés par les infamies commises en France. Cette manière de faire la guerre est caractérisée par l'acte honteux de Laon, lequel unit la trahison à l'assassinat. »

d'injures parce qu'ils donnent à la guerre un caractère national. En serions-nous, après tant de victoires, à perdre toute justice envers nos ennemis ? Et cependant chaque jour on nous parle de villes brûlées, de villages incendiés, de fusillades et de réquisitions formidables[1]. Ces actes ne sont-ils pas aussi réprouvés par la morale ? Les lois de la guerre les autorisent dans une certaine mesure, nous le voulons bien ; mais du moins ne méconnaissons pas la résistance qu'on nous oppose. Les Français ne sont pas des misérables parce qu'ils organisent des corps francs, que les paysans nous enlèvent les vivres et nous tuent quelques soldats en défendant leurs foyers. Si l'Allemagne était réduite à une guerre défensive à outrance, procéderait-elle différemment ? N'a-t-on pas invoqué récemment les ordonnances de la landwehr prussienne ?

---

1. M. Wickede dit, dans son *Histoire de la guerre allemande* : « La guerre prit bientôt un caractère dur, parfois inhumain. Il se trouva des officiers qui cherchèrent à faire sentir de la plus cruelle manière à la population inoffensive de la France une grossièreté innée et une brutalité outrecuidante (innere Rohheit, brutale Uebermuth). Les exemples de brutalité et d'arbitraire dont nous avons été les témoins font horreur à l'humanité et n'honorent pas le nom allemand ; ils ont excité inutilement la haine de la France. »

Elles nous montrent qu'en 1813 nous avons procédé exactement comme fait la France aujourd'hui. Si, dans cette guerre, la fortune, au lieu de nous favoriser, s'était tournée contre nous, nos paysans se seraient soulevés comme les paysans français, et leur résistance, loin de provoquer la réprobation, eût été pour l'Allemagne un titre de gloire.

Ces protestations éloquentes resteront sans écho ; elles montrent, du moins, que tout sentiment de justice et d'humanité n'a pas disparu de l'autre côté du Rhin.

IX

18 Septembre 1870.

M. de Bismarck évite de s'expliquer sur les conditions de la paix [1]. Il craint sans doute qu'en

---

1. M. de Bismarck répondait par des échappatoires à ceux qui l'interrogeaient. Il disait qu'il avait indiqué ses conditions à Ferrières, le 20 septembre, et à Versailles, au commencement de novembre, mais ni M. Favre ni M. Thiers ne les connaissaient exactement. M. Favre s'était imaginé qu'il se contenterait d'une Alsace neutralisée, et M. Thiers, au retour de Versailles,

les révélant prématurément, on ne les trouve excessives et qu'elles ne soulèvent les protestations des puissances et même d'une partie de l'opinion publique allemande.

Ce n'est guère que dans les journaux anglais, et particulièrement dans *le Times*, qu'on parvient à relever plus ou moins fidèlement sa pensée. On y trouve parfois, formulées d'une manière assez vraisemblable, les exigences que le Cabinet de Berlin pourrait avoir intérêt à faire prévaloir lorsque l'heure des négociations sera venue. Dans la presse allemande, au contraire, tout est confusion. Autant de journaux, autant d'opinions, et bien souvent la même feuille émet les avis les plus contradictoires. Pour l'heure, la modération, une modération relative, bien entendu, semble prédominer. La *Gazette de Spener* et la *Gazette de Voss*, qui

---

croyait à la possibilité de conclure au prix de l'Alsace et de deux milliards. M. de Bismarck avait intérêt à entourer jusqu'à la dernière heure ses véritables conditions du plus profond mystère. En les révélant avant que la France fût obligée de les subir, il pouvait craindre qu'en Europe on ne les trouvât exagérées. Sa tactique était de nous engager dans une négociation, persuadé qu'une fois que nous aurions déposé les armes, nous ne les reprendrions plus. — Albert Sorel. — *Histoire diplomatique de la guerre de 1870.*

représentent l'opinion moyenne à Berlin et qui comptent le roi au nombre de leurs lecteurs assidus, disent assez catégoriquement qu'on commettrait une grande faute en s'annexant des provinces hostiles. Reflètent-elles la pensée du souverain et de ses états-majors ? Il serait téméraire de l'affirmer. Le roi Guillaume a montré en 1866 combien il était âpre à la conquête, sa devise est celle de Frédéric II : « Ce qui est bon à prendre est bon à garder. » Il se considère comme l'agent d'une volonté supérieure et, pour réaliser les destinées qu'il croit réservées à son pays et à sa race, il invoque, tour à tour, le droit divin de l'hérédité, le principe révolutionnaire des nationalités et surtout le droit de conquête.

X

19 Septembre 1870.

Le ton des journaux prussiens semble se modérer un peu. Faut-il en conclure que l'opinion publique a cessé d'être au diapason de leurs violences et qu'elle se tient pour satisfaite des résultats de la guerre? Il serait heureux de voir les sentiments de conciliation qui se sont manifestés dans le Midi, s'imposer également au nord de l'Allemagne. Toutes les correspondances s'accordent à dire que des deux côtés du Mein, les souffrances sont grandes, que les victoires remportées n'ont en rien allégé la misère des populations et encore moins réagi sur les transactions commerciales. Il est donc permis d'espérer que le sentiment de la paix, que le parti progressiste, dès la proclamation de la République, a été le premier à affirmer, par les voix autorisées de Venedey, de Simon, de Vogt et de Jacobi, se généralisera de plus en plus. Mais s'accentuera-t-il assez énergiquement pour s'imposer aux états-majors prussiens? Il ne faudrait pas l'espérer. L'armée tient avant tout à s'emparer de Paris, autant pour y satisfaire ses appétits que pour y sceller ses victoires; d'impérieuses considérations stratégiques, seules, pourraient la faire renoncer au plus ardent de ses désirs. Quant à l'opinion publique, son action en Prusse n'a jamais été assez forte, même en temps ordinaire, pour s'imposer aux déterminations du gouvernement. Comment admettre qu'elle soit assez puissante pour faire entendre à une armée enivrée par ses succès le langage de la conciliation et de la sagesse? Il ne faudrait rien moins que la volonté royale pour lui faire accepter sans murmurer une paix prématurée, et rien n'indique que le roi ne partage pas les passions de ses soldats.

M. de Bismarck seul pourrait exercer une influence conciliante, si la modération entrait réellement dans ses calculs; mais on dit qu'en ce moment il n'est guère écouté au quartier général [1]. La parole est à l'action et non à la politique. Le rôle de la diplomatie se borne à donner le change à l'opinion publique, à surveiller les puissances neutres, à les paralyser.

---

1. Maurice Busch. « Le chef paraît penser sérieusement à prier le roi de le décharger de ses fonctions. »

XI

20 Septembre 1870.

On avait prêté au gouvernement prussien l'intention de poursuivre la restauration de la dynastie impériale et de ne vouloir traiter de la paix qu'avec l'empereur Napoléon. M. de Bismarck, après avoir laissé s'accréditer ces bruits, les fait formellement démentir aujourd'hui ; on insinue même que ce serait sur les conseils venus de Pétersbourg[1], où les rancunes contre la France ne désarmeraient pas, que le roi aurait renoncé à l'idée de replacer l'empereur sur le trône. Quoi qu'il en soit, une évolution s'est faite au quartier général sur les questions qui touchent à la forme de notre gouvernement, depuis que M. Jules Favre et nos journaux, en s'appuyant sur le manifeste

---

1. Le journal de Pétersbourg n'admettait pas qu'on pût imposer la restauration de l'Empire à la France; il y voyait une infraction au principe du droit des gens ; il déclarait que la paix se traiterait entre les souverains allemands et une assemblée constituante.

du roi Guillaume [1], qui rendait l'empereur responsable de la guerre, s'appliquent à invoquer sa chute comme l'exécution préalable de l'une des conditions de la paix. « Nous n'avons pas à nous immiscer dans les affaires intérieures de la France, dit la presse officieuse; peu nous importe la forme du gouvernement qui la régit [2]. Aussi n'accepterons-nous pas, comme une satisfaction donnée à nos exigences, la chute d'un gouvernement que nous n'avons nullement réclamée. Ce que nous voulons, c'est de mater une fois pour toutes l'orgueil français, et cela à Paris, afin de bien démontrer à ce peuple frivole

---

1. Proclamation du roi Guillaume. — 11 août 1870. — « L'empereur Napoléon ayant attaqué par terre et par mer la nation allemande, qui désirait et *désire encore vivre en paix avec le peuple français*, j'ai pris le commandement des armées allemandes pour repousser son agression et j'ai été amené par les événements militaires à franchir les frontières de la France. »
— Circulaire de M. Jules Favre. — 6 septembre 1870. — « Le roi de Prusse a déclaré qu'il faisait la guerre non à la France, mais à la dynastie qui est à terre. Le roi de Prusse veut-il continuer une lutte impie? Libre à lui, si c'est un défi nous l'acceptons. *Nous ne céderons ni un pouce de notre territoire, ni une pierre de nos forteresses.* »

2. Maurice Busch. — « Nous sommes prêts, disait M. de Bismarck, à reconnaître tout gouvernement, toute dynastie, même celle de Gambetta, pourvu qu'ils nous assurent une paix avantageuse. »

et dépravé, qui ne vit que d'illusions, que la paix de l'Europe ne dépendra plus à l'avenir de ses caprices. Il faut en un mot que la France soit rendue impuissante et que la paix soit à la hauteur des sacrifices sanglants que nous a coûtés la guerre. » On voit par ces manifestations haineuses qu'on ne veut pas seulement nous démembrer et nous ruiner matériellement, mais qu'on tient aussi à nous dégrader moralement aux yeux de l'Europe. La proclamation du roi à l'occasion de la catastrophe de la citadelle de Laon en est une nouvelle preuve ; elle montre qu'on s'applique à exploiter tous les incidents de la guerre pour en tirer de propos délibéré les conclusions les plus odieuses pour notre caractère.

XII

20 Septembre 1870.

Les idées de M. de Bismarck au sujet de l'Alsace et de la Lorraine ne seraient pas définitivement arrêtées, si l'on s'en rapporte aux correspondances qui partent du quartier général. Leur langage, en effet, n'est plus aussi affirmatif; mais cela tient, selon toute vraisemblance, moins au fait de l'annexion, qui malheureusement paraît irrévocable, qu'au sort réservé à ces deux provinces, dans la reconstitution de l'Allemagne. On semble ne vouloir prendre de résolution définitive au sujet de leur avenir qu'au moment de la paix. Il serait dangereux, en pleine guerre, d'éveiller les convoitises territoriales de la Bavière [1] et du Wurtemberg, et de provoquer des jalousies en Europe, en révélant prématurément l'esprit de conquête. D'ailleurs, on sait l'Alsace désespérée; on veut lui laisser le temps de se faire à l'idée si douloureuse d'être la victime expiatoire des événements. On se flatte, à tort bien certainement, qu'une réaction s'opérera dans le sentiment de ces populations si éminemment françaises, lorsqu'elles verront la révolution se

---

1. Maurice Busch. — « M. de Dalwigh, le ministre de Hesse, plus hostile que jamais à la Prusse, voudrait que l'Alsace et la Lorraine fussent annexées au grand-duché de Bade, qui céderait la province de Heidelberg et de Mannheim à la Bavière. »

— « On se préoccupe dans les cercles parlementaires du partage des territoires conquis. Les Bavarois verraient avec plaisir l'Alsace cédée au grand-duché de Bade, à la condition que le Palatinat Badois fût annexé à la Bavière. »

généraliser en France et prendre, comme à Lyon, où déjà on a arboré le drapeau rouge, un caractère socialiste. On s'imagine que l'instinct de la conservation l'emportera sur les sympathies et que, pour échapper à l'anarchie, elles subiront avec résignation la situation qui leur sera faite dans le futur Empire germanique. La révolution joue un rôle de plus en plus important dans les combinaisons militaires et politiques de la Prusse. Elle s'en sert pour nous diviser, nous paralyser à l'intérieur et pour nous discréditer au dehors. Tandis que le Roi se préoccupe de notre état révolutionnaire [1] et le signale aux souverains comme un péril pour les intérêts monarchiques et conservateurs, sa diplomatie, loin de nous faciliter les moyens de reconstituer un gouvernement régulier, excite les partis; elle les oppose l'un à l'autre, avec l'espoir de fomenter la guerre civile. C'est un affligeant spectacle

---

1. Lorsque le Roi traversa Varennes, il fit former le cercle à son état-major et dit à ses officiers : « Souvenez-vous de Varennes. Rappelez-vous ce qui s'y est passé et les conséquences de l'arrestation du Roi. Lorsqu'un pays s'est laissé entraîner comme le peuple français dans la voie de la révolution, notre présence ici est tout expliquée. » Entretien du Roi de Prusse avec le cardinal de Bonnechose à Versailles; — février 1871.

pour nos amis en Europe, de voir des Français subordonner le salut de leur pays à leurs passions et se constituer les auxiliaires de l'envahisseur.

XIII

21 Septembre 1870.

L'armée prussienne n'a plus qu'une idée fixe, c'est de s'emparer de Paris. Ce serait une satisfaction réclamée impérieusement par les soldats, qui, pendant tout le cours de la campagne, n'auraient pas cessé de manifester le plus vif mécontentement, dès que des combinaisons stratégiques les forçaient à rétrograder et à s'éloigner de leur objectif principal. On peut donc tenir pour certain que, tant que Paris tiendra, le quartier général ne se laissera écarter par aucune considération du but qu'il poursuit. Les armées sont cantonnées aujourd'hui dans les parties les plus fertiles de la France ; elles ont à leur disposition pour les approvisionner une cavalerie nombreuse, audacieuse, qui ne craint pas de faire des réquisitions dans les départements les plus éloignés. Il ne s'agit donc pour elles, en fin de compte, que de patienter, ce qui ne leur répugne aucunement dans les conditions d'abondance où elles se trouvent. Des protestations se font entendre en Allemagne, il est vrai ; mais on se flatte qu'en rendant à l'agriculture une partie des bras qui lui font défaut, par le renvoi dans leurs foyers des soldats les plus anciens de la réserve, les populations se réconcilieront avec leurs souffrances et attendront patiemment, avec la perspective de glorieuses compensations, l'heure qu'il plaira au roi Guillaume de fixer pour la conclusion de la paix.

XIV

21 Septembre 1870.

M. de Bismarck n'a pas l'habitude de cacher ses sentiments. Il les manifeste brutalement dès qu'il se voit contrecarré dans ses desseins. Il a sous la main une presse sans scrupule, toujours

prête à dénaturer les faits, à déverser l'outrage.
C'est à la violence de ses attaques, qu'on peut, en
général, mesurer assez exactement le degré de ses
inquiétudes. Elles révèlent le but qu'il poursuit
et l'obstacle qu'il redoute. Faut-il conclure de la
quiétude dédaigneuse qu'affecte le chancelier, en
parlant de M. Thiers et de ses missions, qu'il a
reçu de Londres, de Vienne et de Florence, sur
les projets d'intervention prêtés aux puissances
neutres, les assurances les plus tranquillisantes?
On serait tenté de le croire, en parcourant les
journaux qu'il inspire. M. Thiers, disent-ils, a pu
se convaincre déjà que l'Angleterre [1] n'est nullement jalouse de l'agrandissement et de l'union
de l'Allemagne; cette conviction, il l'emportera à

---

1. M. Thiers espérait obtenir du cabinet de Saint-James la reconnaissance du gouvernement de la République. Il ne réussit pas, bien que l'Angleterre, d'habitude, reconnaisse aisément les gouvernements de fait. Il était chargé de dire que la France était disposée à se prêter à toute concession qui n'entraînerait pas le démembrement de son territoire. « Votre gouvernement, disait lord Granville, manque de la sanction légale, il s'intitule lui-même Gouvernement provisoire. » — M. Thiers parvint néanmoins à atténuer les préventions monarchiques de l'Angleterre contre la révolution installée à l'Hôtel de Ville. — « M. Thiers a réussi à me persuader, écrivait lord Granville à lord Lyons, qu'il y avait lieu de prendre au sérieux le Gouvernement du 4 septembre et ses principaux chefs. »

plus forte raison de Saint-Pétersbourg. L'Empereur Alexandre n'a pas attendu son arrivée pour témoigner de ses sentiments. L'envoi de l'ordre de Saint-Georges au prince royal de Saxe est une réponse anticipée aux ouvertures que l'envoyé de la Défense nationale fera à la cour de Russie [1]. Quant à l'Autriche, elle n'a plus qu'un désir : vivre en paix avec l'Allemagne. Ce qui frappe, c'est que rarement il est question dans les manifestations extérieures du cabinet de Berlin, de l'attitude de l'Italie. Est-ce parce qu'on la tient, sinon pour une alliée, du moins pour une complice déguisée, depuis qu'elle a indirectement rompu sa neutralité, en violant, dès nos premières défaites, la convention du 15 septembre [2] ?

M. Bancroft, le ministre des États-Unis à Berlin, est en ce moment l'objet d'ovations enthousiastes,

---

[1]. « M. Thiers apprendra partout, disait *le Staats-Anzeiger*, que les Puissances sont peu disposées à intervenir en faveur du Gouvernement établi à Paris. Il ne tient ses pouvoirs que des rues. Il ne saurait être autorisé à négocier au nom de la France. L'Allemagne assistera aux démarches de la diplomatie républicaine avec l'imperturbable confiance que la paix *sera localisée* comme l'a été la guerre, c'est-à-dire qu'elle se réglera en tête-à-tête, entre nous seuls et la France. »

[2]. « Grande nouvelle, écrivait joyeusement M. Maurice Busch, les Italiens sont entrés à Rome ! »

à l'occasion du vingt-cinquième anniversaire de sa promotion au grade de docteur ès-lettres. Les corps universitaires le complimentent, les dignitaires de la cour s'inscrivent à son domicile, M. de Bismarck lui envoie ses félicitations du quartier général, et la reine [1] elle-même, si sympathique à nos malheurs, sort de sa réserve pour s'associer à des manifestations dont la science n'est que le prétexte.

Les personnes qui connaissent l'historien sont rares; mais tout le monde sait que M. Bancroft a su neutraliser l'action de M. Washburne, qui poussait son gouvernement à revendiquer le rôle de médiateur. Cela suffit pour le transformer en homme illustre. Jamais Américain n'a été l'objet de flatteries aussi épaisses, parties de si haut.

---

1. La reine Augusta a témoigné à nos prisonniers et à nos blessés la plus touchante sollicitude. On ne saurait parler d'elle en France qu'avec respect.

XV

22 septembre 1870.

La Prusse ne se contente pas de nous arracher l'Alsace et la Lorraine, elle s'attache à compromettre nos rapports avec nos voisins dans le présent et pour l'avenir en s'adressant à leurs ambitions territoriales. Dès le début de la guerre elle a essayé de soulever la question de Nice et de la Savoie; mais les incitations de sa diplomatie sont restées sans écho à Florence et à Berne. Le gouvernement italien a craint de provoquer l'indignation de l'Europe, en venant, après s'être emparé de Rome, au mépris de la convention du 15 septembre[1], réclamer encore

---

1. Entretien de M. Nigra avec M. Jules Favre, le 6 septembre 1870. — « Je suis chargé officiellement de vous faire savoir que mon gouvernement ne peut plus supporter le *statu quo* en ce qui concerne Rome. Nous sommes dans la nécessité d'occuper Rome, notre honneur et notre intérêt nous le commandent. » — « Je ne dénoncerai pas la convention du 15 septembre, je ne l'invoquerai pas non plus, répondit M. Jules Favre. Je ne peux ni ne veux rien empêcher. Mais il est bien entendu que la France ne vous donne aucun consentement. » — M. Nigra revint à la charge le

la rétrocession de Nice, et le gouvernement helvétique a soupçonné l'Allemagne de ne lui laisser entrevoir le Chablais et le Faucigny qu'avec l'arrière-pensée de lui demander, à titre d'échange, la rive droite du Rhin, depuis Bâle jusqu'à Schaffhouse. M. de Bismarck en a été pour ses suggestions; mais la presse qu'il inspire ne persiste pas moins à réclamer la revision du traité intervenu entre la France et l'Italie. Le chancelier est convaincu que toute question posée entre deux pays finit toujours par altérer leurs relations et souvent par aboutir à des complications. « La prolonga-
» tion de la guerre », dit le *Sontagspost* qui s'inspire au quartier général, « ne fera qu'augmenter
» les exigences de la Prusse et l'on peut être
» certain que, dans l'intérêt de la sécurité de
» l'Europe, le cabinet de Berlin ne manquera
» pas d'exiger de la France, entre autres garan-
» ties, la revision du traité de 1859. »

Personne n'est dupe de cette manœuvre; il est

---

8 septembre. « Vous ne maintiendrez pas votre décision, disait-il, elle est trop en opposition avec votre passé politique. Elle blessera l'Italie sans aucun profit pour la France. — Est-ce une condition que vous me posez ? — Non. — Eh bien, je vous saurai gré de ne plus revenir sur un sujet qui me peine et qui ne peut **nous mener à rien.** »

permis d'affirmer que M. de Bismarck ne trouvera de complices ni à Berne ni à Florence. La Suisse ne cache plus ses sympathies, elle les manifeste de la façon la plus vive et la plus touchante; elles sont entièrement acquises à la France, et le gouvernement fédéral n'a pas la moindre envie de spéculer sur nos revers pour nous arracher quelques lambeaux de territoire. Aussi la politique déloyale préconisée par les journaux qui se sont mis aux gages de la Prusse est-elle l'objet d'énergiques protestations, même à Genève, où la crainte d'être annexé par la France nous avait, au début de la guerre, aliéné bien des sympathies.

XVI

22 Septembre 1870.

Le cabinet de Berlin paraît avoir définitivement renoncé à l'idée de restaurer la dynastie déchue, en admettant qu'il l'ait poursuivie sérieusement, pour faire honneur à l'engagement que le roi aurait pris avec l'empereur, de ne pas sacrifier son fils, le prince impérial, lors de la douloureuse entrevue de Donchéry, sur le champ de bataille de Sedan [1]. Mais ses journaux n'en persistent pas moins à soutenir que l'Allemagne ne saurait traiter avec un gouvernement de fait,

---

1. Extrait de la lettre du roi de Prusse à la reine Augusta. « Vendresse, au sud de Sedan, 3 septembre 1870. — Reille sauta de cheval et me remit la lettre de son empereur en ajoutant qu'il n'avait pas d'autre mission. Avant d'ouvrir la lettre, je lui dis : « Mais j'exige comme première condition que l'armée dépose les » armes. » — La lettre commence ainsi : « N'ayant pu mourir à la tête » de mes troupes, je remets mon épée entre les mains de Sa Majesté. » Tout le reste était abandonné à ma discrétion. Ma réponse fut, que je regrettais que nous nous rencontrions de cette manière et que je l'invitais à m'envoyer un fondé de pouvoirs pour conclure la capitulation. Après avoir remis ma réponse au général Reille, je lui dis quelques mots comme à une vieille connaissance et c'est ainsi que se termina cet acte. — Je chargeai Molkte des négociations et je priai Bismarck de rester auprès de moi, pour le cas où des questions politiques seraient soulevées. Le lendemain, Molkte m'informa que l'empereur avait quitté Sedan à cinq heures du matin et qu'il se trouvait à Donchéry. Il désirait me parler, et comme il y a dans le voisinage un petit château, je désignai cet endroit pour l'entrevue. Je descendis à la porte du château, où l'empereur vint à ma rencontre. Notre entrevue dura un quart d'heure ; tous deux nous étions très émus de nous rencontrer de cette manière. Je ne saurais te dire ce que j'éprouvais, moi, qui avais vu Napoléon, il y a trois ans, à l'apogée de sa puissance. » — Bien que la lettre ne fasse aucune allusion à la restauration de la dynastie, il est permis cependant de croire que l'empereur, dans cette cruelle entrevue, a dû parler de son fils et que le roi, sous le coup de l'émotion, en se rappelant l'accueil qu'il avait toujours trouvé aux Tuileries, ait pris quelques engagements.

non sanctionné par la nation librement consultée. C'est là, disent-ils, le seul obstacle qui s'oppose aux négociations de la paix et nullement la répugnance qu'inspirerait aux alliés un gouvernement républicain [1]. Si les états-majors allemands, dans les départements occupés, ne reconnaissent que les autorités nommées par le pouvoir impérial, ce n'est que pour les préserver de l'anarchie et maintenir une administration régulière. Il existe d'ailleurs encore une armée impériale à Metz, et la délégation nationale serait fort embarrassée de dire si le maréchal Bazaine et ses soldats ont reconnu la République proclamée par une fraction de la population parisienne.

Il est évident que la Prusse ne soulève ces objections constitutionnelles que pour gagner du temps et pour se dégager, aux yeux de l'opinion publique, de la responsabilité qu'elle assume par la continuation de la guerre. Tout indique qu'elle ne traitera sérieusement, qu'après la prise des places assiégées et l'occupation de Paris.

---

1. M. Busch. — « Le *Daily Telegraph* a prétendu que M. de Bismarck aurait dit à Sir Mallet : « Ce qui nous préoccupe le » plus, le Roi et moi, c'est l'action qu'une république pourrait » exercer sur l'Allemagne. » Le ministre écrit en marge de cet article : *Absurde! mensonge!* »

XVII

23 Septembre 1870.

Une réaction s'opère dans les sentiments de l'Angleterre ; elle nous était hostile au début des événements ; elle nous en voulait d'avoir provoqué la guerre ; nos pourparlers secrets au sujet de la Belgique, perfidement révélés par M. de Bismarck, grâce aux autographes laissés entre ses mains par M. Benedetti, avaient provoqué son indignation ; elle s'était méprise comme tout le monde sur la situation militaire de la France. Déjà elle la voyait victorieuse, prépondérante, s'emparant de Bruxelles et d'Anvers. Ses craintes et ses jalousies n'ont pas survécu à nos désastres. Les sympathies des neutres se reportent volontiers sur le belligérant que la fortune a trahi. Des voix autorisées s'élèvent en notre faveur ; elles reprochent à lord Granville, à lord Lyons, d'avoir manqué d'énergie, d'habileté à l'heure décisive ; s'ils avaient parlé un langage plus ferme, ils eussent impressionné le gouvernement français ; ils auraient permis à l'empereur, dont les sentiments étaient pacifiques, de réagir contre ses entours, et de tenir tête au Corps législatif[1]. Un ancien ambassadeur à Constantinople, sir Henri Bulwer, s'est mis à la tête de ce mouvement ; il s'élève contre le manque de dignité de la politique anglaise. Il dit que, sans intervenir, un grand pays comme l'Angleterre a le devoir de faire connaître son opinion sur les exigences du vainqueur, et de ne rien négliger pour assurer le prompt retour de la paix. *Le Times* répond à cela « que l'Angleterre n'est pas un constable international, qu'elle ne se soucie pas d'être mêlée aux querelles d'autrui et que, la France ayant voulu la guerre, il est juste qu'elle en paye les frais ». Sir Henri Bulwer ne se décourage pas, il maintient qu'un pays comme l'Angleterre ne doit pas craindre de manifester ses sentiments. « Si l'Angleterre, dit-il, en face d'immenses calamités, persistait à se draper dans son égoïsme, à rester

---

1. « Il n'y a aujourd'hui rien à craindre de ces gens-là, comme au mois de juillet il n'y avait rien à en attendre, disait M. de Bismarck en parlant des Anglais. Si, au commencement de la guerre, ils avaient parlé haut à Napoléon, il n'y aurait pas eu de guerre. » Maurice Busch.

muette, sans faire un effort, Dieu cesserait de la protéger, sa renommée serait perdue, sa politique n'inspirerait que le dégoût et le mépris. »
— « Quand les Français auront franchi le flot, ou quand les vagues les auront engloutis sans réchappe, alors seulement, réplique *le Times*, le moment sera venu pour les neutres d'intervenir. D'ici là, il n'y a rien à faire : *le mutisme dans l'abstention* »... tel est le dernier mot du journal de la Cité.

XVIII

23 Septembre 1870.

Les allées et venues de M. de Delbruck, le vice-président du Conseil fédéral et du comte de Tauffkirchen, l'envoyé bavarois à Pétersbourg, entre Munich et Stuttgart, ainsi que la présence de M. de Varnbühler à Berlin, indiquent que le règlement de la question allemande est devenu l'objet d'actives négociations entre le chancelier et les cours du Midi.

Les difficultés que les négociateurs prussiens rencontrent à Munich et à Stuttgart permettent de croire que le roi de Bavière et le roi de Würtemberg commencent à envisager les événements de sang-froid et à méditer sur leurs conséquences. Ils s'aperçoivent, tardivement, que les victoires remportées par leurs soldats, les sacrifices supportés par leur pays, loin d'assurer leur gloire, de fortifier leur autorité, de consolider leur couronne, n'auront servi qu'à l'agrandissement de la Prusse et à la fortune de sa dynastie. On leur demande aujourd'hui ce qu'ils refusaient quelques mois avant la guerre : la proclamation de l'empire germanique[1]. On leur offrait alors, pour ce sacrifice à l'amour-propre du roi Guillaume, les plus larges compensations, on respectait leur autonomie militaire et administrative, on leur laissait tout ce qu'ils avaient sauvé de la tourmente de 1866 ; on les garantissait à perpétuité contre la révolution. Les événements leur forcent la main aujourd'hui ; ils devront s'y soumettre, et s'accommoder des concessions que M. de Bismarck, fort des aspirations nationales, voudra bien leur offrir.

1. Voir à l'appendice n°⁵ 5 et 6.

XIX

24 Septembre 1870.

Le séjour que M. de Bennigsen et plusieurs notabilités parlementaires viennent de faire à Suttgard et à Munich témoigne des résistances que le roi de Wurtemberg et le roi de Bavière opposent aux vœux du parti national. La part active et déterminante que les nationaux ont prise à la guerre, en assurant à la politique et aux armées allemandes une force irrésistible, le patriotisme exalté des masses, les autorise à réclamer de la Prusse et des souverains ses alliés, la régénération de l'Allemagne au gré de leurs espérances. Ce qu'ils demandaient avant la guerre, l'extension de la confédération jusqu'aux Alpes, avec un parlement allemand et un ministère fédéral responsable, pourra-t-on le leur refuser, aujourd'hui qu'à juste titre ils réclament une part glorieuse du succès ?

M. de Bismarck, pour maintenir sa grande popularité, s'efforcera de les satisfaire. Il leur fera toutes les concessions, sauf une seule toutefois, la responsabilité ministérielle. Elle répugne à ses tendances[1], ainsi qu'aux convictions de son souverain, qui jamais ne subordonnera ses prérogatives royales à une majorité parlementaire. Le roi Guillaume est un croyant, il n'admet pas le partage du pouvoir, il le tient de Dieu et de ses ancêtres; il le considère comme un ministère sacré; il se croit appelé à réaliser les aspirations de son peuple. Le roi Louis de Bavière et le roi Charles de Wurtemberg ont eu trop de démêlés avec leurs Chambres pour ne pas approuver ses théories autoritaires et légitimistes; mais peut-être trouvent-ils qu'il exagère la portée de la mission divine dévolue à la maison de Hohenzollern, en voulant les réduire au rôle de simples feudataires.

---

1. M. Busch. — « Le chancelier s'assit, prit une bouteille de bière et dit en soupirant : « Si seulement, pendant cinq minutes, je » pouvais dire : *Je veux*, et le dire sans avoir à redouter quelque » obstacle! Que je voudrais n'être pas obligé de donner, même dans les » choses les plus simples, le pourquoi et le but de mes actions! Il » me faut parler et implorer sans cesse. L'absolutisme bienveillant, » juste, raisonnable, est la meilleure forme de gouvernement. »

XX

24 Septembre 1870.

Les sympathies qu'inspirent nos malheurs s'accentuent en Angleterre ; le discours que M. Bruce, l'un des sous-secrétaires d'État, vient de prononcer devant ses électeurs, prouve qu'elles s'imposent à la politique du cabinet. *Le Times*, qui ne s'inspire plus qu'au quartier général prussien, a beau s'adresser à l'égoïsme britannique, accabler de sarcasmes les homélies de sir Henri Bulwer, et prétendre qu'il n'y a rien à faire qu'à se croiser les bras, le ministère n'en n'est pas moins forcé d'agir, en voyant l'opinion se retourner vers la France. Il promet d'intervenir et de réclamer un armistice qui nous permettra de procéder à des élections et de substituer un gouvernement régulier issu du suffrage universel, au gouvernement de la Défense, que récuse l'Allemagne. Tout dépendra de l'ardeur de ses démarches. Les nouvelles de Russie pourraient bien les rendre actives, pressantes. Elle procède à des armements, et les troupes qu'elle mobilise prennent une direction inquiétante, elles se portent de Moscou à Kurtsch ! c'est la route qui mène directement à Constantinople. Il semblerait que le cabinet de Pétersbourg ne veut pas attendre la fin de la guerre pour s'assurer les bénéfices de sa complicité. Les journaux anglais commencent à se préoccuper de ses arrière-pensées. Ils craignent qu'il ne ménage à l'Angleterre de fâcheuses surprises, et ils se demandent si, dans ce cas, on n'aurait pas besoin de la France. Ils invitent le ministère à se mettre en mesure de parer aux éventualités qui menacent de surgir en Orient.

« Pourquoi la Russie arme-t-elle ? se demande *le Morning-Post,* elle n'est menacée par personne. Veut-elle réaliser ses desseins avant que l'Allemagne unie, agrandie, alliée à l'Italie, et d'accord avec l'Autriche, que M. de Bismarck pousse vers l'Orient, puisse lui barrer le chemin de Constantinople ? »

XXI

24 Septembre 1870.

On avait toujours dit qu'aux jours du succès, le grand-duc de Bade, en récompense de son dévouement opiniâtre à la cause allemande, serait appelé à revendiquer dans le partage une part privilégiée, et que l'Alsace, réunie au grand-duché, formerait un nouveau royaume dans l'empire d'Allemagne. Cette espérance longtemps caressée à Carlsruhe, encouragée peut-être par le roi de Prusse, qui adore la grande-duchesse, sa fille, paraît abandonnée. Comme toujours le roi Guillaume subordonne ses sentiments personnels à la raison d'État. M. de Bismarck, ne pouvant annexer l'Alsace à la Prusse[1], a trouvé une combinaison qui, tout en donnant satisfaction

---

1. « C'est la question de l'Alsace-Lorraine qui a fait pencher la balance, a dit M. de Bismarck. On ne pouvait réclamer ces provinces à la France qu'au nom de toute l'Allemagne. Le Nord n'en a pas un besoin immédiat; mais, pour le Sud, c'est une nécessité absolue, il lui faut un boulevard du côté de l'ouest. » — Maurice Busch.

indirecte à l'ambition prussienne, a le mérite de ne pas soulever les jalousies de la Bavière et du Wurtemberg, de ne pas nécessiter de remaniements territoriaux et d'établir la complicité de la conquête entre le Nord et le Midi, en associant l'Allemagne entière à la conservation et à la défense des provinces conquises. L'Alsace et la Lorraine seront déclarées provinces frontières de l'empire ; elles seront régies à Berlin et placées sous le commandement du futur empereur. Cette solution n'a pas le don de plaire à tout le monde : le particularisme en prend ombrage, il préférerait, plutôt que de livrer les provinces conquises à la discrétion de la Prusse, leur rétrocession à la France par voie de rachat. La rançon serait énorme, chacun y trouverait son compte. On fait ressortir la défense héroïque de Strasbourg pour démontrer que la germanisation de l'Alsace sera impossible et que son entrée dans le futur empire ne fera qu'ajouter aux difficultés de l'organisation nouvelle que réclame l'Allemagne. L'idée d'une rançon colossale (on parle de milliards) trouve de nombreux partisans, déjà les journaux en supputent le chiffre et en discutent l'emploi.

M. de Bismarck ne voit pas avec déplaisir se

manifester publiquement les concupiscences qu'éveillent nos richesses. La perspective de la curée surexcite l'esprit militaire, fait paraître moins lourds les sacrifices qu'exige la guerre à outrance dans laquelle il entraîne l'Allemagne.

XXII

25 Septembre 1870.

Les deux circulaires que M. de Bismarck a publiées intentionnellement, avant l'entrevue de Ferrières, ont été généralement approuvées par l'opinion publique allemande [1]. Elles inspirent cependant des réserves ; on trouve que le chancelier a manqué d'équité en représentant la

---

1. Les deux circulaires démontraient que la magnanimité de l'Allemagne n'atténuerait en rien les sentiments de haine et l'esprit de domination de la France. Elles ajoutaient que les conditions de la paix étaient indépendantes de la forme de notre gouvernement et que l'Allemagne ne demandait qu'une chose, c'était de se protéger contre les agressions auxquelles tous les gouvernements français s'étaient livrés à son égard. « Strasbourg, disait M. de Bismarck, est une place forte de sortie, toujours ouverte sur l'Allemagne du Sud, tandis qu'entre les mains de l'Allemagne, Strasbourg et Metz n'auront qu'un caractère purement défensif. »

France comme une puissance éminemment agressive ; on rappelle que c'est l'agression dont elle a été l'objet en 1792 qui a été le point de départ des guerres de l'Empire ; on rappelle aussi que, lors de l'affaire du Luxembourg, ses protestations en faveur de la paix ont été plus accentuées, plus sincères que celles de l'Allemagne. La *Gazette de Cologne*, qui parfois se pique d'impartialité, remarque, à ce sujet, que le gouvernement prussien, malgré sa passion pour la paix, s'est trouvé, par une étrange fatalité, engagé dans trois guerres en moins de six ans. Le bon droit assurément était de son côté ; mais qui sait si, avec une humeur plus accommodante, on n'eût pas réussi à les éviter. Il est certain que, depuis trente ans, sous le prétexte de défendre la paix, la Prusse n'a pas cessé de soulever des questions, d'attiser les passions internationales, et de revendiquer des territoires.

Si la presse libérale, naguère si violente, si belliqueuse, en arrive à protester contre la guerre à outrance que poursuit le parti militaire, c'est qu'elle commence à craindre qu'il ne veuille, fort de ses victoires, imposer silence aux aspirations constitutionnelles et libérales de l'Allemagne.

XXIII

25 Septembre 1870.

L'arrestation arbitraire de M. Jacobi et de plusieurs notabilités progressistes [1] a produit en Allemagne une fâcheuse impression. Leur crime est d'avoir protesté, au nom des idées modernes, contre les annexions violentes. Cette mesure est jugée d'autant plus sévèrement, qu'une réaction paraît s'être opérée contre les idées annexionistes non seulement dans les rangs du parti démocratique, mais aussi dans le monde commercial et industriel. M. de Bismarck, bien entendu, ne tient aucun compte de ces protestations. S'il a fait arrêter le docteur Jacobi, c'est pour couper court à des manifestations que pourraient invoquer des puissances neutres et dont le retentissement en France ne manquerait pas de provoquer des illusions et d'encourager les masses à la résistance.

---

1. « Jacobi a été arrêté, dit la *Gazette de Weser*, pour avoir émis une opinion que personne ne savait être en opposition avec les intentions du gouvernement, alors que, dans tous les camps, même dans celui des conservateurs, s'élevaient des protestations contre l'annexion violente d'éléments dangereux. »

XXIV

26 Septembre 1870.

Il est bien certain aujourd'hui — le gouvernement prussien ne s'en cache plus — que les arrestations opérées au sein du parti démocratique n'ont eu d'autre motif que de réprimer par un acte de vigueur le mouvement anti-annexioniste qui tendait à se généraliser.

On a craint, en laissant libre cours à ces manifestations, d'encourager la France dans sa résistance et d'autoriser notre diplomatie à s'en prévaloir. Quant aux protestations en elles-mêmes, le gouvernement ne s'en préoccupe guère et le parti militaire encore moins. Il n'en est pas moins utile d'en prendre acte et de bien établir que le mouvement qui s'est manifesté en Allemagne dans le parti démocratique et même, de l'aveu de la *Gazette de Cologne*, dans quelques cercles conservateurs, a été comprimé par le fait de la violence. La plupart des journaux allemands ne cachent pas le mécontentement que leur causent des procédés aussi arbitraires, ni les appréhensions qu'ils leur inspirent pour l'avenir constitutionnel de l'Allemagne.

XXV

26 Septembre 1870.

Depuis la rupture des négociations avec le gouvernement de la Défense nationale, on insinue de nouveau que le roi ne serait nullement dégagé des arrière-pensées qu'on lui prêtait après la capitulation de Sedan. Son parti serait pris de ne traiter qu'avec l'ancien Corps législatif, qui aurait à nommer un pouvoir exécutif pour régler les conditions de la paix. Mais à qui ce mandat sera-t-il confié ? est-ce à la régente ou bien au maréchal Bazaine, qui, d'après les idées prussiennes, représenterait la seule force régulière existant à l'heure qu'il est en France ? Le maréchal Bazaine, disent les journaux officieux, n'a pas reconnu la République, bien qu'on ait eu soin de l'informer des événements qui se

sont accomplis le 4 septembre. « Je ne veux
» rien savoir de la République, aurait-il dit ; j'en-
» tends conserver à l'empereur la place et l'ar-
» mée que je commande [1]. »

En reproduisant avec complaisance cette réponse, dont l'authenticité est loin d'être établie, les journaux allemands pourraient bien n'avoir d'autre but que d'encourager la guerre civile en plaçant deux gouvernements en face l'un de l'autre. La diplomatie prussienne aurait beau jeu dans ce cas ; elle les tiendrait par les mobiles les moins avouables ; elle mettrait la paix aux enchères et ne traiterait qu'avec le plus offrant [2].

---

[1]. « Bazaine ne vous appartient pas, disait M. de Bismarck à Jules Favre au château de Ferrières. J'ai de fortes raisons de croire qu'il reste fidèle à l'empereur et, par là même, qu'il refuse de vous obéir. »

[2]. « Les délégués avaient grand'peur de s'engager dans une négociation avec la Prusse et de paraître capituler avec leurs principes ; ils craignaient davantage une restauration de l'Empire, ils tenaient à ne pas se laisser prévenir par les bonapartistes ». — Albert Sorel.

XXVI

27 Septembre 1870.

Les bruits que l'on fait courir sur de nouveaux armements en Prusse ne paraissent pas fondés. Plus de 600,000 hommes occupent en ce moment notre territoire ; ces forces seraient plus que suffisantes. Loin de faire de nouvelles levées, on renverrait dans leurs foyers les hommes de trente-deux ans de la réserve qu'on est en train d'organiser. Les états-majors disposent d'ailleurs pour assurer le succès à leurs opérations de deux corps d'armée en formation depuis quelques semaines dans le midi de l'Allemagne, et dont l'un, sous le commandement du général Vogel de Falkenstein, vient de passer le Rhin, en face de Mulhouse ; ils auront de plus prochainement sous la main une grande partie des corps d'armée qui assiégeaient Toul et Strasbourg et dont l'effectif s'élèverait à près de 80,000 hommes.

Rien ne transpire d'ailleurs dans la presse sur les opérations projetées. Les journaux allemands se gardent bien de divulguer le mouvement des troupes. Ils ne subordonnent pas les intérêts suprêmes de leur pays à la mince satisfaction de se montrer bien informés. Les conseils de guerre en auraient vite raison si, dans l'espoir d'augmenter leur tirage par des nouvelles à sensation, ils devaient imprudemment renseigner l'ennemi. Mais, si la pensée stratégique de l'état-major général reste soigneusement voilée, il ne cache nullement l'intention de continuer la lutte jusqu'à notre entier épuisement. La guerre n'a rien qui répugne à l'armée dans les conditions de bien-être où elle se trouve. L'opinion publique allemande proteste, il est vrai, mais on a soin de réprimer énergiquement ses manifestations dès qu'elles s'accentuent d'une façon gênante. On ne doute pas que l'Allemagne, malgré ses sacrifices, ne reste, en vue d'une paix glorieuse, entièrement soumise à la volonté du roi, tant qu'il lui plaira de continuer la guerre.

XXVII

27 Septembre 1870.

Les évolutions de M. de Bismarck sont rapides, imprévues ; elles déroutent tous les calculs. On le disait sérieusement préoccupé des rapports futurs de l'Allemagne avec la France ; on le croyait en lutte ouverte avec le parti militaire, s'efforçant de faire prévaloir au quartier général les conseils de la modération, et voici qu'on apprend qu'il n'a pas cessé d'être en parfait accord avec le roi et ses généraux, qu'il maintient le programme arrêté de longue date à Berlin : l'annexion de l'Alsace et de la Lorraine et l'occupation de Paris. M. de Bismarck affirme et nie sans craindre de se contredire. Il s'inspire des circonstances, sa politique est celle de l'opportunité [1]. Si hier, par des confidences calculées, il

---

1. « Être conséquent en politique, a dit M. de Bismarck, est souvent une faute, c'est de l'opiniâtreté, de l'entêtement. Il faut se modifier suivant les événements, suivant l'état des choses, suivant les possibilités ; il faut compter avec les circonstances, servir son pays en se conformant à ses besoins et non pas suivant ses propres idées, qui sont souvent des préjugés. Il ne faut pas imposer à la patrie ses préférences, ses désirs. La patrie veut être servie et non dominée. »

donnait le change à la diplomatie et à l'opinion
européennes sur ses sentiments pacifiques, c'était
sans doute pour paralyser des velléités d'intervention, et peut-être pour satisfaire à des exigences
stratégiques. Aujourd'hui que ses appréhensions
sont calmées et que le but de ses états-majors
est atteint, sa presse redevient violente, implacable ; elle réclame la guerre à outrance, elle
approuve le pillage et l'incendie, elle est sans
pitié pour les malheureux qu'on fusille et dont
le seul crime est de défendre leurs foyers [1]. Elle
affirme de nouveau que la paix ne sera signée
qu'à Paris ; car, dit-elle, la France n'aurait que
très imparfaitement conscience de sa profonde
défaite si sa capitale était respectée. Les esprits
sensés en Allemagne ne voient pas sans regrets
la passion de la guerre et l'esprit de vengeance
étouffer tout sentiment de générosité. Ils protestent au nom de l'humanité, ils invoquent les

---

1. M. M. Busch. — « Nos gens tirent, mais ne fusillent pas
avec plaisir, disait M. de Bismarck. On devrait mettre le feu à
tous les villages où il se produit une trahison et en pendre les
hommes. »
— « Plus sera grand le nombre des Français maltraités, dit le
chef, plus vivement ils désireront la paix, quelles que soient
les conditions que nous leur imposerons. »

principes de la civilisation. Mais ils ne sont pas écoutés ; dès qu'ils élèvent la voix d'une manière gênante, ils sont, comme le docteur Jacobi, emprisonnés et déclarés traîtres à la patrie. Rien n'eût été plus facile à M. de Bismarck, si la paix lui avait réellement tenu à cœur, que de s'appuyer sur le courant pacifique qui, dès le lendemain de Sedan, s'était manifesté dans le Midi, encouragé par les organes les plus importants de la publicité au nord de l'Allemagne. *La Gazette de Cologne*, les *Gazettes de Voss* et de *Spener*, soutenues énergiquement par toute la presse démocratique, trouvaient qu'après d'aussi immenses succès, la paix serait un acte de haute sagesse. Le parti national lui-même, bien que dans son ensemble annexioniste, se serait contenté d'une Alsace neutralisée. Les plus exigeants des libéraux, comme le professeur Sybel, se bornaient à réclamer la création d'un pays frontière rattaché à l'empire et ne comprenant que les populations de mœurs et de langue allemandes, à l'exclusion par conséquent de Metz et des principaux districts de la Moselle. Les dernières circulaires sorties de la chancellerie fédérale montrent que M. de Bismarck, loin de céder à la pression de l'opinion publique, dépasse de beaucoup ses exigences et que, peu soucieux du principe des nationalités, la base apparente de sa politique, il n'invoque plus pour légitimer ses conquêtes que des considérations stratégiques.

XXVIII

28 Septembre 1870.

La presse officieuse prussienne n'a pas perdu une minute pour opposer à la proclamation de Tours de formelles dénégations [1]. D'après ses inspirateurs, M. de Bismarck n'aurait, dans l'entrevue de Ferrières, nullement manifesté l'intention de réduire la France au rang de seconde

---

[1]. M. de Bismarck offrait un armistice de quinze jours, à la condition que Strasbourg, Toul et Verdun se rendissent immédiatement et qu'en cas de la réunion d'une Constituante à Paris l'un des forts qui commandent la capitale, le Mont-Valérien, fût mis entre les mains des Allemands. Le gouvernement provisoire, après le mot de Jules Favre : « Pas un pouce de notre territoire, pas une pierre de nos forteresses ! » ne pouvait accepter un armistice qui livrait à l'ennemi trois places qui se défendaient encore et qui permettait à la Prusse d'amener devant Paris sa grosse artillerie de siège. C'était accepter la paix quand même. Mieux eût valu la conclure immédiatement et convoquer une assemblée pour la ratifier.

puissance[1]. Ses conditions n'auraient eu rien d'excessif; ce qui le prouve, c'est que les forteresses dont il réclamait l'occupation préalable afin d'assurer le ravitaillement aux armées allemandes n'étaient déjà plus en état de se défendre et qu'elles capitulaient quelques jours après l'entrevue. Ce que M. Jules Favre, par contre, se serait bien gardé de dire, — et c'est l'essentiel, — c'est que M. de Bismarck se serait montré disposé à appuyer de toute son influence auprès du roi un armistice de quinze jours, qui aurait permis au gouvernement provisoire de procéder aux élections et à la réunion d'une Constituante[2].

1. « M. Jules Favre, dit M. de Bismarck, prétend que la Prusse veut réduire la France au rang de puissance de second ordre. Cette assertion ne peut venir que de gens ignorant la langue diplomatique et la géographie. » — Maurice Busch.

2. Réponse de M. Favre à la circulaire de M. de Bismarck. — « Il est bon que la France sache jusqu'où va l'ambition de la Prusse. Elle ne s'arrête pas à la conquête de deux de nos provinces. Elle poursuit froidement l'œuvre systématique de notre anéantissement. La France n'a pas d'illusions à conserver, il s'agit pour elle d'être ou de ne pas être. En lui proposant la paix au prix de trois départements, on lui offrait le déshonneur, elle l'a repoussé. On prétend la punir par la mort. Voilà la situation. J'aime mieux nos souffrances, nos périls et nos sacrifices que l'inflexible et cruelle ambition de notre ennemi. La France fût-elle vaincue, qu'elle resterait encore si grande dans le malheur, qu'elle deviendrait un objet d'admiration et de sympathie pour le monde entier. La France, peut-être, a besoin d'une épreuve suprême, elle en sortira transfigurée. »

La Prusse n'aurait demandé en somme que des garanties contre de nouvelles aggressions, et la France n'aurait certes pas perdu son rang dans le monde avec deux millions d'habitants de moins. Ce n'est pas la faute de l'Allemagne, ajoutent les journaux officieux, si la France se trouve en pleine décomposition sociale, administrative, militaire, et si les partis, peu soucieux de sa grandeur morale, pour escalader le pouvoir, ou pour s'y cramponner, ne reculent plus devant la guerre civile. »

Tel est le thème que la presse inspirée développe en ce moment avec un ensemble qui fait honneur à sa discipline. *Le Times*, le *Journal de Saint-Pétersbourg* et la *Nouvelle Presse libre* abondent dans le même sens. Ils affirment que la Prusse n'a qu'un désir : la paix, et que les préliminaires posés à Ferrières ne sont à aucun titre exorbitants. On connaît l'origine de ces articles destinés à donner le change au sentiment public. Ils partent du quartier général pour être réimportés sous pavillon étranger dans la presse allemande, comme l'expression désintéressée de l'opinion prédominante dans les pays neutres. Tous les gouvernements se préoccupent de l'opinion et s'efforcent de s'assurer son concours ; mais jamais un homme d'État aux tendances féodales n'a su faire de la presse, une conquête toute moderne, un instrument de domination plus puissant et plus savamment organisé.

XXVIX

28 Septembre 1870.

Si le gouvernement de la Défense nationale avait pu se douter des arrière-pensées du cabinet de Berlin[1], et si, de sang-froid, il s'était rendu compte de nos ressources militaires et

---

1. La tactique de M. de Bismarck était de se montrer comparativement très coulant sur les conditions de l'armistice et très insistant sur les cessions territoriales. Il se donnait ainsi le mérite, aux yeux de l'Europe, d'être très désireux de la paix, en même temps qu'il mettait M. Jules Favre et ses collègues dans l'impossibilité d'accepter l'armistice. Aussi l'Allemagne s'en prenait-elle à notre aveuglement, tandis que l'Angleterre rendait hommage à la modération de la Prusse. Les journaux anglais ne voyaient que les conditions de l'armistice qui devaient arrêter la guerre sans s'arrêter aux conditions qui devaient assurer la paix. Il importait à la diplomatie prussienne de nous engager dans une négociation, persuadée qu'une fois que nous aurions déposé les armes, nous ne les reprendrions plus.

des dispositions de l'Europe, il n'eût pas sollicité l'entrevue de Ferrières sans s'être résigné à de durs sacrifices. Les éloquentes protestations de M. Jules Favre auront, à juste titre, un profond retentissement en France ; elles exalteront son patriotisme ; mais elles seront méconnues à l'étranger, dénaturées par la presse allemande ; elles serviront d'argument au ministre prussien auprès des puissances pour leur démontrer, si elles étaient tentées de s'entremettre, que les hommes qui détiennent le pouvoir à Paris, adonnés à d'aveugles illusions, ne consultent que leurs passions.

L'habileté de M. de Bismarck aura bien servi le parti militaire ; il pourra désormais continuer la guerre à outrance, sans crainte d'intervention, avec toutes les apparences de la modération.

On prétend, il est vrai, que le chancelier serait animé d'un grand esprit de conciliation. et que si, à Ferrières, il a posé des préliminaires peut-être excessifs, c'est uniquement par déférence pour son souverain, auquel il répugnerait d'entrer en négociations sérieuses avec un gouvernement issu de la révolution. Le roi craindrait que la consolidation de la République en France n'exerçât une propagande dangereuse en Allemagne, où le parti démocratique, allié aux éléments socialistes, prendrait un développement inquiétant. Ces raisons, alléguées par des correspondances officieuses et colportées dans les chancelleries, ne servent en réalité qu'à masquer les passions militaires qu'on ne saurait révéler au grand jour sans s'aliéner le sentiment public en Europe.

C'est toujours le même jeu : un ministre éclairé, modéré, aux prises avec les préjugés d'un souverain opiniâtre. On sait ce que valent les préjugés monarchiques du roi Guillaume et le parti qu'en tire M. de Bismarck, lorsqu'il s'agit de l'agrandissement de la Prusse. On invoque le droit divin lorsqu'on veut refuser la paix, et l'on s'allie à la révolution lorsqu'on veut provoquer la guerre. Tandis qu'on négocie officiellement à Ferrières, on cherche secrètement à ouvrir des pourparlers à Hastings. C'est le moyen le plus sûr de continuer la lutte, de paralyser les gouvernements neutres, de jeter la confusion dans les idées en France, de réveiller l'esprit de parti et de consommer notre ruine en fomentant la guerre civile.

Notre situation est réellement douloureuse, placés, comme nous le sommes, dans une implacable alternative : ou de nous laisser démembrer et rançonner à merci, ou de lutter jusqu'au bout dans les conditions les plus inégales. Les luttes désespérées sont parfois le gage d'un relèvement futur ; mais encore faut-il en appeler au pays et lui laisser le soin de décider, si, pour léguer un glorieux exemple aux générations à venir, il est résolu aux derniers sacrifices.

XXX

29 Septembre 1870.

Les journaux allemands se préoccupent, à l'occasion du voyage de M. Thiers, de l'intervention des puissances neutres. « Nous n'admettrons jamais, dit la *Gazette de Cologne* dans un article inspiré, l'intervention de l'Angleterre et de l'Autriche, qui, au lieu d'invoquer le traité de Paris et d'empêcher la guerre, se sont enfermées dans un égoïsme absolu, au point d'autoriser M. de

Gramont à dire que la France pouvait compter sur l'appui moral de toutes les grandes puissances. C'est tout au plus si nous permettrions à la Russie de revendiquer le rôle de médiateur; la pression qu'elle a exercée sur la cour de Copenhague pour empêcher le Danemarck de participer à la guerre et le langage qu'elle a tenu à Vienne pour paralyser l'Autriche, au grand regret de M. de Beust et du parti militaire, sont des services signalés que nous ne saurions oublier. Il serait difficile de ne pas l'écouter, si, au moment de la paix, elle croyait devoir nous donner des conseils, et ce serait de l'ingratitude de ne pas lui faciliter le moyen de se relever, en Orient, des clauses humiliantes du traité de Paris. »

La *Gazette de Cologne* peut être tranquille. Le prince Gortschakoff se gardera bien de se poser en médiateur. Il sait ce que la médiation de l'empereur Napoléon en 1866 a coûté à la France. Aussi l'intervention de la Russie est-elle de toutes les éventualités celle dont M. de Bismarck a le moindre souci. Quel intérêt le cabinet de Pétersbourg aurait-il à s'entremettre au quartier général et à marchander à la Prusse le prix de ses victoires ? Complice des événements, il n'attend qu'une heure favorable pour jeter le masque et s'assurer les bénéfices de l'entente qui s'est établie, à Ems, entre les deux souverains sur les bases formulées par le comte de Bismarck et ratifiées par le chancelier russe. Tout indique que la Russie s'est assuré, pour le moins, la revision du traité de Paris, en échange de l'assistance que sa diplomatie prête à la Prusse à Copenhague, Stuttgard, Munich, et de la pression comminatoire qu'elle exerce sur l'Autriche.

Que peut espérer aujourd'hui M. Thiers d'un gouvernement qui spécule sur la continuation de la guerre et peut-être sur nos défaites pour réaliser ses projets en Orient ? Il sera l'objet de l'accueil le plus courtois, le plus démonstratif ; mais ses protestations, ses avances, loin d'être agréées, se retourneront contre nous : la diplomatie russe est trop avisée pour ne pas les dénoncer au quartier général prussien et se faire un mérite de les avoir repoussées.

Aussi doute-t-on généralement du succès des efforts que M. Thiers va tenter à Florence, à Vienne et à Pétersbourg. Les engagements que l'empereur François-Joseph, le roi Victor-Emmanuel et l'empereur Alexandre ont pu prendre dans d'autres temps avec l'empereur Napoléon, soit verbalement, soit par correspondance, sont virtuellement périmés depuis sa déchéance. Encore faudrait-il, pour les invoquer, en connaître la teneur et la portée. L'urgence de la paix et le maintien de l'équilibre européen sont des considérations qui ne sauraient impressionner, à l'heure qu'il est, des gouvernements dont le siège est fait et qui songent, les uns, à se prémunir contre le ressentiment du vainqueur, les autres à réaliser les bénéfices que leur vaut une neutralité équivoque.

Si, le 4 septembre, avant l'envahissement du Corps législatif, M. Thiers avait pu ou voulu, avec la majorité, former un gouvernement provisoire, il ne se verrait pas aujourd'hui réduit à la douloureuse nécessité de parcourir l'Europe et d'implorer une assistance qu'il sait d'avance ne pas obtenir. Nous aurions un gouvernement régulier, des agents régulièrement accrédités, la révolution n'eût pas violemment déchiré les liens qui, depuis vingt ans, s'étaient formés entre la France et les grandes puissances. C'est une faute qui pèse cruellement sur nos destinées;

elle permet à M. de Bismarck de tout oser en voyant la France sans appui ; elle double la force agressive de la Prusse.

XXXI

29 Septembre 1870.

On pouvait espérer en voyant des organes importants tels que la *Gazette de Spener*, la *Gazette de Voss* et celle de Cologne stigmatiser la politique de conquête, que l'Allemagne, glorieuse de ses succès et préoccupée de ses relations futures avec la France, ne réclamerait, comme condition équitable de la paix, que le démantèlement de nos places frontières et une contribution en proportion avec ses sacrifices. Mais ce mouvement de l'opinion a été de courte durée. Les passions territoriales ont repris le dessus, elles se manifestent avec une grande véhémence ; il est à craindre qu'elles ne l'emportent en dernière analyse. L'arrestation du docteur Jacobi, le député de Kœnisberg, accusé de haute trahison, pour avoir protesté contre les annexions violentes, le pétitionnement organisé au Nord et au Sud pour réclamer des gouvernements alliés des garanties territoriales, le manifeste de M. de Sybel et surtout le langage des journaux inspirés sont de fâcheux symptômes. Ils permettent de craindre que des résolutions inquiétantes pour l'intégrité de notre sol n'aient été prises d'une façon irrévocable dans les conseils du roi du Prusse. — Les correspondances de la *Gazette de Cologne*, qui, dans les grandes occasions, reflètent presque toujours la pensée du cabinet de Berlin, ne sont rien moins que conciliantes. Elles disent que la contribution de guerre dont nous serons frappés ne saurait être portée à un chiffre trop élevé, et que l'Allemagne reprendra les provinces qui lui ont été arrachées ; elles ajoutent que M. de Bismarck ne permettra pas à M. Jules Favre de se servir de ses entretiens pour dénoncer à l'indignation de l'Europe les passions belliqueuses de la Prusse et sa soif de conquête [1] alors qu'elle

1. M. Jules Favre, dans sa proclamation du 27 septembre, disait au retour de Ferrières :

« Je cherchais la paix, et j'ai rencontré une volonté inflexible de conquête et de guerre. Je voulais la possibilité d'interroger la France, et il m'a été répondu qu'il fallait passer sous les

ne poursuit qu'une meilleure délimitation stratégique pour se mettre à l'abri d'audacieuses incursions. La sécurité future est le prix ou plutôt la récompense des efforts du peuple allemand, et cette sécurité exige l'annexion de l'Alsace et de la Lorraine. La France ne considérera toute paix que comme un armistice et se vengera de sa défaite dès qu'elle se sentira assez forte. « Strasbourg et Metz sont les clefs de la maison, a dit M. de Bismarck : l'Allemagne les prendra et ne s'en dessaisira plus [1]. »

Il serait difficile d'être plus net, plus catégorique. Si, après cela, il nous restait des illusions sur les exigences de l'Allemagne, il suffirait, pour les perdre, de parcourir le manifeste que les autorités prussiennes ont fait paraître dans la *Gazette de Haguenau*. On prépare l'Alsace au triste sort qui l'attend ; on lui annonce que son annexion

---

fourches caudines. Je constate les faits en les signalant à l'Europe. ... Ma mission a mis fin à l'équivoque dans laquelle la Prusse se renfermait. Elle avait déclaré qu'elle attaquait Napoléon III et ses soldats, et qu'elle respectait la nation française. Nous savons aujourd'hui ce qu'elle veut. »

1. Maurice Busch. « Je fais ce matin, sur les ordres du chef, un article sur la folie des journaux allemands qui dissuadent d'annexer Metz et ses environs, et cela parce qu'on y parle français. »

à l'Allemagne est une condition *sine qua non* de la paix. On se plaît à compter sur sa résignation. On n'admet pas qu'elle puisse devenir pour l'Allemagne une seconde Vénétie, on invoque la communauté d'origine, de mœurs et de langue. Les autorités prussiennes sont convaincues que l'Alsace ne tardera pas à serrer les mains que l'Allemagne lui tend fraternellement, surtout lorsqu'elle verra la République prendre en France un caractère de plus en plus révolutionnaire. Comment ne serait-elle pas saisie de terreur en voyant le parti communiste s'emparer du pouvoir à Lyon, à Toulouse, affirmer audacieusement ses criminelles utopies, alors que les efforts de tous devraient se consacrer patriotiquement à la défense du sol. « Heureux les peuples, ajoute sentencieusement la *Gazette de Haguenau*, qui échappent à un pareil avenir et qui n'appartiennent pas à un pays, où des hommes comme Gambetta et Rochefort sont déjà débordés et taxés de modérantisme. »

— La révolution est pour M. de Bismarck une arme précieuse ; elle lui permet de nous refuser la paix, de nous traiter en brebis galeuse, de nous mettre au ban de l'Europe ; elle lui sert d'argument pour nous enlever les sympathies qui nous tiennent le plus à cœur. Les autorités prussiennes ne se bornent pas à faire appel aux instincts conservateurs de l'Alsace en invoquant le spectre d'une révolution sociale, imminente, inévitable en France : elles s'adressent aussi à ses intérêts matériels. Elles promettent aux communes et aux particuliers, suivant leur attitude, la restitution des contributions de guerre qui leur ont été imposées. Le préfet de Haguenau en fait dès à présent relever le chiffre.

XXXII

29 Septembre 1870

Rien n'a transpiré, jusqu'à présent, sur le chiffre de la contribution de guerre dont on veut nous frapper; on se contente de faire entendre qu'il sera énorme, à la hauteur des immenses sacrifices qu'on s'est imposés [1]. On

[1]. Maurice Busch. — « Le journal *le Pays* prétend que l'indemnité de guerre sera de deux milliards et demi. « Absurdité! dit le chef; je leur demanderai beaucoup plus. »

laisse ainsi libre cours aux convoitises ardentes que nos richesses ont de tout temps inspirées aux Allemands.

La *Gazette de Cologne*, dans un article intitulé : *Les Conditions de la paix et les finances de la France*, reconnaît qu'on se montre, en général, par trop âpre à la curée et que les imaginations s'exaltent outre mesure sur la question d'argent. Elle s'appuie sur l'ouvrage du professeur Holzendorff sur les finances françaises, pour démontrer que notre situation est loin d'être aussi prospère qu'on se le figure ; que les emprunts que nous serons forcés de contracter, tant pour notre propre liquidation que pour le payement de la contribution de guerre allemande, dont elle estime le chiffre à deux milliards, porteront une atteinte irréparable à notre prospérité. « Où trouvera-t-on, dit-elle, les ressources pour servir les intérêts d'une dette aussi énorme ? on ne pourra plus recourir, dorénavant, au désastreux système des emprunts pour assurer le service de la rente ; il faudra forcément en venir à l'impôt sur le revenu, aux plus larges réductions sur le budget de la guerre et de la marine, à moins d'aboutir à la banqueroute. Il importe donc, en face d'une situation financière si périlleuse pour l'avenir, que l'Allemagne règle ses exigences de manière à pouvoir toucher, dans le plus court délai, le montant de toutes ses indemnités, et cela pour éviter, plus tard, des discussions regrettables avec un gouvernement aux abois. La France sera réduite, si elle ne veut pas négocier ses emprunts à un taux par trop onéreux, à donner des gages aux souscripteurs. De quelle nature seront-ils? Ce sera à l'Assemblée constituante d'en décider. L'Allemagne n'a pas à s'en préoccuper; l'essentiel, pour elle, c'est qu'elle soit payée à courte échéance, et qu'on ne lui donne pas de rentes à titre de payement, mais bien de l'argent en espèces et au besoin des équivalents, par exemple la cession du chemin de fer de l'Est, dont les actionnaires n'auront qu'à se faire dédommager par le gouvernement français. Ce serait une faute, ajoute, la *Gazette de Cologne,* que d'accepter, à titre de part contributive, la cession de quelques colonies ou de quelques vaisseaux cuirassés[1]. »

1. « Je ne veux pas de colonies, dit M. de Bismarck; elles ne sont bonnes qu'à créer des sinécures. Les colonies seraient pour l'Allemagne ce que la fourrure d'hermine est pour les nobles polonais, qui manquent de chemise. » M. Busch.

La guerre est pour l'Allemagne un moyen de s'enrichir, au même titre que le commerce et l'industrie. Elle ne se paye pas de mots, elle procède scientifiquement, commercialement; nos richesses sont pour elle l'objet d'études approfondies. Elle consulte, pour nous dépouiller plus sûrement, nos budgets, les ouvrages de nos économistes, et jusqu'aux rapports de nos conseils départementaux. Elle pourra ainsi, le jour où se débattront les conditions de la paix, en remontrer aux négociateurs français. Elle leur prouvera qu'on ne saurait lui donner le change sur l'immensité de nos ressources.

XXXIII

29 Septembre 1870.

D'après des renseignements assez certains, arrivés en Suisse, trente mille hommes seraient en marche sur Mulhouse, pour de là être dirigés vers Lyon. On croit savoir aussi qu'un second corps d'armée serait en voie de formation et qu'il aurait pour mission de se porter sur la Loire et de s'emparer de Tours et de Bourges. Tours est le siège du gouvernement de la Défense. Bourges en est l'arsenal.

XXXIV

29 Septembre 1870.

Nos revers n'ont en Allemagne nulle part un plus joyeux, un plus âpre retentissement que dans les centres universitaires. Nous ne saurions nous en étonner. Les universités n'ont-elles pas attisé les haines, prêché la vengeance en dénaturant l'histoire systématiquement? L'œuvre de destruction que les armées allemandes poursuivent en France est le résultat de leur enseignement. Loin de s'en défendre, elles montrent, par les éclats bruyants de leur satisfaction, combien étaient intenses leurs secrètes envies. Il n'est pas un professeur, quelque bornée que soit sa science, qui ne se rengorge au récit de nos défaites et qui, au mépris de la morale et de la philosophie qu'il enseigne, ne revendique sa part du succès. Tous se donnent le plaisir de s'attaquer à notre ignorance, à notre dépravation, sans qu'une voix autorisée s'élève pour protester contre ces attaques, au nom de la solidarité intellectuelle.

M. de Sybel, qui enseigne l'histoire à Bonn, est un savant distingué; il connaît la France, il a vécu à Paris, il y a été l'objet de l'accueil le plus courtois, le plus empressé. Sa reconnaissance nous semblait acquise; il s'était attaché, après les événements de 1866, à une noble tâche : il poursuivait la réconciliation de la France avec l'Allemagne. Il était permis d'espérer qu'il mettrait sa gloire à plaider notre cause, à calmer les ressentiments, à répudier la conquête. Il n'en est rien : la lettre qu'il vient de publier montre que sa conciliation n'était qu'apparente, que ses passions universitaires ont repris le dessus. Cette lettre cause une grande sensation. Le nom qu'elle porte lui donne le caractère d'un manifeste. M. de Sybel a du monde; il se garde de s'attaquer à notre littérature, à notre science; s'il est convaincu de notre décadence, il évite de la proclamer. Il se place insidieusement sur le terrain de la liberté pour justifier les revendications territoriales.

Il démontre que des conditions de la paix dépendra la question constitutionnelle allemande. Trois opinions, dit-il, se trouvent en présence. Les uns demandent la paix sans cession territoriale; les autres réclament l'Alsace et la Lorraine allemande; les troisièmes veulent qu'il soit rendu à l'Allemagne toutes les provinces que la France lui a arrachées depuis le xvie siècle. La première de ces opinions a des défenseurs à l'étranger; elle part d'un point de vue faux, en admettant que la France, si elle conserve ses frontières, se croira obligée par reconnaissance de vivre éternellement en paix avec l'Allemagne. Cette conviction, dit M. de Sybel, n'est heureusement pas partagée par ceux qui dirigent nos destinées, ni par la grande majorité du peuple allemand. Mais, depuis que la République a été proclamée à Paris, elle est chaleureusement défendue par le parti démocratique, qui parle de fraternité universelle, alors que nos frères et nos soldats combattent contre l'assassinat et le parjure, et que la France républicaine met les Allemands en dehors du droit des gens.

Une paix, telle que la demandent les admirateurs de la république française, servirait sans doute leurs intérêts de parti; mais elle serait fatale au développement régulier de la Constitution de 1866.

Le Sud, d'ailleurs, protesterait, et avec raison. Il n'est pas protégé comme le Nord par d'inexpugnables forteresses, et, si ses frontières n'étaient pas étendues, il resterait, comme par le passé, sous le coup d'audacieuses incursions. Il ne manquerait pas, si les garanties qu'il réclame devaient lui échapper, d'être mécontent; le lien constitutionnel qu'il est à la veille de nouer avec le Nord serait compromis, et notre force unitaire brisée. « A quoi bon, dirait-il, l'entrée dans la Confédération du Nord? à quoi bon des charges aussi lourdes? » Les tendances particularistes reprendraient le dessus dans le Midi, et l'état politique du Nord en ressentirait le plus fâcheux contrecoup; c'est alors que les radicaux pourraient soutenir avec autorité que la Confédération n'est qu'une œuvre précaire et infructueuse.

Il n'est pas étonnant, ajoute M. de Sybel, que la thèse soutenue par les démocrates ait provoqué une opinion extrême chez les patriotes exaltés et dans les cercles militaires. M. Bollmann s'est rendu l'interprète de leurs exigences ; il a résumé, dans une brochure qui fait grand bruit, les conditions qu'il convient d'imposer à la France.

Il s'agirait tout simplement de lui demander, outre la restitution de l'Alsace et de la Lorraine, les trois évêchés de Metz, de Toul et de Verdun, de réclamer le Luxembourg hollandais et les territoires au delà de la Meuse jusqu'aux Argonnes. M. Bollmann se flatte que les grandes puissances laisseraient faire, si on leur permettait de participer à la paix, autrement dit à la curée, en les laissant maîtresses d'annexer les Flandres françaises à la Belgique, la Savoie à la Suisse, Nice, la Corse et la Provence à l'Italie, le Roussillon à l'Espagne et peut-être Calais à l'Angleterre. Ce démembrement, qui déferait l'œuvre de Richelieu, de Mazarin et de Louis XIV, ne garantirait pas seulement l'Allemagne contre tout retour offensif de la France ; mais il la maintiendrait sous son entière dépendance en lui permettant d'occuper Paris suivant ses convenances. La Bourgogne et la Franche-Comté ne seraient pas annexées, mais formeraient, avec des princes allemands à leur tête, des États vassaux relevant de l'Empire.

M. de Sybel reconnaît que la résistance désespérée de la France et le véto des grandes puissances pourraient bien être un obstacle invincible à la réalisation de pareils projets. Il ne s'agit pas, dit-il, de restaurer le Saint-Empire du moyen âge, d'établir notre domination sur des populations hétérogènes, de fonder une oligarchie militaire, mais bien de continuer la grande Confédération germanique avec un gouvernement constitutionnel à sa tête.

Si je comprends bien la pensée de M. de Sybel, son système consisterait à faire de l'Alsace et de la Lorraine des propriétés de rapport, frappées de servitudes militaires.

Il avoue, du reste, qu'il y aurait de grands inconvénients à leur céder les droits politiques qui leur permettraient de se coaliser au sein du Parlement avec les fractions polonaise, danoise, et tous les éléments particularistes. Il se flatte qu'une indépendance administrative relative, de bons procédés, et l'honneur d'être rattachées à une nation glorieuse et prépondérante les réconcilieraient d'autant plus vite avec leur sort, qu'il voit la France pendant de longues années se débattre dans des convulsions révolutionnaires.

Ces idées, ainsi que nous l'a révélé récemment la lettre que le docteur Strauss a adressée, par la voie des journaux, à M. Renan, sont profondément enracinées dans tout le monde universitaire allemand, et il n'est pas un professeur en renom, qui ne croie de son devoir de formuler et de développer ses théories annexionistes. Mais la publication de M. de Sybel, en raison de sa modération apparente, me paraît, plus encore que le livre de M. Adolphe Wagner et l'article de M. Treischke, dans les « Annales prussiennes », appelée à raviver les pensées de conquêtes dont l'Allemagne paraissait un instant vouloir se dégager. M. de Sybel s'est surtout montré habile en mettant en relief les opinions des deux partis extrêmes et en révélant du même coup à l'Allemagne les arrière-pensées dont ils s'inspirent l'un et l'autre.

XXXV

30 Septembre 1870.

Il n'est pas question dans les négociations que la Prusse poursuit avec ses alliés, de la création d'un parlement allemand. Ce sera un mécompte pour l'Allemagne qui, depuis 1848, n'a pas cessé de voir dans un parlement national le véritable symbole de l'unité. Les gouvernements allemands diffèrent d'opinion sur bien des questions; mais, sur ce point, ils sont en parfait accord. Leurs intérêts dynastiques les portent à se prémunir contre les exigences populaires. Ils ne se soucient pas de donner une arme à la Révolution et d'abdiquer entre les mains d'une assemblée délibérante. Il est probable qu'on s'en tiendra au Parlement tel qu'il fonctionne au nord, sans l'amoindrir, mais aussi sans lui concéder de nouvelles prérogatives politiques. L'œuvre qui sortira des événements actuels ne donnera donc aux espérances unitaires qu'une satisfaction incomplète, et elle pourrait bien dans l'avenir, lorsque l'Allemagne aura repris son sang-froid, ne pas répondre à la pensée de ceux qui l'ont conçue. Cela dépendra beaucoup du gouvernement que se donnera la France [1]. Une France sage, réfléchie, prospère, recueillie dans le travail, serait un grand enseignement pour l'Europe ; elle encouragerait partout les aspirations libérales. L'Allemagne réagirait contre le militarisme, contre l'esprit féodal; ce serait l'avènement au pouvoir de ses classes moyennes, l'émancipation de ses classes déshéritées, la condamnation de la politique de conquête. M. de Bismarck est trop prévoyant pour ne pas se préoccuper dès à présent de la propagande irrésistible qu'une France régénérée par de douloureuses épreuves exercerait au delà de ses frontières ; il ne se fait sans doute pas d'illusion sur les difficultés qui l'attendront, le jour où nous reprendrons l'ascendant que nous avons exercé dans le monde par la

1. « La France n'a jamais été aussi bas, écrivait le baron Nothomb en 1871 ; la paix qu'on lui impose détruit son histoire, depuis Richelieu; elle la ramène à Henri IV; mais, qu'elle ait un gouvernement *incontesté*, elle reprendra vite son rang dans le monde, malgré le payement de cinq milliards et la perte de l'Alsace et de la Lorraine. »

(*Deutsche Rundschau. Biographie du baron Nothomb.* — D' Geffeken.)

pratique des institutions constitutionnelles. Aussi cherche-t-il à conjurer le plus longtemps possible une réaction contre ses tendances autoritaires, en prolongeant la guerre, et à rendre par ses revendications toute réconciliation impossible entre les deux pays. Il espère ainsi donner le change à l'Allemagne en lui assurant, à défaut d'une liberté absolue, une gloire sans égale.

II

OCTOBRE 1870

XXXVI

1ᵉʳ Octobre 1870.

La prise de Strasbourg est saluée en Allemagne comme la conquête définitive, irrévocable de l'Alsace. C'est ce que proclament, en termes enthousiastes, tous les journaux d'outre-Rhin, c'est ce que redoutent, profondément consternées, les populations alsaciennes. Elles s'étaient fait illusion jusqu'à la dernière minute, tant que Strasbourg a résisté ; elles se révoltaient à l'idée d'être violemment arrachées à la France ; elles comptaient sur des retours de fortune, sur la vaillance de nos armées, sur les inspirations patriotiques des hommes qui ont organisé la défense ! La capitulation les a consternées, leur douleur est poignante ; elles n'espèrent plus rien de l'avenir ; elles nous voient engagés dans une lutte inégale, elles pressentent que le destin nous sera dur jusqu'au bout. Sensées et réfléchies, elles envisagent les choses dans leur désolante réalité ; elles sont convaincues que la Prusse ne se dessaisira plus du gage allemand qu'elle détient et que, dès le début de la guerre, elle a considéré comme le prix de ses victoires futures[1].

On a pu se méprendre, il y a quelques semaines, sur les dispositions réelles de l'Allemagne, en face des protestations qui s'étaient élevées dans la presse libérale contre les annexions violentes. Les manifestations bruyantes, désordonnées, que la reddition de Strasbourg provoque au nord et au midi, montrent que la passion de la conquête l'emporte, dans toute son âpreté, sur les sentiments qu'on affectait.

XXXVII

2 Octobre 1870.

On approuve généralement et sans réserve, à l'étranger, la résolution prise par le gouvernement de la Défense nationale de procéder sans

---

[1] « Je sais fort bien, disait M. de Bismarck à M. Jules Favre, que les Alsaciens ne veulent pas de nous. Ils nous imposeront une forte besogne ; mais nous ne pouvons pas ne pas les prendre. »

plus de retards aux élections. On avait déploré qu'elles fussent indéfiniment ajournées après l'entrevue de Ferrières. La guerre à outrance, bien que motivée par les exigences de M. de Bismarck, apparaissait aux plus optimistes comme un acte de folie héroïque, en l'absence de forces régulières, de généraux, d'armes et de munitions.

Si un hiver meurtrier et l'incendie de Moscou ont sauvé la Russie, on n'admettait pas que la dévastation de nos provinces, la destruction de Paris, pussent nous délivrer de l'invasion allemande. Il semblait que les hommes qui détiennent le pouvoir assumaient une terrible responsabilité, en continuant de leur propre chef une lutte désespérée, sans en appeler au pays, pour lui laisser le soin de prendre les déterminations que commandent les circonstances. On trouvait qui c'était jouer le jeu de la Prusse, nullement disposée à déposer les armes, de lui permettre de se retrancher obstinément derrière des questions de principes, pour gagner du temps et nous refuser la paix, en formulant des conditions qui dépassent de beaucoup, il est permis de l'affirmer, les exigences de l'opinion en Allemagne.

La convocation des collèges électoraux pour le 16 octobre a donc été saluée, par tous ceux qui nous portent des sympathies, comme un acte de haute sagesse, capable d'impressionner et de faire agir les puissances neutres, si réservées jusqu'à présent, même dans leur concours moral.

Le jour où la France sera sortie de la phase révolutionnaire, qu'elle traverse, et que son gouvernement, quel qu'il soit, s'appuiera sur une Assemblée nationale, issue du suffrage universel, nommée sans autre pression que celle des événements, les sympathies de l'Europe nous reviendront, sincères, efficaces. Mais je ne crains pas de le dire, si les élections devaient se faire sous l'empire de mesures dictatoriales[1], où sous la menace des clubs, tels qu'il s'en est constitué à Lyon et dans quelques villes du Midi, l'opinion publique en Europe n'accepterait pas le résultat d'un pareil scrutin, comme l'expression des sentiments du pays, et les calculs de M. de

---

1. M. Gambetta écrivait à Jules Favre « que, sans l'exclusion des adhérents au régime impérial, les élections seraient funestes; mais malgré tous les désavantages, ajoutait-il, qui résultent de notre isolement et du caractère précaire de notre pouvoir, il vaut mieux tenir, combattre, plutôt que de provoquer un armistice et de procéder à des élections ».

Bismarck, que nous avons tout avantage à déjouer, n'en seraient que fortifiés.

Les intérêts les plus sacrés de la France, sa considération et sa force morale au dehors imposent donc à tous les membres du gouvernement actuel le devoir d'assurer à l'épreuve du 16 octobre, en se dégageant de tout esprit de parti, et conformément aux principes qu'ils ont toujours défendus, des garanties d'indépendance telles, que personne, à l'étranger, ne puisse soutenir qu'elle a été entachée par la pression des agents de l'autorité, et à plus forte raison par la terreur des comités révolutionnaires [1].

---

1. Lettre du comte Chaudordy à M. Rothan. — Tours, le 6 octobre 1870. « Merci, mille fois merci de vos rapports; ils nous sont extrêmement utiles. Je les lis avec le plus grand soin, je les communique aux membres du Gouvernement; je m'en sers dans mes entretiens avec les diplomates; j'en fais faire, suivant les circonstances, des extraits pour les journaux. Donc, je vous prie et nous vous prions de continuer. Vous avez bien raison de tant insister sur la nécessité de convoquer une assemblée nationale Les élections auront lieu le 16, et, peu de jours après, la France reprendra la direction de ses destinées. Une Assemblée ne pourra que donner plus de force à la défense. »

XXXVIII

3 Octobre 1870.

La Prusse a été soupçonnée, un instant, de vouloir s'adjuger l'Alsace et la Lorraine, autant pour satisfaire ses appétits que pour éviter des remaniements territoriaux qui auraient pu accroître l'importance de la Bavière. Ces craintes n'ont peut-être pas été étrangères au mouvement antiannexioniste qui, il y a une quinzaine de jours, s'est manifesté assez vivement dans la presse méridionale. M. de Bismarck a jugé utile d'arrêter ce courant, de calmer les craintes et les jalousies de ses alliés; il lui a paru sage d'associer le sentiment allemand tout entier, sans réserve, à l'annexion des provinces conquises. Il a protesté à Munich contre les arrière-pensées prêtées à son gouvernement; il a chargé M. de Delbrück de déclarer au cabinet bavarois que l'administration de l'Alsace et de la Lorraine, par la Chancellerie fédérale, n'aurait qu'un caractère provisoire, qu'on réservait aux souverains allemands et au Parlement de décider, lorsque le moment sera venu, de leur sort dans le futur empire germanique. — L'ambition de la Prusse ne perdra rien à ce désintéressement apparent. Le roi Guillaume, par l'autorité qu'il exercera à Metz et à Strasbourg, en sa qualité d'empereur, disposera en réalité de tout : des contingents, de l'administration et des finances. La politique prussienne y gagnera par contre de faire partager à l'Allemagne entière les charges de la défense et la responsabilité des mesures violentes auxquelles on sera astreint fatalement pour imposer la résignation à des populations désespérées[1]. On cherche, il est vrai, à masquer le côté odieux de la conquête; on affecte de croire qu'à force de prévenances et de témoignages de sympathie, l'assimilation se fera dans des conditions exceptionnellement rapides, surtout si l'état anarchique devait, comme on se plaît à le croire, se généraliser et se perpétuer en France.

Les agents prussiens s'appliquent avant tout

---

[1]. Machiavel disait : « Quand un prince s'empare d'une province et que les habitants restent hostiles, quel parti prendre ? Le plus simple, qui est de les exterminer. »

à circonvenir le paysan, à le gagner au nouvel état de choses. Ils s'adressent à son égoïsme, à sa vanité, à sa cupidité; les promesses ne leur coûtent pas; ils lui laissent entrevoir l'exonération du service militaire; ils affirment que le traité de paix tiendra compte non seulement des sacrifices communaux, mais aussi des pertes individuelles. L'Alsace serait autonome; elle conserverait sa justice, son administration; ses fonctionnaires seraient maintenus, elle aurait une représentation spéciale, elle disposerait de son budget, tous les traitements seraient augmentés. — On exalte les qualités de l'Alsacien, ses connaissances, son jugement, son sentiment du devoir, méconnus de propos délibéré par le gouvernement français, qui n'aurait fait qu'exploiter son savoir, son patriotisme. On oppose sa sagesse, sa dignité à la turbulence, à la vanité des hommes du Midi, toujours prêts à sacrifier les intérêts les plus chers de leur pays à leurs ambitions désordonnées. — On promet aux classes commerciales et industrielles, si nombreuses dans les départements du haut et du bas Rhin, d'ouvrir à leur activité de vastes marchés. Les manufacturiers de la Westphalie, de la Silésie et des provinces rhénanes protestent, il est vrai; ils redoutent la concurrence de Mulhouse, de Munster, de Guebwiller, de Wesserling, et il serait difficile de ne pas tenir compte de leurs réclamations; mais, si l'Alsace reste momentanément exclue de l'union douanière, la Prusse n'en est pas moins remplie de sollicitude pour ses intérêts; elle saura ménager la transition par de sages mesures; elle trouvera moyen d'assurer au commerce et à l'industrie des débouchés en France, par des stipulations spéciales insérées dans le traité de paix.

Est-il nécessaire de le dire? personne ne se laisse prendre à ces promesses, sauf quelques ambitieux subalternes, à qui tous les prétextes sont bons pour colorer leur défection. L'Alsace, dans son ensemble, reste consternée, inconsolable; elle est atteinte dans ses sentiments, dans ses intérêts, dans ses habitudes. Tandis que l'Allemagne célèbre par de bruyantes démonstrations la reddition de Strasbourg, elle se raidit contre le destin, elle se sent blessée au vif dans toutes ses fibres.

XXXIX

4 Octobre 1870.

On se plaint à l'étranger et non sans motifs du service de nos postes : les lettres de Tours ne mettent pas moins de dix jours à venir en Suisse. Quant à celles du nord de la France, du Havre, par exemple, qui est relié par tant d'intérêts au centre de l'Europe, elles n'arrivent plus. Il ne serait pas impossible cependant d'en assurer l'expédition par les départements de l'Ouest et du Centre, sinon en les dirigeant sur Bordeaux.

Il est regrettable que l'Administration soit privée, dans un pareil moment, du concours si actif, si intelligent, de M. Vandal, l'ancien directeur général. Il aurait certainement trouvé moyen de parer à toutes les difficultés. Il importe, en tout cas, de remédier à ce fâcheux état de choses, à moins de laisser croire à l'opinion publique étrangère, en face de l'anéantissement presque total de l'un des services les plus importants de l'État, à une désorganisation administrative complète en France.

XL

5 Octobre 1870.

M. de Bismarck, tout absorbé qu'il est par la guerre, ne perd pas de vue les intérêts de sa politique allemande. Les négociations qu'il a ouvertes avec les gouvernements du Midi, et en particulier avec la Bavière, sont de la nature la plus délicate. Il ne s'agit plus, comme en 1866, de les rançonner, de les démembrer et de leur imposer des traités d'alliance. — On peut encore, et l'on ne s'en fait pas faute, les impressionner par des manifestations nationales; mais les injonctions ne sont plus de saison. Ce n'est que par des promesses, par la persuasion, qu'on parviendra à les convaincre que leurs ancêtres ont méconnu leurs devoirs, lorsqu'ils travaillaient, au même titre que les margraves de Brandebourg, à l'agrandissement de leurs maisons au détriment du Saint-Empire. — M. de Bismarck a pratiqué les cours allemandes, il connaît leurs côtés vulnérables ; c'est en ménageant leur amour-propre, en évitant toute pression ostensible qu'il compte les amener à ajouter aux sacrifices de la guerre, le plus grand de tous, celui de leur indépendance. Aussi se garde-t-il de formuler des conditions. Il fait semblant de consulter les gouvernements et de laisser à chacun le soin d'exposer ses idées au sujet de la reconstitution de l'Allemagne. Il insinue toutefois, officieusement, que son œuvre, la constitution fédérale, a toutes ses préférences, qu'elle a fait ses preuves depuis quatre ans, qu'elle semble répondre aux espérances, aux besoins de tous ses confédérés du Nord ; il craindrait de les mécontenter si on voulait y introduire des modifications qui en altéreraient le caractère ; il se préoccupe aussi de l'opinion publique en Prusse : il l'indisposerait, s'il compromettait, par des concessions excessives, la prépondérance légitime du cabinet de Berlin au sein du Conseil fédéral. C'est en les prenant de la sorte, en ménageant leurs susceptibilités, toujours en éveil, qu'il a calmé les cours du

Midi. Ses déclarations, présentées, non pas sous la forme d'une note diplomatique sèche et déplaisante, mais sous le manteau d'amicales causeries, lui ont permis de couper court, dès le début, avant de négocier sérieusement, à l'idée de la grande Allemagne avec l'adjonction de l'Autriche, caressée à Stuttgard et à Munich.

Les gouvernements méridionaux n'ont donc pas eu l'embarras du choix. Ardemment travaillés par les coryphées du parti national, ils ont compris qu'il ne leur restait plus d'autre alternative que de solliciter du gouvernement central, avec les apparences de la spontanéité, leur admission dans la confédération du Nord. Tous, il est vrai, ne se sont pas acquittés de cette tâche avec une égale abnégation patriotique. Le grand-duché de Bade, dont les institutions sont de longue date transformées sur le modèle des institutions prussiennes, s'est exécuté résolument, sans réserve, heureux d'être relevé enfin du rôle pénible de solliciteur éconduit, que les convenances du cabinet de Berlin lui ont imposé si longtemps.

La Hesse grand-ducale, par contre, bien qu'elle ait, depuis 1866, un pied dans la Confédération du Nord, a essayé, mais sans succès, de sauvegarder quelques-unes de ses prérogatives, sans qu'on sache sur quel point ses restrictions ont pu porter, son armée, ses postes et ses télégraphes étant déjà sous l'absolue dépendance de la Prusse.

Quant au Wurtemberg, signalé si souvent à la vindicte publique, par les organes prussiens, pour ses tendances particularistes, il s'est converti subitement à la cause allemande, sans même en avertir le cabinet de Munich. Dans un élan patriotique, il a tout jeté par-dessus bord. Il n'a fait de réserve que pour ses postes et ses télégraphes qui lui tiennent particulièrement à cœur. Peut-être, en agissant ainsi, a-t-il craint le protectorat bavarois, plus encore que l'hégémonie prussienne.

La Bavière est donc restée seule à se défendre contre le danger d'une médiatisation fatale. Elle l'a fait, jusqu'à ce jour, avec une opiniâtreté à laquelle on ne s'attendait pas dans le camp des nationaux. M. le comte de Bray, sans s'exagérer sa force de résistance, a posé néanmoins des conditions précises à son entrée dans la Confédération du Nord, calquées, dit-on, sur le programme de MM. Weisse et Goerg, les chefs du parti patriotique en Bavière. Il s'est autorisé des services rendus et du rôle important et glorieux que jouent les armées bavaroises, pour réclamer dans l'union allemande une situation privilégiée.

M. de Bray est-il encouragé dans sa résistance par le Cabinet de Vienne? On ne saurait l'affirmer, la circonspection de M. de Beust augmentant avec chaque succès de la Prusse. Mais il a trouvé à Berlin même des auxiliaires influents[1]. Le parti féodal se préoccupe de l'extension de la Confédération du Nord au delà du Mein; il craint que son action, prépondérante jusqu'à ce jour, ne soit compromise dans une Allemagne unifiée et centralisée. Aussi s'est-il prononcé hautement, dans son organe, la *Gazette de la Croix*, à la grande indignation des nationaux libéraux, pour le système des deux unions, qui réserverait, en effet, à la Bavière, dans le nouvel état de choses, le rôle qu'elle ambitionne.

Il ne serait donc pas étonnant que, grâce aux

---

1. M. Busch. — « N... a envoyé de Berlin à Munich ses coreligionnaires politiques; ils ont dit à de Bray que les moindres concessions seraient suffisantes. »

influences particularistes toujours puissantes à la cour de Prusse, les négociations poursuivies par M. de Delbrük aboutissent à une transaction qui, en écartant l'idée des deux unions, concilierait momentanément les exigences nationales avec les intérêts dynastiques de la Bavière.

XLI

6 Octobre 1870.

Les nationaux libéraux sont déçus. Ils rêvaient une Allemagne unitaire, centralisée, parlementaire : ils n'auront qu'une Allemagne fédéralisée, avec un régime constitutionnel bâtard, sans responsabilité ministérielle. Le roi Guillaume, par contre, ne gardera pas son titre de président de de la Confédération du Nord, que déjà il avait, dans ces derniers temps, échangé contre celui de protecteur. Il se laissera proclamer empereur d'Allemagne, non pas par le Parlement, mais, suivant les traditions du Saint-Empire, par ses pairs, les souverains allemands [1]. Ce sera l'apothéose de son règne, la glorification de son système. Il ne lui reste plus, pour réaliser le rêve de sa vie et la légende de sa maison, qu'à vaincre les faibles résistances qu'oppose encore à son ambition le descendant, bien transformé, des grands électeurs de Bavière. C'est, du reste, moins le roi Louis, plus préoccupé de l'avenir de la musique que de l'avenir de sa dynastie, que son premier ministre, un homme de devoir et de courage, qui marchande à la maison de Hohenzollern cette suprême concession. Le cabinet de Munich tient à avoir, dans le nouvel état de choses, une situation privilégiée. M. de Bray estime que ses prétentions sont justifiées ; car, la Bavière étant de tous les États celui qui fait les plus grands sacrifices, il est juste de ne pas le traiter sur le même pied que les autres confé-

---

1. Maurice Busch. — « Le roi hésite toujours, dit M. de Bismarck, entre le titre d'empereur d'Allemagne ou d'empereur allemand; il préfère celui-ci. Je ne trouve pas de différence entre les deux ; c'est comme aux conciles : « Homousios ou homoiousios. » — On fait observer qu'il n'y a jamais eu d'empereur allemand : Charlemagne se faisait appeler : *Imperator romanus;* plus tard, les empereurs s'intitulaient : *Imperator romanus, semper augustus.* » — « *Farcimentum* ou *farcimen*, peu importe, dit M. de Bismarck, *nescio quid mihi farcimentum esset.* »

dérés, tous de beaucoup inférieurs en population et en importance politique. Aussi le gouvernement bavarois refuse-t-il obstinément de céder ses postes, ses télégraphes, et de placer, en temps de paix, son armée sous les ordres absolus du roi de Prusse. Sur ce dernier point, il n'entend pas raison. Il réclame des garanties, il veut restreindre autant que possible l'ingérence de l'état-major prussien, se réserver la nomination des officiers et obtenir la création d'une commission militaire fédérale dans laquelle il serait représenté par un envoyé muni d'une autorité suffisante pour s'opposer à de dangereux envahissements. Il demande aussi que le *casus belli* soit soumis à la décision du conseil fédéral. S'il reconnaît la nécessité d'une représentation unique au dehors, il ne consent pas au sacrifice absolu de ses prérogatives diplomatiques; elles sont l'emblème d'une souveraineté indépendante. Il voudrait, pour le moins, — ne serait-ce que pour affirmer le principe et sauver les apparences, — être représenté dans les missions de Paris, de Vienne et de Rome par un conseiller d'ambassade. Il revendique aussi la gestion de certains consulats, en Orient notamment. Quant aux questions financières et douanières, elles soulèvent de part et d'autre de nombreuses discussions, qui ne sont pas à la veille d'être résolues.

Rien n'indique que le Wurtemberg partage les répugnances de la Bavière et qu'il s'associe avec ardeur aux démarches du comte de Bray. Il semble résigné; peut-être sa résignation n'est-elle qu'apparente. M. de Varnbühler est « ondoyant et divers »; il évite de dire son dernier mot. Le Souabe, dont il personnifie le savoir-faire, est, de tous les Allemands, le plus avisé. « Le Badois, dit le proverbe, vaut deux juifs, et le Wurtembergeois quatre Badois. » M. de Varnbühler invoquait, après Sadowa, l'assistance des pantalons rouges, il proteste aujourd'hui à Berlin de ses sentiments germaniques. Il n'entend pas se compromettre avec le plus fort, il laisse ce soin à d'autres. Si M. de Bray obtient des concessions, il s'en prévaudra, sinon il livrera à la Prusse, sous le couvert d'un ardent patriotisme, sans réserve, sans scrupule, le peu d'indépendance que la guerre de 1866 a laissé à son pays.

XLII

7 Octobre 1870.

Le cabinet de Vienne suit avec une attention vigilante les négociations qui se poursuivent entre les cours du Midi et le cabinet de Berlin. S'il évite d'exercer à Munich et Stuttgard une action qui le compromettrait aux yeux de M. de Bismarck, il cherche du moins à rappeler l'existence du traité de Prague, et à retirer de sa transgression quelques avantages pour sa politique. Il reconnaît sans peine que la transformation de l'Allemagne, sur des bases nouvelles, est une conséquence inévitable et logique des événements qui sont en voie de s'accomplir. Mais il hésite à formuler les conditions de son acquiescement. Il ne désire assurément pas, comme on le voudrait à Munich et à Stuttgard, se rattacher à l'empire germanique, avec ses provinces allemandes. Mais peut-être poursuit-il une entente intime, impliquant des garanties territoriales et une politique commune en Orient. Ce qui est certain, c'est que M. de Beust tient à se faire bien venir à Berlin ; il essaye, dans les journaux qu'il a l'habitude d'inspirer, de justifier les ambiguïtés de sa politique ; il se fait représenter avant tout comme un homme d'État réaliste, sans préjugés, n'ayant en vue que les intérêts positifs de la monarchie autrichienne. Il a cherché, sans contredit, à nouer des relations cordiales avec la France ; mais il se serait toujours refusé à une alliance offensive et défensive, bien que le cabinet des Tuileries lui ait offert d'énormes subsides de guerre : un milliard, dit-on. Il n'aurait pas moins su résister aux entraînements du parti militaire autrichien, et, conséquent avec lui-même, il serait parvenu à réduire la neutralité de l'Autriche à la plus extrême passivité. En se bornant à compléter l'effectif de l'armée sur le pied de paix, il aurait permis à la Prusse, qui ne saurait l'oublier, de dégarnir entièrement ses frontières orientales. Ceux qui, à Berlin, réclament comme condition préalable d'une entente intime entre les deux gouvernements, la retraite de M. de Beust, seraient donc bien mal inspirés ; ils méconnaîtraient ses tendances véritables et les services qu'il a rendus à la cause allemande.

Mais M. de Bismarck est un grand esprit, il comprendra que, pour la Prusse, le seul moyen de conjurer les coalitions éventuelles, c'est de se rattacher l'Autriche par des liens indissolubles.

Tel est le langage que M. de Beust fait tenir à ses organes inspirés, pour justifier, aux yeux de la Prusse, les équivoques de sa politique, et pour n'être pas le gage expiatoire du rapprochement infaillible qui s'effectuera tôt ou tard entre les cours de Vienne et de Berlin.

XLIII

Le 8 Octobre.

Le mal que se donne le gouvernement bavarois pour sauvegarder son indépendance dans les négociations ouvertes avec le cabinet de Berlin, au sujet de la réorganisation de l'Allemagne, montre combien le gouvernement impérial a été mal inspiré, lorsqu'il a précipité les événements sur un prétexte aussi secondaire que l'incident espagnol. Il est évident que la question allemande n'a pas été comprise en France. On s'est exagéré l'intensité du mouvement unitaire, sans tenir compte des tendances particularistes des États méridionaux et de leur force de résistance [1]. La question qui se débattait alors en Allemagne était cependant assez nettement posée. Il s'agissait moins de l'unité germanique que de la lutte entre le système féodal militaire de la Prusse et les aspirations libérales et constitutionnelles du Midi. Les chambres, en Bavière et en Wurtemberg, protestaient, plus ou moins ouvertement, contre les traités d'alliance; elles cherchaient à s'y soustraire, ou du moins à les rendre illusoires en refusant les crédits nécessaires pour leur exécution éventuelle. C'est ce qui ressortait de toutes les correspondances diplomatiques d'Allemagne; c'est ce qu'écrivaient M. de Cadore de Munich, M. de Saint-Vallier de Stuttgard et M. de Mosbourg de Carlsruhe. La diplomatie française, si

---

1. « Dans le Sud, disait M. de Bismarck au Reichstag, dans la séance du 16 avril 1869, le besoin de l'unité est si peu ressenti qu'on s'y tourne ouvertement vers l'étranger. »

décriée par M. de Bismarck [1], et, après nos désastres, si malmenée par notre presse, avait le sentiment du devoir ; elle s'inspirait de nos vieilles traditions, et, sauf la petite école qui se groupait autour du prince Napoléon, elle déplorait la politique des nationalités, elle voyait avec chagrin l'empereur se compromettre avec M. de Cavour et se commettre avec M. de Bismarck ; elle appréhendait des catastrophes. Elle n'a été pour rien dans les déviations de notre politique ; si elle a prévu la guerre, elle ne l'a pas encouragée. Jamais elle n'a admis que la lutte, imminente depuis 1866, entre la France et la Prusse, s'engagerait sur une question de procédé, sur un incident de la politique générale. Elle pensait que, le jour où la Prusse franchirait la ligne du Mein, le cabinet de Vienne, appuyé sur la France, la rappellerait au respect du traité de Prague, et elle était convaincue que l'intervention de l'Autriche aurait pour conséquence

---

1. Circulaire de M. de Bismarck. Berlin, 29 juillet 1870. « Si les agents diplomatiques français avaient été capables d'observer les choses en Allemagne, on ne se serait jamais livré, à Paris, à l'illusion que la Prusse laisserait à la France le droit d'intervenir dans les affaires allemandes et de les régler. Mais vous savez combien ils sont ignorants en ce qui concerne l'Allemagne. »

forcée la neutralité, sinon la coopération des États du Midi, dont elle se constituerait le défenseur. C'était la politique du comte Daru et celle de M. Émile Ollivier [1]. Ils comprenaient l'un et l'autre, j'ai pu m'en convaincre, qu'il y avait tout avantage, pour nous, d'affecter un grand désintéressement au sujet de la transformation de l'Allemagne, et qu'il importait de rejeter

---

[1]. M. Émile Ollivier, lors de son intérim au ministère des affaires étrangères, voulut bien approuver un de mes rapports qui concluait en ces termes : « Ce serait donc, à mon avis, mal comprendre la crise allemande que de vouloir sortir de notre réserve en face d'un pareil état de choses, à la veille de trois élections : au Parlement du Nord, au Parlement douanier et à la seconde Chambre prussienne, pour soulever des questions qui auraient le grave inconvénient de raviver le sentiment national aujourd'hui si affaibli. L'abstention la plus complète me parait plus que jamais de circonstance; car elle condamne la politique prussienne à s'user dans la lutte des partis, dont les exigences, comme je le faisais ressortir dans de précédentes dépêches, s'accentuent de plus en plus. »

Dépêche de M. Émile Ollivier, 26 avril. — « J'ai reçu la dépêche que vous m'avez fait l'honneur de m'adresser sous le n° 152, à la date du 19 de ce mois. Les appréciations qu'elle renferme sur la situation générale de l'Allemagne et les tendances des partis m'ont paru fort judicieuses. J'attache beaucoup de prix à tout ce qui peut nous éclairer sur la marche des affaires allemandes. Vous pouvez donc être assuré de l'intérêt avec lequel je prendrai connaissance de vos appréciations, et je ne puis que vous encourager à renseigner le département avec la même abondance et la même régularité que par le passé.

» Recevez, monsieur, les assurances de ma haute considération, et *du plaisir avec lequel je vous ai lu.* » Voir l'Appendice n° 2 et 3.

M. de Bismarck dans ses embarras intérieurs, sans jamais lui fournir de prétexte pour raviver les haines germaniques et lui permettre de s'en servir pour la réalisation de ses desseins. L'histoire révélera sans doute un jour les causes secrètes qui ont déterminé M. Émile Ollivier à se départir, du jour au lendemain, du programme qu'il avait soumis à l'empereur et dont il développait volontiers les avantages dans ses entretiens particuliers.

En attendant, le cabinet bavarois se défend contre une assimilation fatale à son autonomie; il résiste malgré la pression caractérisée que les meneurs du parti national exercent sur ses déterminations. M. de Bennigsen et M. Lasker sont accourus à Munich pour provoquer des manifestations. Ils président des banquets, font assaut d'éloquence dans les assemblées populaires, provoquent des ovations, reçoivent des sérénades, tandis que le roi Louis, sous la coupe de Richard Wagner, reste invisible dans son château de Hohenschwangau. Il est vrai que les procédés officiels de M. de Bismarck sont des plus corrects. Il a recours à tous ses moyens de séduction pour se faire bien venir du cabinet de Munich et calmer ses appréhensions. Il exalte la valeur des soldats bavarois, le courage et l'intelligence de leurs officiers dans des bulletins admiratifs; il leur fait aussi la part du lion dans le partage du butin. M. de Bray ne défend pas moins avec ténacité les prérogatives de son souverain. Il ne craint pas d'envoyer M. de Schrenck à Vienne pour solliciter, s'il faut en croire les journaux, l'assistance de la cour d'Autriche. Les correspondances de la *Gazette de Cologne* constatent ses résistances; elles se plaignent de son mauvais vouloir; elles prétendent même qu'il aurait été jusqu'à reprocher à M. de Beust de ne lui avoir pas facilité la neutralité au moment de la déclaration de guerre. La *Gazette de Cologne* reconnaît que ces fâcheuses dispositions sont générales. « Il ne faudrait pas, dit-elle, s'exagérer les tendances unitaires de la Bavière. Si les nationaux s'agitent beaucoup, ils ne sont pas pour cela plus nombreux ni plus influents. La bravoure et les succès de l'armée, loin de stimuler les passions unitaires, n'ont fait qu'exalter l'orgueil des patriotes autonomes; plus que jamais, ils se croient autorisés à revendiquer pour la Bavière une situation privilégiée dans la réorganisation de l'Allemagne. » — « Le mauvais vouloir est grand dans les sphères gouvernementales, et tout le monde ne se réjouit pas des victoires allemandes, ajoute avec tristesse le correspondant de la *Gazette de Cologne*. » Une seule chose le console et le rassure, c'est la confraternité d'armes qui s'est scellée sur les champs de bataille entre le soldat bavarois et le soldat prussien.

XLIV

9 Octobre 1870.

Toutes les correspondances militaires s'accordent à dire qu'on a renoncé à une attaque de vive force contre Paris; on ne se soucie pas d'exposer l'armée à la guerre meurtrière des barricades. On se flatte, qu'une fois en possession d'un ou de deux forts détachés, il sera aisé, avec la puissante artillerie dont on dispose, de provoquer la capitulation par un effroyable bombardement. Les splendeurs de notre capitale empêchent les Allemands de dormir. Ils ne seront satisfaits que lorsqu'elle ne sera plus qu'un amas de ruines. Pourquoi ménageraient-ils Paris après avoir réduit en cendres des quartiers entiers de Strasbourg, qu'ils revendiquent fraternellement comme une ville allemande ? N'ont-ils pas détruit ses plus beaux monuments, le théâtre, la mairie, la préfecture ? n'ont-ils pas tiré sur l'hôpital civil, mutilé la flèche de la cathédrale, brûlé la bibliothèque avec ses incomparables manuscrits, sans qu'un cri de réprobation soit sorti des universités, toujours prêtes à se moquer de notre ignorance, à flétrir notre décadence morale [1] ?

---

1. « On prétend, disait M. de Bismarck, qu'il n'est pas permis de bombarder Paris à cause de ses monuments et de ses collections, qu'un bombardement serait un crime contre la civilisation. Mais Paris est une forteresse. Qu'on y ait entassé des trésors artistiques, qu'on y ait élevé des monuments admirables, peu nous importe. Une forteresse est une chose qui appartient à la guerre. La France n'a-t-elle pas bombardé Rome, qui contient des chefs-d'œuvre d'une tout autre valeur ? »

XLV

10 Octobre 1870.

On a toujours lieu d'être inquiet lorsque le roi Guillaume invoque la Providence et que son ministre proteste de ses sentiments pacifiques. Leurs invocations et leurs protestations sont, en général, le prélude de fâcheux et parfois de sinistres événements.

M. de Bismarck, qui n'a pas trouvé une parole émue lorsqu'on incendiait nos villages et qu'on fusillait nos paysans, se sent tout à coup effrayé en reportant sa pensée sur les conséquences du siège [1]. Il avait le mot pour rire, il n'y a pas longtemps, dans ses lettres familières reproduites par les journaux, lorsqu'il parlait du bombardement et de l'effet des obus allemands sur les Parisiens ; et voici que tout à coup, dans un do-

---

1. *Memorandum prussien.* — Extrait. — « Des malheureux par centaines de mille se trouvent voués dès à présent à une mort certaine, si Paris ne capitule pas à temps ; car il ne faut pas compter que l'Allemagne puisse secourir efficacement une population de deux millions d'âmes. »

cument officiel, il s'apitoie, en songeant aux calamités dont notre capitale est menacée. Il s'adresse aux puissances neutres, il leur fait des assiégés un sombre tableau, il les montre affamés, démoralisés ; il prévoit l'incendie, le carnage et le pillage. Il semblerait que c'est un appel pressant qu'il adresse à leurs sentiments d'humanité et qu'il les adjure d'intervenir pendant qu'il en est temps encore. Est-il besoin de le dire ? le Memorandum prussien n'est rien moins qu'inspiré par une aussi généreuse pensée.

M. de Bismarck, en l'écrivant, n'a eu d'autre ambition que de dégager sa responsabilité et de rejeter tout l'odieux de la catastrophe qui se prépare sur le gouvernement de la Défense nationale. L'Allemagne, qu'il personnifie, ne sera nullement affligée par la perte de nos objets d'art, par la destruction des monuments qui témoignent de l'ancienneté et de la grandeur de notre histoire. Mais il importe au chancelier de se justifier par avance des désastres que sa politique a provoqués. Les journaux allemands, moins scrupuleux, ne dissimulent pas leur satisfaction ; ils révèlent les sinistres projets que poursuivent les états-majors et ils parlent avec complaisance des travaux formidables qui s'élèvent autour de la ville ; ils annoncent que déjà des pièces d'artillerie d'un énorme calibre sont mises en position et que le bombardement de Strasbourg, si destructeur cependant, ne sera rien à côté de celui qui s'annonce ; ils prévoient des séditions ; ils se plaisent à voir Paris en feu ; ils parlent avec orgueil de l'admiration que manifestent les officiers étrangers à la vue de ces immenses et terrifiants préparatifs. Ils rassurent aussi l'Allemagne sur le bien-être des assiégeants, rien ne leur ferait défaut, ils vivraient dans l'abondance, grâce aux razzias qu'opèrent des corps expéditionnaires dans toutes les directions, tandis que Paris est dévoré par la révolution, rongé par la famine. Le quartier général serait, du reste, tenu au courant, heure par heure, de ce qui se passe et se trame à l'intérieur. Il sait que les ressources s'épuisent, que l'anarchie se développe, que la résistance sera loin d'être aussi tenace que le proclament les bulletins de la Défense nationale.

XLVI

11 Octobre 187.*

L'Allemagne est dans une fiévreuse mais joyeuse attente. Elle est convaincue que le dénouement approche, que Paris, réduit à toute extrémité par la faim et par les obus, sera forcé avant peu de se rendre à discrétion. Les correspondances du quartier général disent que les canons Krupp feront merveille, que leur tir savamment combiné portera l'incendie et la dévastation jusqu'au cœur de la ville. Toutes les prévisions des états-majors se trouveraient de la sorte justifiées. Déjà ils avaient victorieusement et mathématiquement résolu le problème de la mobilisation instantanée et celui de l'investissement hermétique. Leur gloire sera sans égale, lorsque Paris sera réduit en cendres. C'est ainsi que l'Allemagne justifie la supériorité morale et intellectuelle que revendiquent ses professeurs.

XLVII

12 Octobre 1870.

La *Gazette de Cologne* rapporte que des soldats allemands qui tenaient l'état-major de Paris au courant de ce qui se passait en dehors de l'enceinte, auraient été dénoncés au quartier général par un agent de la police française aux gages de la Prusse. Ce fait, en apparence insignifiant, mérite d'être relevé ; il se rapporte sans doute au voyage que le directeur de la police à Berlin a fait en France, peu de mois avant la guerre. Il était venu à Paris sous le prétexte d'étudier l'organisation de notre préfecture, mais en réalité pour connaître ses moyens d'action, surprendre ses secrets, s'aboucher avec ses émissaires et organiser, en vue de la guerre, un service d'espions et, en vue de la révolution, un service d'agents provocateurs. On lui ouvrit toutes les portes, on lui révéla tous les mystères. A son retour il n'eut rien de plus pressé que de se moquer de notre police et de faire dire à ses journaux qu'elle était la plus arriérée de l'Europe. Il est de fait qu'elle n'avait pas soupçonné le but de sa visite et qu'elle ne s'était pas doutée de l'usage qu'il comptait faire des renseignements qu'on lui avait si largement et si bénévolement fournis[1].

---

1. Nous sommes en France sans défense contre ces procédés; il nous répugne de préparer de longue main, dans l'ombre, sous le manteau de l'hospitalité, des pièges et des chausse-trapes. Mais il n'est pas de petits moyens pour la politique allemande. C'est ainsi qu'au début de la guerre, les journaux militaires, tels que la *Gazette de la Croix*, ont donné aux soldats prussiens, en les prêtant avec indignation aux états-majors français, qui assurément n'y songeaient guère, les instructions les plus minutieuses sur la façon de fouiller les maisons, de mettre la main sur les cachettes et de reconnaître dans les jardins, en arrosant la terre, les endroits où les propriétaires ont enfoui leurs trésors. C'est grâce à ces instructions que M. de Bismarck se trouve aujourd'hui en possession d'une partie de nos archives diplomatiques, reléguées imprudemment au château de Cercey. J'ai pu me convaincre que tous les papiers de M. de Moustiers et dans le nombre la correspondance particulière que j'ai échangée avec lui, se trouvaient à Berlin. M. Rouher était venu, lors de sa mort, les revendiquer à sa famille, au nom de l'État, avec la promesse de restituer tout ce qui n'aurait pas un caractère d'intérêt public; rien n'a été rendu, tout a été trouvé et saisi au château de Cercey par les soldats prussiens. On ne s'explique pas ce qui a pu déterminer l'ancien ministre de l'empereur à ne pas restituer aux Archives et à emporter à la campagne des documents d'une telle importance; et l'on ne comprend pas davantage qu'ils n'aient pas été réclamés par le ministère des affaires étrangères, après la suppression du ministère d'État.

XLVIII

12 Octobre 1870.

Si l'annexion de l'Alsace et de la Lorraine compte de nombreux partisans en Allemagne, dans les rangs des nationaux et surtout dans le monde universitaire, elle rencontre aussi des adversaires décidés dans les classes éclairées et, tout compte fait, il ne serait pas difficile de provoquer un mouvement antiannexioniste assez intense pour permettre à M. de Bismarck, sinon de renoncer à la politique de conquête, du moins de ne pas en exagérer les conséquences. Ce mouvement s'est dessiné d'une manière spontanée et caractérisée dès le lendemain de Sedan; s'il s'est arrêté dans ces derniers temps, ce n'est qu'en suite de mesures violentes : la confiscation et l'emprisonnement. Quant à Metz et à la Lorraine française personne n'y a songé, si ce n'est les ultras qui ne seront satisfaits que lorsque la France aura cessé d'exister. M. de Sybel et même le docteur Strauss, sans dissimuler leur gallophobie, ont toujours protesté contre des agrandissements qui porteraient sur des territoires véritablement français.

La proclamation du général bavarois Von der Tann à Orléans, témoigne des mêmes sentiments ; c'est du moins l'interprétation que lui a donnée la presse allemande. Aussi la théorie des glacis soulevée inopinément par le chancelier dans ses dernières circulaires, a-t-elle été un sujet d'étonnement. Le parti national s'en est ému, car elle est en contradiction flagrante avec ses principes. Il déplore que M. de Bismarck ait rompu aussi cavalièrement avec l'idée des nationalités, elle était sa force et la justification de sa politique.

La *Gazette de Cologne,* dans un article à sensation intitulé « les Conditions de la paix », rappelle que, dans ses entretiens avec M. Jules Favre, le chancelier s'était montré traitable sur le chapitre des cessions, qu'il n'avait demandé à ce négociateur improvisé venant au quartier général, sans pleins pouvoirs, traiter de la paix au nom de la France, que de reconnaître d'une manière générale et en principe la nécessité de cessions territoriales. Il avait même poussé la modération jusqu'à faire entendre qu'il se montrerait conci-

liant sur la question de la délimitation. —
« Comment se fait-il, ajoute la *Gazette de Cologne*,
que, dans ses circulaires, il néglige de parler des
sentiments qui font désirer à l'Allemagne le
retour de l'Alsace ? Pourquoi évite-t-il toute
allusion au principe des nationalités et n'invoque-
t-il que des considérations stratégiques ? Traiter
les populations de l'Alsace comme des populations kabyles, les annexer brutalement sans
ménager leurs susceptibilités n'est certes pas le
moyen de les réconcilier avec leur sort. C'est
autoriser l'Europe à croire que les conditions
dictées par l'Allemagne ne lui sont imposées
que par l'esprit de conquête. »

M. de Bismarck laisse dire, il ne méconnaît pas
les avantages de la politique des nationalités, il y
reviendra mais, pour l'heure, il préfère la
théorie si commode, si élastique des glacis ; elle
lui permet de prendre tout ce qui est à sa
convenance et de satisfaire dans la plus large
mesure les exigences de ses états-majors.

XLIX

13 Octobre 1870.

La guerre a transformé M. de Beust : il intervenait naguère, bruyamment, dans toutes les questions ; il morigénait la Prusse et s'attaquait à son ministre. Il se tait et s'efface aujourd'hui. L'attitude comminatoire de la Russie et notre effondrement militaire l'ont terrifié. Peut-être reconnaît-il, en faisant son examen de conscience, que sa responsabilité est gravement atteinte, qu'il a méconnu les intérêts de l'Autriche, qu'il s'est mépris sur la puissance de la Prusse et qu'il a pour une bonne part entretenu les illusions qui ont précipité la guerre. Toujours est-il, qu'il évite tout ce qui, à un degré quelconque, pourrait éveiller les susceptibilités du cabinet de Berlin. Il a trop à se faire pardonner pour ne pas ajouter aux ressentiments qu'il inspire. Sa pensée ne se manifeste plus qu'en de rares circonstances, à bon escient, lorsqu'il est certain de ne s'attirer aucune remontrance. C'est ainsi que tout récemment il a fait une tentative bien timide de médiation. Il s'est servi du Mémorandum de M. de Bismarck sur les conséquences du siège pour expliquer, justifier sa démarche. Il s'est plu à l'interpréter dans le sens d'un appel indirect d'intervention aux puissances neutres, inspiré par des considérations d'humanité. Il a eu recours à une forme bien modeste, peu compromettante, celle d'une circulaire, pour démontrer aux grandes puissances la nécessité de s'interposer. Ses démarches sont restées sans effet. On a répondu que des négociations ouvertes avec la France, en vue de la paix, en l'absence d'un gouvernement régulier, n'offriraient aucune chance sérieuse de succès, qu'il importait d'attendre, avant de rien tenter, la réunion d'une Assemblée constituante et que s'entremettre dans les circonstances actuelles était s'exposer gratuitement à un échec, personne ne se souciant de donner à l'intervention proposée par le cabinet de Vienne le caractère d'une médiation armée.

M. de Beust a dû reconnaître que, seul, il a donné au Mémorandum prussien une interprétation généreuse qu'il ne comportait pas. Sa méprise ne lui a pas moins permis de nous offrir, à peu de frais, un témoignage de son bon vouloir.

Lord Grandville nous rendra un meilleur service, si la demande d'armistice dont il a pris l'initiative est agréée. Rien n'est plus urgent que de procéder à l'élection d'une Assemblée constituante et de laisser au pays le soin de ses destinées.

L

14 Octobre 1870.

La question allemande est à la veille d'être résolue. L'heure des sacrifices approche pour les rois de Bavière et de Wurtemberg. S'ils ont été à la peine, ils ne seront certes pas aux bénéfices. Les souffrances endurées par leurs pays, le sang versé par leurs soldats ne serviront qu'à sceller leur asservissement à la Prusse. Leurs conseillers sont à Versailles. Ils ont été appelés, ainsi que les ministres dirigeants de Hesse et de Bade, pour régler définitivement les conditions de leur entrée dans la Confédération du Nord. Voici des semaines qu'ils se débattent pour sauver les dernières épaves de leur autonomie. Ils espéraient une grande Allemagne avec l'Autriche, faisant contre-poids à la Prusse, ou, du moins, des modifications essentielles dans la Constitution fédérale, leur ménageant une certaine liberté d'allures. M. de Bismarck est resté inflexible, il trouve sa Constitution parfaite, il s'est refusé d'en altérer le mécanisme. Il s'est montré, par contre, très large sur les questions qui touchent à l'amour-propre. Il laisse aux vassaux futurs de son empire tout ce qui est apparent dans l'exercice de la souveraineté ; il les garantit contre la révolution, contre les attaques *de sa presse*, qui, de parti pris, se plaisait à les discréditer, à les avilir. Il leur laisse aussi sans conteste la jouissance des revenus de leurs domaines. C'est une espèce de vente à fonds perdus qu'ils ont faite de leurs droits régaliens. Ils pourront dire désormais : « Après nous le déluge[1] ! »

---

1. M. Busch. — « Le chancelier dit : En 1848, les princes allemands étaient impuissants, désespérés ; s'ils avaient pu sauver une grande fortune, des apanages, des domaines, ils eussent prêts à tout. »

Si M. de Bismark a tous les mérites, il a aussi tous les bonheurs. Il a rencontré, pour la réalisation de ses desseins, l'aveuglement à Vienne, le fatalisme à Paris, la rancune à Saint-Pétersbourg et, sur les trônes les plus importants d'Allemagne, des souverains sans postérité directe, sans ambition, sans virilité, avec des conseillers qui, sous les dehors du patriotisme allemand, lui ont tout livré.

LI

15 Octobre 1870.

Les démarches qui ont été tentées dans ces derniers temps, à titre privé, ou par voie diplomatique, en vue d'un armistice, ont contribué, on ne saurait le nier, à développer puissamment dans toute l'Europe le sentiment de la paix. Sous ce rapport, elles nous ont été véritablement utiles; mais, si ces tentatives n'ont été autorisées et même encouragées par M. de Bismarck qu'avec l'arrière-pensée de les faire échouer par des conditions, en apparence conciliantes, mais en réalité inacceptables, on peut se demander s'il n'y a pas pour nous plus d'inconvénients que d'avantages à continuer des pourparlers sans issue.

Il suffit de lire les journaux inspirés par le cabinet de Berlin, tant à l'étranger qu'en Allemagne, pour voir tout le profit qu'il en retire. Il s'en prévaut, en effet, pour exalter sa modération et pour rejeter sur nous tout l'odieux de la guerre. C'est ainsi que l'entrevue de Ferrières et l'intervention du général Burnside lui ont rendu les plus grands services ; elles lui ont permis de protester auprès des puissances neutres, et surtout aux yeux de l'opinion publique allemande, de ses sentiments conciliants, et de s'attaquer à notre obstination.

Ne conviendrait-il pas mieux, dès lors, de renoncer, une fois pour toutes, à des démarches si facilement compromettantes et de laisser aux grandes puissances le soin exclusif de s'entremettre auprès du roi Guillaume, non pas comme médiatrices, puisqu'il leur répugne de revendiquer ce titre, mais au nom de leur propre intérêt mis en péril par cette lutte d'extermination? Leur intervention resterait sans doute sans résultat, mais elle aurait du moins l'avantage de forcer M. de Bismarck à sortir des équivoques et d'avouer à l'Europe qu'il ne traitera de la paix que lorsque les armées allemandes seront entrées dans Paris.

LII

16 Octobre 1870.

Les lettres particulières arrivées en Suisse, sans révéler de découragement dans l'esprit public, disent cependant que les ardeurs belliqueuses, en Allemagne, se calment singulièrement, et que la paix serait saluée par les masses, comme un véritable bienfait. Les correspondances de l'armée montrent aussi que les soldats et les officiers ne sont plus animés du même enthousiasme, et que, si la discipline les empêche de manifester hautement leurs sentiments, ils ne se font pas faute, dans leurs épanchements intimes, de dire combien il leur tarde de rentrer dans leurs foyers. La politique prussienne ne tient naturellement aucun compte de ces aspirations pacifiques. Elle a recours, au contraire, à tous ses moyens d'action sur l'opinion pour exciter ses passions et lui faire accepter la continuation de la lutte comme une nécessité implacable imposée à l'Allemagne; elle s'en prend à la Révolution, qui s'obstinerait à méconnaître les intentions conciliantes dont M. de Bismarck aurait fait preuve, lors de l'entrevue de Ferrières.

Il ne suffit pas au gouvernement prussien d'exercer un véritable terrorisme sur les hommes et les journaux indépendants qui, en Allemagne, cherchent à réagir contre ses tendances; il voudrait aussi étouffer les sympathies que notre cause inspire à la presse étrangère. C'est dans ce but que la *Gazette de l'Allemagne du Nord*, dirige les attaques les plus violentes contre *l'Indépendance belge*. Si l'organe de M. de Bismarck ne va pas jusqu'à rendre le cabinet de Bruxelles responsable de la polémique de ce journal, il essaye cependant de l'impressionner[1]. Il espère,

1. Maurice Busch. — « On annonce de Bruxelles que le roi des Belges est bien intentionné à notre égard, mais qu'il n'a aucun moyen de réprimer la presse, qui, en Belgique, se montre si hostile à l'Allemagne. »

par des menaces d'annexion éventuelle à la France, lui faire comprendre la nécessité de réagir contre les sympathies si marquées qu'on nous témoigne dans toute la Belgique.

Il serait donc téméraire, bien que des bruits d'armistice aient couru dans ces derniers jours, de se laisser aller à des illusions pacifiques. On est autorisé plutôt à conclure, des procédés violents du cabinet de Berlin, qu'il est résolu à poursuivre la guerre jusqu'à ses dernières conséquences, dût-elle se prolonger des mois encore. Loin d'aspirer à une pacification générale de l'Europe, il cherche, au contraire, à perpétuer entre l'Allemagne et la France des ferments de discorde, qui lui permettront de maintenir son système militaire et de se refuser à la transformation nationale et constitutionnelle que réclame l'opinion. Ces conclusions s'imposent à tous ceux qui connaissent les tendances intimes de la Prusse et du parti militaire. C'est pour éviter le retour de ses embarras intérieurs et pour se soustraire, autant que possible, aux exigences constitutionnelles des partis, que M. de Bismarck, d'accord avec le roi et avec ses généraux, poursuit la guerre à outrance; c'est aussi dans cette pensée qu'il s'appliquera à imprimer aux conditions de la paix un caractère menaçant pour la tranquillité absolue et définitive de l'Europe.

LIII

17 Octobre 1870.

Le succès a rendu les Allemands exigeants, ils avaient pris l'habitude des bulletins victorieux; ils éprouvent des mécomptes, aujourd'hui que les opérations stratégiques ont changé de caractère, que les armées sont arrêtées devant les places fortes. Ils se plaignent de la lenteur des états-majors; notre résistance les étonne, ils s'en irritent. Déjà ils avaient escompté la paix; ils s'étaient représenté la France terrifiée après tant de désastres, à bout de courage, de ressources, réduite à implorer l'*aman:* ils s'étaient imaginé qu'après Sedan toutes les citadelles ouvriraient leurs portes comme en Prusse, après Iéna. Ces espérances ont été déçues. La fièvre patriotique s'est emparée de la France, elle ne se laisse pas abattre par la défaite; elle n'a plus de généraux, mais elle a trouvé un homme qui l'électrise [1], qui sait organiser de nouvelles armées ; les partis s'unissent dans la défense, et Paris, qu'on croyait dépourvu de vivres, miné par la révolution, est en état de résister longtemps encore. L'Allemagne se voit engagée dans une guerre acharnée, sans fin, exposée peut-être à des retours de fortune. Elle s'en prend à la présomption de ses généraux, elle reproche à sa diplomatie d'avoir laissé échapper le moment [2]. La presse officieuse réagit de tou-

1. Extrait de la proclamation de M. Gambetta à son arrivée à Tours. — 9 octobre 1870. — « Paris donne à la France, au monde, un spectacle unique, le spectacle de deux millions d'hommes qui oublient leurs préférences et déjouent les calculs de l'envahisseur... Cette situation vous impose de grands devoirs; le premier de tous, c'est de ne vous laisser détourner par aucune préoccupation qui ne soit la guerre, le combat à outrance. — Il n'est pas possible que le génie de la France soit voilé toujours, que la grande nation se laisse prendre sa place dans le monde par une invasion de cinq cent mille hommes... Levons-nous en masse et mourons plutôt que de subir la honte du démembrement. »

Maurice Busch. — « Les Français veulent la paix, a dit M. de Bismarck; mais à quoi cela sert-il, s'ils se livrent, eux et leurs idées raisonnables, à Gambetta, qui fait sortir de terre, en la frappant du pied, des armées sans cesse renaissantes ? »

2. Maurice Busch. — « J'ai fait pour le roi de nouveaux extraits de journaux allemands qui s'étonnent et se plaignent du retard du bombardement. La *Gazette de Cologne* et le *Tagblat* s'attaquent à M. de Bismark, ils disent qu'il s'est fait illusion sur la force de résistance de Paris. »

tes ses forces contre les nervosités et les défaillances de l'opinion. Il lui faut sa savante organisanisation, sa discipline sévère, pour maîtriser les impatiences, calmer les appréhensions. Mais il n'est pas aisé de tranquilliser un pays dont tous les ressorts ont été violemment arrêtés par les effets de la mobilisation. Les services publics sont suspendus, le commerce est paralysé, les familles sont en deuil, le plus grand nombre sans soutien. Les fonctionnaires, les négociants, les fils et les frères sont à l'armée, en pays étranger; on se demande avec anxiété s'ils reviendront jamais. Aussi, pour remonter le moral de l'Allemagne, lui laisse-t-on entrevoir la fin prochaine de la guerre, on lui promet, pour ses fêtes de Noël, d'incomparables étrennes : une paix glorieuse, une couronne impériale et le retour des absents; on lui donne comme certaine la convocation du Reichstag pour les premiers jours de novembre.. La réunion du Parlement est, en effet, l'indice d'un prochain dénouement ; elle implique l'entente avec les États du Midi et le retour de M. de Bismarck à Berlin, c'est-à-dire la paix et la proclamation de l'empire germanique ; car personne n'admet que le chancelier quitte le quartier général, tant que le roi ne sera pas proclamé empereur par les souverains allemands et que l'armée n'aura pas fait une entrée triomphale à Paris.

LIV

17 Octobre 1870.

La Nouvelle Gazette de Vienne voudrait faire croire à un refroidissement entre la cour de Pétersbourg et la cour de Berlin ; elle dit que l'empereur Alexandre serait intervenu auprès du roi Guillaume pour lui conseiller la modération, et qu'avant peu, la Russie prendrait auprès des puissances neutres l'initiative d'une médiation active et efficace. Ce serait une évolution bien étrange, bien inattendue dans la politique russe. Il se peut qu'il y ait des tiraillements entre M. de Bismarck et le prince de Gortschakoff. La complicité n'exclut pas la méfiance réciproque. Le chancelier russe a hâte sans doute d'escompter les bénéfices qu'il attend des événements, et le chancelier prussien ne se soucie pas de le désintéresser de la guerre, tant que les agrandissements qu'il poursuit lui-même ne lui seront pas définitivement acquis. « A bon chat bon rat, » dit le proverbe. Peut-être le prince Gortschakof se rappelle-t-il qu'à Nickolsbourg, aussitôt la paix conclue, M. de Bismarck ne s'est plus souvenu des promesses qu'il avait faites à la France avant la guerre.

LV

18 Octobre 1870.

Des lettres particulières arrivées en Suisse assurent que le désir de la paix s'accentue et se généralise de plus en plus en Allemagne ; mais elles disent aussi que l'expression en est comprimée non seulement par les rigueurs dont la presse est l'objet, mais aussi par la conviction, depuis l'entrevue de Ferrières, que la France, dominée par le parti de la guerre à outrance, se refuse à tout arrangement. M. de Bismarck a su si bien donner le change à l'opinion publique, au lendemain de ses entretiens avec M. Jules Favre, sur ses sentiments conciliants, que tout le monde en est arrivé à nous rendre responsables de la continuation de la lutte. En Suisse, même dans les cantons où notre cause éveille les sympathies les moins équivoques, on en est à regretter que le gouvernement de la Défense nationale ait refusé les conditions de l'armistice. Nous ne saurions nous étonner de ces méprises. M. de Bismarck s'est, de longue date, en vue de la guerre et de la réalisation de ses desseins, assuré le concours des organes les plus importants de la publicité en Europe; il peut à son aise dénaturer les faits et diriger, suivant ses convenances, le mouvement des esprits.

La presse officieuse se donne en ce moment beaucoup de mal pour calmer les inquiétudes qui se manifestent en Allemagne au sujet de la durée et des résultats du siège. Elle prétend que les pièces d'artillerie dont il sera fait usage ont une telle portée, que les projectiles atteindront indubitablement le centre de la ville et précipiteront par leurs effets destructeurs la capitulation. Les correspondances militaires expriment la même confiance. En Suisse, par contre, les hommes les plus compétents n'admettent pas que les bombes puissent dépasser de beaucoup les murs d'enceinte. Le secret qui a toujours présidé aux expériences de l'artillerie prussienne ne permet pas de préjuger les effets du bombardement ; peut-être, cette fois encore, nous réserve-t-on de désastreuses surprises.

LVI

11 Octobre 1870.

La prolongation de la guerre au delà de toutes les prévisions commence à préoccuper sérieusement l'opinion publique allemande. Aussi, la *Correspondance provinciale*, pour empêcher les inquiétudes de s'accentuer et de se généraliser, est-elle entrée dans de longues explications sur les difficultés imprévues qu'ont rencontrées les opérations militaires, et sur le but que poursuivent les gouvernements alliés. Ces explications étaient devenues indispensables ; car, malgré les bulletins rassurants de Versailles, on commençait à craindre sérieusement en face de l'inactivité apparente de l'armée assiégeante, que les états-majors n'eussent tenté une entreprise dépassant leurs calculs [1]. On s'était flatté qu'il suffirait d'un investissement de peu de semaines pour provoquer une insurrection dans Paris, et que la capitulation s'en suivrait fatalement ; or la prise de Paris, qui implique pour l'Allemagne la conclusion immédiate et certaine de la paix, sans être mise en doute, apparaît aujourd'hui, la *Correspondance provinciale* elle-même est forcée de le reconnaître, comme une œuvre de longue haleine ; c'est donc la prolongation, pendant bien des mois encore, de la stagnation complète des affaires, et de la misère qu'elle entraîne à sa suite.

1. Maurice Busch. — « Le retard que subit le bombardement, dit M. de Bismarck. nous fait du tort dans l'esprit des neutres. Il amoindrit considérablement l'impression qu'a laissée Sedan. Les Parisiens s'imaginent que les grandes puissances nous ont fait défense de tirer et les neutres croient que, si nous ne tirons pas, c'est par impuissance. Nous aurions bien pu laisser Paris de côté et passer outre. L'état-major disait à Ferrières qu'il suffirait de quelques heures pour battre en brèche deux ou trois forts. Il s'est trompé. Voici des mois que dure la guerre, et le danger d'une intervention des neutres croit de jour en jour ; elle ne se produit encore qu'amicalement, mais cela pourrait mal finir. Si j'avais prévu cela au début, j'aurais eu de grandes inquiétudes. »

Si la Prusse n'était pas maintenue sous le régime des confiscations, le sentiment public se manifesterait énergiquement contre le gouvernement ; on le soupçonne déjà de ne poursuivre cette lutte à outrance que pour mieux étouffer toutes les aspirations libérales. Ce n'est pas, on le sent, une paix sérieuse et durable qu'il souhaite, bien qu'il le proclame. Ce qu'il veut en réalité, c'est le maintien du système militaire et féodal, qui, bientôt, après l'entrée des États du Midi dans la Confédération du Nord, s'étendra sur l'Allemagne entière.

Ce sont là les arrière-pensées, on ne saurait trop le répéter, qui portent M. de Bismarck à formuler des conditions qu'il sait être inacceptables, et à les maintenir malgré les conseils des puissances neutres.

LVII

20 Octobre 1870.

M. de Bismarck procède en ce moment à une nouvelle évolution. Il redevient conciliant, en face du mouvement pacifique qui s'accentue en Europe et des protestations que la continuation de la guerre soulève dans la presse allemande, malgré le régime disciplinaire auquel elle est assujettie. On insinue que des dissentiments se seraient élevés au quartier général entre le président du conseil et M. de Moltke, que M. de Bismarck réprouverait le bombardement, qu'il tiendrait pour une faute l'annexion de Metz et de la Lorraine. Il se peut qu'il y ait quelques tiraillements entre les chefs de l'armée et le cabinet politique du roi. La diplomatie est, pour l'heure, reléguée au second plan, l'action du ministre des affaires étrangères est subordonnée aux opérations stratégiques. M. de Bismarck souffre sans doute de son effacement momentané, ses nerfs s'en ressentent [1]; mais, de là à une divergence d'opinion manifeste sur l'utilité du bombardement [2] et l'opportunité des annexions, il

---

1. Maurice Busch. — « La manière dont on se conduit envers moi n'est réellement pas aimable, a dit M. de Bismarck. Quelle ingratitude de la part des militaires! J'ai toujours plaidé leur cause au Reichstag; mais ils verront du changement. Tout militaire je suis parti pour la guerre, tout parlementaire je reviendrai à Berlin. »

2. M. Busch. — « Le chancelier dit : « On me reproche le re-
» tard du bombardement, c'est absurde, c'est tout le contraire,

y a loin. L'activité qui préside aux préparatifs de l'armée prouve en tout cas que l'état-major général ne tient compte d'aucune observation et que son influence dans les conseils du roi est prépondérante. Plus de cinq cent mille quintaux de munitions sont déjà accumulés devant Paris et, tandis que le corps d'armée du général de Löwenfeld, formé à Glockau, est en train de franchir le Rhin, de nouvelles divisions s'organisent sur les confins de la Russie et toutes les dispositions sont prises en vue d'une campagne d'hiver. Ce ne sont pas là des indices de nature à encourager les espérances pacifiques.

LVIII

22 Octobre 1870.

Les mesures violentes ordonnées par M. de Bismarck contre les chefs du parti progressiste

---

» personne plus que moi n'y pousse et n'y travaille ; ce sont les
» militaires qui ne veulent pas encore. J'emploie mon temps et ma
» correspondance pour lever leurs hésitations et leurs scrupules.
» Ils sont déroutés, et cependant aucune forteresse ne nous était
» connue comme Paris. »

et du parti socialiste, ainsi que les confiscations des journaux indépendants qui se sont permis de protester contre la politique de conquête, ont malheureusement atteint leur but. La presse libérale a cessé depuis lors de s'entremettre en faveur de la paix ; elle est réduite à un rôle passif ; elle se borne à enregistrer, sans y ajouter de commentaires, les nouvelles de l'armée. Le champ reste donc entièrement libre aux organes qui ont reçu du gouvernement la triste mission d'exciter les passions nationales et de prouver aux Allemands que leur bonheur et leur sécurité dépendent de la ruine complète de la France. Désormais, personne en Europe ne pourra plus objecter à M. de Bismarck que l'Allemagne est lasse de la guerre, et que les conditions qu'il veut nous imposer dépassent de beaucoup les exigences de l'opinion allemande.

La *Gazette de Cologne*, qui, de loin en loin, prenait en main la cause de la modération, se renferme, elle aussi, dans une extrême réserve, depuis que trois de ses propriétaires, également actionnaires de *l'Indépendance belge*, ont été personnellement pris à partie par le journal du chancelier et accusés de méconnaître sinon de trahir les intérêts de l'Allemagne. Triste retour des choses d'ici-bas ! Après avoir, pendant tant d'années, servi d'instrument à la politique prussienne, en s'attaquant à tous ceux qui, de près ou de loin, étaient soupçonnés de la contrecarrer, la *Gazette de Cologne* est signalée à son tour à la vindicte publique, parce qu'elle s'est permis de réprouver, dans quelques correspondances isolées, l'annexion de l'Alsace. Ce ne serait pas, du reste, la seule cause de sa disgrâce ; il y aurait un dessous de cartes : on reprocherait à ses directeurs, MM. Oppenheim, Simon et Maurice Dumont, de n'avoir pas réussi à ramener M. Bérardi. *L'Indépendance belge* gêne M. de Bismarck ; les sympathies qu'elle témoigne à la France l'agacent. Il lui est désagréable de voir un des organes les plus considérables de la publicité parler avec émotion de nos malheurs, de notre patriotisme, réclamer la paix, réprouver les annexions et s'attaquer aux excès des armées allemandes. Il lui importait d'imposer silence à un journal qui, répandu partout en Europe, plaidait la cause de l'opprimé contre l'oppresseur. Il n'est donc pas étonnant que les directeurs de la *Gazette de*

Cologne portent la peine de la résistance qu'ils ont rencontrée à Bruxelles ; mais, si les admonestations publiques, rehaussées peut-être par des réclamations officielles auprès du gouvernement belge, n'ont pas produit tout l'effet qu'on en attendait, elles n'en ont pas moins laissé des traces. Les protestations de *l'Indépendance* contre la politique de conquête sont devenues plus rares dans ces derniers temps ; elle ne s'appesantit plus autant que par le passé sur les exactions que se permettent les armées allemandes. Il est évident que, sous des pressions diverses, notre défenseur le plus chaleureux, le plus utile devant l'opinion publique européenne, en est réduit aujourd'hui, sinon au silence, du moins à une circonspection relative.

En face d'un pareil système d'intimidation, destiné à comprimer violemment en Allemagne, aussi bien que dans les pays neutres, toutes les aspirations généreuses et pacifiques, des appels à la concorde et à la fraternité, comme ceux de M. Renan et de M. Taine, ne sauraient trouver aucun écho au delà du Rhin.

LIX

23 Octobre 1870.

L'arrivée inopinée du général Boyer [1] au quartier-général de Versailles cause un vif émoi ; elle déroute toutes les prévisions, elle autorise toutes les conjectures. Les Bourses d'Allemagne l'interprètent comme un indice précurseur et certain de la paix. Peut-être l'escomptent-elles prématurément. La conversion des états-majors prussiens aux sentiments pacifiques est trop subite pour ne pas inspirer quelque défiance. La mission du général Boyer, tout aussi mystérieuse que la sortie du général Bourbaki de Metz, n'en est pas moins un événement considérable. La moralité qui s'en dégage avant tout, c'est que le maréchal Bazaine, nommé par le général Palikao, sur la demande du Corps législatif, généralissime de l'armée, est resté, aux yeux de

---

1. Maurice Busch. « Le général Boyer, dit M. de Bismarck, est un de ces hommes qui maigrissent subitement sous le coup d'une émotion. De plus, il a une qualité, il peut encore rougir. »

la Prusse, le chef suprême de la seule force régulière existant en France et qu'il a qualité pour négocier et au besoin pour traiter de la paix. C'est la doctrine du roi qui semble aujourd'hui l'emporter sur la politique du ministre.

LX

24 Octobre 1870.

Les Bourses d'Allemagne avaient interprété la présence du général Boyer au quartier général du roi et les projets d'intervention prêtés à l'Angleterre par une hausse marquée. Leur optimisme n'a pas été de longue durée. Le sentiment public est déjà revenu à une appréciation plus réfléchie. On constate avec satisfaction le mouvement d'opinion qui se manifeste en Angleterre; on est heureux de voir qu'il s'impose de plus en plus aux résolutions du ministère; mais on craint que les démarches du cabinet de Londres, s'il devait sortir de sa torpeur, ne soient pas suffisamment accentuées pour impressionner les états-majors prussiens et leur donner à réfléchir. De même aussi, sans refuser aux rapports mystérieux qui se sont noués entre Metz et Versailles une réelle importance, on ne peut s'empêcher de se rappeler que ce n'est pas pour la première fois que des généraux en chef, tels que Pichegru et Dumouriez, ont tenté de s'entendre secrètement avec l'ennemi. Mais ces tentatives, soit que leur mobile ait été l'ambition personnelle, soit qu'elles aient eu pour but la restauration d'une dynastie déchue, ont rarement abouti. D'ailleurs, il n'est pas dit que le maréchal Bazaine, quelque grande que soit son autorité, puisse faire accepter à l'armée, placée sous ses ordres, des combinaisons d'un caractère politique qui seraient en opposition ouverte avec le sentiment du pays et qui auraient pour conséquence des cessions de territoire. Personne ne le croit, et il n'est pas probable que M. de Bismarck, seul, admette que le maréchal Bazaine soit en état de faire ratifier par la France des arrangements, impliquant à la fois la restauration de l'Empire, la capitulation de Metz et le sacrifice de l'Alsace et de la Lorraine.

Il est donc difficile, la presse allemande le reconnaît, de maintenir à la mission du général Boyer la portée qu'on lui a attribuée sous la première impression. Mais le fait de la sortie d'un général d'une ville assiégée, sous les auspices de l'armée assiégeante, n'en est pas moins un événement étrange, d'autant plus extraordinaire que l'envoyé du maréchal Bazaine s'est dirigé, après ses conférences avec M. de Bismarck, sur l'Angleterre, au lieu de prendre la route de Tours. On comprend que les Bourses allemandes, impatientes de voir la fin de la guerre, l'aient tenu dans le premier moment pour le prélude infaillible de la paix.

Une double conclusion semble toutefois se dégager de ces négociations. Il en ressort que le maréchal Bazaine, malgré les protestations de son frère[1], ne s'est pas rallié au gouvernement de la Défense nationale et que le roi de Prusse, malgré les déclarations de son ministre, persiste à n'être pas indifférent à la forme de notre gouvernement.

1. Lettre du frère du maréchal Bazaine. — « Croyez-moi, celui que M. Jules Favre, dans son admirable et émouvant rapport sur ses entretiens avec M. de Bismarck, appelait : *notre glorieux Bazaine*, ne se croit pas et ne se dit pas maréchal d'Empire, il se dit maréchal de France, et, son frère vous le déclare, il ne l'oubliera pas. »

Le roi Guillaume serait, en effet, d'après des renseignements dignes de foi, préoccupé de notre situation intérieure et ses préoccupations seraient partagées par ses alliés et par les puissances neutres. Il craint que, si un gouvernement régulier, assez fort pour réprimer l'anarchie, assez populaire pour imposer la paix, ne parvient pas à se constituer en France, l'Europe n'ait à le regretter. Ce serait perpétuer à la fois la guerre et la révolution. Les pourparlers ouverts avec Metz auraient donc eu pour objet, dans l'esprit de Sa Majesté, moins un dénouement immédiat que des arrangements éventuels de nature à faciliter la restauration d'un gouvernement autoritaire. Le roi persisterait à considérer le maréchal Bazaine comme le chef de la seule force régulière en France, capable de rétablir l'ordre et de garantir l'exécution des stipulations de la paix.

Mais on ne se rendrait pas compte des nécessités à la fois politiques et militaires qui prédominent à la cour de Prusse si l'on voulait conclure, des préoccupations que lui cause notre état anarchique et des pourparlers engagés entre Metz et Versailles, qu'elle puisse ou veuille traiter sérieusement de la paix tant que Paris n'aura pas capitulé.

Paris, dans l'éventualité d'une guerre avec la France, a toujours été pour les armées allemandes l'objectif principal. C'est dans notre capitale qu'elles entendent consacrer la grandeur de leurs victoires, la profondeur de nos défaites, et tout le monde en Allemagne, il faut bien le dire, est, sur ce point, en parfaite communauté de sentiments, quelque vif que soit le désir de la paix. Le jour où la guerre a été déclarée, il était entendu pour tous les Allemands que la paix ne serait signée qu'à Paris ; c'est dans cet espoir que tous ont quitté leurs foyers et qu'en ce moment des soldats à peine convalescents, des blessés à peine guéris rejoignent avec enthousiasme leurs régiments.

Il n'est donc pas permis d'espérer que le roi Guillaume, dont l'amour-propre est puissamment en cause, se mette en opposition avec le sentiment de l'Allemagne et que, dans un élan de magnanimité, il cède aux conseils que lui donnent les puissances neutres. La levée du siège, après d'aussi immenses préparatifs, équivaudrait pour les Allemands à une véritable défaite ; elle pourrait coûter au roi la couronne impériale qu'ils lui ont décernée par avance, comme prix de ses victoires.

Les négociations secrètes et officielles auxquelles M. de Bismarck s'est prêté dans ces dernières semaines n'ont donc eu d'autre but que de paralyser la défense de Metz, d'arrêter les démarches des puissances neutres, de dégager la responsabilité de l'Allemagne de la continuation de la guerre et de la destruction de Paris.

LXI

25 Octobre 1870.

M. de Varenbühler a pu, non sans efforts, soustraire l'administration de ses postes et de ses télégraphes au pouvoir central. C'est un maigre résultat, dont l'opinion en Wurtemberg ne sera que très incomplètement satisfaite. On espérait mieux après tant de sacrifices supportés par le pays. Les Chambres ne cachent pas leur mécontentement ; elles pourraient bien ne pas ratifier les engagements contractés à Versailles; déjà on prévoit que le gouvernement sera forcé de procéder à de nouvelles élections. Les membres les plus influents de la gauche protestent contre les tendances antipatriotiques du ministère; ils trouvent que les traités élaborés au quartier général ne répondent pas aux aspirations unitaires et constitutionnelles de l'Allemagne; ils refusent par avance leur approbation à une politique qui ne tient compte que des victoires et des impressions de l'heure présente. Ils appréhendent qu'on ne veuille subordonner l'avenir de la nation à l'esprit militaire et féodal qui prévaut à Berlin; ils demandent, se disant les interprètes autorisés des sentiments ardents du pays, qu'une paix durable mette fin, sans retard, aux calamités de la guerre; ils déclarent enfin que, si la nouvelle organisation devait exclure à jamais l'Autriche de l'Allemagne, elle ne répondrait pas aux intérêts du Midi.

Ces protestations resteront sans effet sur la politique du gouvernement dont les résolutions sont prises, et, dans les circonstances actuelles, elles n'auront même pas un grand retentissement en Allemagne. Mais elles révèlent, et, à ce titre, elles méritent de ne pas passer inaperçues, les difficultés qui pèseront sur les gouvernements, une fois que l'enivrement des victoires sera passé. Plus les conditions que M. de Bismarck, dans une pensée exclusive, imposera aux États du Sud seront restrictives, au point de vue national et constitutionnel, plus la réaction deviendra violente et dangereuse lorsque l'Allemagne se retrouvera dans des conditions normales.

LXII

25 Octobre 1870.

Le *Staats Anzeiger* (officiel prussien) révèle la pensée stratégique qui a déterminé le mouvement du général Von der Tann sur Orléans et celui du général de Werder sur Dijon. Il s'agirait d'une action combinée, dont l'objectif serait Bourges, point de concentration de premier ordre et dont la prise serait un coup irréparable porté à la Défense nationale.

Tandis que les armées principales, dit ce journal, investissent Paris et Metz, dont la situation devient de jour en jour plus critique, deux corps expéditionnaires se portent sur le Midi avec la mission d'empêcher la formation et l'offensive des divisions ennemies, ainsi que de s'emparer des positions et des routes stratégiques les plus importantes. Orléans, qui est le point de jonction des lignes de Bordeaux, de Tours et de Bourges, est occupé par le premier corps bavarois, la 22e division d'infanterie et plusieurs divisions de cavalerie. Inutile d'insister sur l'importance qu'aurait la prise de ces deux dernières villes : l'une est le siège de la délégation, la seconde est un arsenal de construction renfermant des fonderies et de grands approvisionnements. Quant au général de Werder, il a eu soin, avant de se porter vers le sud, de faire balayer les Vosges par le corps du général de Deggenfeld, qui a détruit une partie de l'armée de Lyon à Étival et à Épinal. Il occupe aujourd'hui Vesoul, et bientôt il sera à Dijon.

LXIII

26 Octobre 1870.

Les ministres des affaires étrangères de Bavière, de Wurtemberg, de Bade et de Hesse-Darmstadt se trouvent aujourd'hui réunis au palais de Versailles, moins pour leur propre gloire que pour celle du roi de Prusse. Les souverains qu'ils représentent jouissent encore, pour le moment, du prestige de la royauté indépendante; mais l'heure de leur déchéance approche : dans peu de jours, ils seront rivés aux Hohenzollern, ils seront devenus les feudataires de l'empire ressuscité. Leurs ancêtres ont lutté pendant des siècles avec les armes et par la diplomatie pour secouer le joug impérial; ils le reprennent aujourd'hui après l'avoir forgé de leurs propres mains. Il leur en coûte cependant, on s'en aperçoit. La Prusse est forcée de recourir aux grands moyens ; elle appelle M. de Bennigsen à Versailles. C'est donner aux nationaux, dont il est le chef, l'importance d'un pouvoir dans l'État. Peu importe, leur assistance est indispensable pour impressionner les souverains qu'ils ont discrédités, avilis, et pour leur imposer les conditions formulées par M. de Bismarck.

Ces conditions ne sont pas les mêmes pour tous. Il y a des degrés dans l'assujettissement. Le grand-duc de Bade et le grand-duc de Darmstadt entreront dans la Confédération avec armes et bagages, sans réserve, comme de simples préfets. On laissera au Wurtemberg ses postes et ses télégraphes ; le roi Charles pourra correspondre à son aise avec Pétersbourg sans être soumis au contrôle prussien. La Bavière n'est pas d'aussi facile composition ; les télégraphes et les postes ne lui suffisent pas, elle veut aussi sauver son autonomie financière, sa représentation diplomatique, l'indépendance de son armée ; elle réclame, en un mot, une situation privilégiée au sein du futur empire, dans le genre de celle qu'on lui a laissé entrevoir jadis, et dont M. de Bismarck affecte de ne plus se souvenir aujourd'hui.

M. de Bray [1], que le roi Louis a tardivement appelé dans ses conseils, se défend pied à pied. Il sait que sans lui on ne peut rien, qu'il est le dispensateur de la couronne impériale qu'il tarde au roi Guillaume de placer sur sa tête. Il est vrai qu'il a à ses côtés le ministre de la guerre, le général de Pranck, plus soucieux des convenances du cabinet de Berlin que du sort de la Bavière. Aussi cherche-t-on à les opposer l'un à l'autre, à éveiller les jalousies du ministre des affaires étrangères, en insinuant que le ministre de la guerre est en réalité l'âme du cabinet, le véritable président du conseil. Cela n'empêche pas M. de Bray d'être officiellement l'objet des soins les plus déférents et des protestations les plus cordiales. Caresser et menacer à la fois est

---

1. Le comte de Bray a aujourd'hui près de quatre-vingts ans; il a repris, après la guerre de 1870, ses fonctions de ministre de Bavière auprès de la cour de Vienne. Voici le portrait qu'en trace dans ses tablettes M. Busch : « Bray est grand, maigre; il porte de longs cheveux plats, collés sur ses tempes qui, de là, vont derrière ses oreilles; sa barbe tout entière est rasée, à l'exception de courts et maigres favoris, il a des lèvres minces, des mains très maigres et des doigts d'une longueur prodigieuse. Il parle peu, répand autour de lui une atmosphère glaciale et ne se sent pas très à l'aise à Versailles. Partout ailleurs, il pourrait se faire passer pour un Anglais. Il est aussi peu national que possible. »

un vieux jeu ; le cabinet de Berlin en use volontiers ; il lui réussit toujours.

LXIV

27 Octobre 1870.

Tandis que la presse officieuse prussienne s'efforce de faire croire qu'une entente définitive sur la question allemande s'est établie entre les gouvernements alliés, des correspondances bavaroises, dignes de confiance, persistent à dire que le cabinet de Munich n'est nullement disposé à subordonner sa liberté d'action pleine et entière à celle d'un pouvoir central, dans lequel il n'exercerait qu'une influence secondaire[1]. Si cette résistance devait se prolonger, il serait impossible de convoquer le Parlement du Nord, ainsi qu'on l'annonçait, pour les premiers jours de novembre.

1. Maurice Busch. — « M. de Bismarck est toujours souffrant ; on l'attribue au désappointement que lui causent ses négociations avec les États du Midi, qui semblent encore une fois vouloir nous planter là. »

Son mandat est, du reste, expiré et sa convocation serait un fait anormal ; il ne pourrait pas légalement procéder aux modifications que la Prusse voudrait introduire dans sa constitution pour s'assurer, au sein du conseil fédéral, un nombre de voix plus considérable, avant d'admettre les États du Midi dans la Confédération du Nord.

Le Wurtemberg, toujours équivoque, vient de formuler des déclarations inattendues. On le croyait d'accord avec le gouvernement bavarois, appliqué à défendre ses prérogatives, et voici qu'il se jette résolument dans le courant unitaire. Il réclame un Parlement allemand, et avec l'adjonction de l'Autriche, la grande Allemagne, c'est plus que ne souhaite le cabinet de Berlin; il se méfie de tant d'ardeur. Ce n'est pas sans arrière-pensée, en effet, que le Wurtemberg voudrait donner, dès à présent, à l'idée nationale tout son développement ; il y voit le moyen le plus efficace de se soustraire aux exigences étroites et tyranniques de la Prusse. Mieux vaudrait assurément, pour les États secondaires, au point où ils en sont arrivés, une situation nette, obligeant la Prusse à se fusionner dans l'Allemagne, qu'une position mal définie, les condamnant au rôle ingrat de Prussiens du second degré. L'idée est sage, mais elle ne se concilie pas avec les convenances de M. de Bismarck. M. de Varenbühler mettra une sourdine à ses velléités unitaires, il fera une nouvelle évolution.

LXV

28 Octobre 1870.

La Bavière et le Wurtemberg ne cèdent pas aux mêmes passions que la Prusse; leurs soldats, plus peut-être que les soldats prussiens, rançonnent, incendient sans miséricorde, ils l'ont montré à Bazeilles; mais leurs gouvernements, entraînés à la guerre malgré eux, songent au lendemain et ils ne voient pas sans inquiétude la France s'épuiser dans une lutte désespérée; ils sentent que notre anéantissement total ne peut qu'aggraver les conditions nouvelles de leur existence. Ils ne sauraient empêcher les événements de suivre leur cours fatal; mais ils voudraient du moins en atténuer les conséquences. C'est la pensée dont M. de Bray, d'accord avec M. de Vahrenbühler, s'inspirerait au quartier général. Il userait de l'influence, de l'autorité que lui donne le rôle important que jouent les armées bavaroises, pour conseiller la modération et amener le roi Guillaume à restreindre ses conditions aux garanties indispensables à la sécurité de l'Allemagne. Il voudrait qu'on se départit, autant que possible, d'exigences qui ne serviraient qu'à perpétuer les haines entre les deux pays et à mettre la France, quel que soit son gouvernement, dans l'implacable nécessité de poursuivre la politique de revanche. Il voudrait surtout, pour soustraire l'Allemagne à la propagande des idées républicaines, qu'on facilitât à la France le retour à la monarchie. La Prusse ne l'entend pas ainsi ; elle poursuit moins une paix définitive qu'une trêve précaire. Elle a besoin de la crainte d'une revanche et du spectre de la Révolution pour maintenir son système militaire, pour refuser à l'Allemagne ses libertés parlementaires.

LXVI

29 Octobre 1870.

La presse prussienne est fort contrariée du rôle de modérateur que l'on prête au chef du cabinet de Munich, au détriment du cabinet de Berlin. Elle prétend que la Bavière, loin de prêcher la modération, chercherait, au contraire, à profiter de nos désastres pour se dédommager des événements de 1866, qu'elle spéculerait sur des remaniements territoriaux et qu'elle espère prélever à titre de préciput, dans la contribution de guerre, indépendamment de sa part dans le partage général, les 26 millions de florins qui lui ont été imposés par la Prusse après Sadowa. Il est malaisé de savoir ce qu'il y a de fondé dans ces allégations. Mais, si le roi Louis, qui ne s'est jamais consolé de l'atteinte portée sous son règne à l'intégrité bavaroise, devait prêter l'oreille à ces suggestions, le comte de Bray aurait de la peine à faire prévaloir sa politique. Il lui serait difficile, quelque élevées que soient les considérations dont il s'inspire, de ne pas s'associer aux spoliations poursuivies par la Prusse et de ne pas sanctionner les exigences les plus immodérées.

LXVII

30 Octobre 1870.

Sous la première impression, on a vu dans la reddition de Metz le dénouement de la guerre, on a cru à la paix immédiate, infaillible. Ces espérances n'ont pas duré. Tandis que l'Allemagne pavoisait et s'illuminait, par un contraste singulier, les Bourses de Francfort, de Hambourg et de Berlin baissaient. Elles pressentaient la grave résolution arrêtée au quartier général. « Metz ne sera ni démantelé ni rendu, il restera entre les mains de l'Allemagne un boulevard de sa défense ; » c'est ce que le gouvernement prussien notifie impérieusement à la France et à l'Europe par une déclaration insérée au *Staats-Anzeiger*.

La guerre va donc continuer, meurtrière, implacable ; la France, désespérée, voudra lutter jusqu'au bout, tout le monde le prévoit et personne ne blâmera le gouvernement de la Défense nationale de ressentir ses douleurs et de satisfaire ses passions patriotiques. Il faudra cependant que les hommes qui détiennent le pouvoir recouvrent le sang-froid, qu'ils envisagent sans illusion les conséquences militaires de la capitulation, qu'ils comptent leurs ressources et qu'ils sachent si la résistance de Paris sera assez longue pour leur permettre d'organiser des armées assez nombreuses et suffisamment aguerries pour tenir tête, avec quelques chances de succès, à l'Allemagne entière, exaltée par des victoires sans nombre. Ils ne sauraient se dissimuler que notre plan de défense, basé sur l'espoir d'une résistance indéfinie de Metz, se trouve aujourd'hui profondément modifié, et que la reddition de cette place a, du jour au lendemain, doublé la force aggressive de la Prusse. Ses états-majors vont pouvoir disposer de deux cent mille hommes immobilisés en Lorraine ; ils pourront, suivant leurs convenances stratégiques, les porter vers le centre de la France, s'en servir pour appuyer les armées du Nord ou de l'Est, ou, ce qui est plus vraisemblable, pour renforcer le blocus de Paris. Notre situation défensive s'est donc à tous égards sensiblement aggravée. Le gouvernement de la Défense nationale aura à décider si elle n'est pas désespérée.

L'activité de l'homme qui dirige la défense est prodigieuse; sa foi dans le succès est inébranlable, communicative; elle électrise la France, elle impressionne l'Europe, elle est le dernier espoir de l'Alsace. Si le patriotisme pouvait produire des miracles, la France ne serait certes pas démembrée.

LXVIII

30 Octobre 1870.

M. de Bismarck ne veut pas admettre qu'il ait eu l'intention de restaurer le gouvernement impérial. Il y a songé cependant, tant qu'il espérait que l'empire se prêterait à la cession de l'Alsace et de la Lorraine. Il s'en défend depuis que l'impératrice a déclaré, s'il faut en croire la *Gazette de Cologne*, qu'elle ne se souciait pas de tirer les marrons du feu pour le compte d'autrui. Il prétend aujourd'hui qu'il n'a été mêlé en rien à la sortie mystérieuse de Metz, du général Boyer ; il proteste contre toute idée d'ingérence dans nos affaires intérieures ; il affirme qu'il laissera la France maîtresse de choisir son gouvernement. — M. de Bismarck est toujours sincère, mais sa sincérité n'est jamais que relative. Il se gardera bien d'intervenir publiquement et de nous imposer un gouvernement. Mais, quoi qu'il en dise, il n'assistera pas en spectateur désintéressé à notre transformation intérieure. Il est de ceux qui ne voient pas sans envie la prospérité du voisin ; il n'a pas la main secourable. Il saura marquer ses préférences sans se compromettre, sans se mettre en contradiction avec ses déclarations officielles ; il ne facilitera pas la tâche à ceux qui pourraient nous préserver de l'anarchie et nous assurer des alliances. Un gouvernement faible, contesté, vivant au jour le jour, aura pour sa politique un double avantage ; il servira d'enseignement à l'Allemagne, où les idées républicaines mêlées au socialisme ont pris une certaine extension, et il nous maintiendra en Europe dans un complet isolement.

LXIX

31 Octobre 1870.

Les passions ne désarment pas au quartier général. La capitulation de Metz n'a fait que les attiser. M. de Bismarck a de la peine à se mettre à leur diapason. Il les partage sans doute ; mais il peut craindre qu'en les manifestant trop haut, elles n'impressionnent l'Europe et ne contrarient le jeu de sa politique. De là ces bruits de désaccord entre le cabinet militaire et le cabinet politique du roi, affirmés, démentis tour à tour, qui tiennent l'opinion en suspens entre l'espérance et le découragement. Des dissentiments ont surgi entre le chancelier et M. de Moltke, cela n'est pas douteux [1], la *Gazette de l'Allema-*

---

1. Maurice Busch. « M. de Bismarck est toujours souffrant ; on l'attribue à l'attitude des généraux qui, en différentes circonstances, ont négligé de demander son avis sur des questions qui n'étaient pas de leur compétence. Il se plaint de ce que l'état-major ne le tienne pas au courant. Ce n'est qu'après de longues supplications qu'il a obtenu qu'on lui communiquerait ce qu'on télégraphie aux journaux allemands. « En 1866, dit-il, il en
» était autrement ; alors on m'appelait à tous les conseils. Ma
» charge l'exige : il faut que je sois instruit de toutes les opéra-
» tions pour préparer et conclure la paix à l'heure psychologique. »

gne du Nord le constate ; mais elle s'empresse d'ajouter que « la plume et l'épée sont aujourd'hui en parfait accord ; elles convergent, dit-elle, au même but, elles s'inspirent de la même pensée ». Cette pensée, la *Gazette de la Croix*, l'organe militaire, nous la révèle avec une morgue hautaine. « La moralité de la capitulation de Metz, dit-elle, ne saurait échapper aux Français, pour peu qu'ils n'aient pas perdu toute raison, et qu'ils laissent au pays le soin de se manifester librement et collectivement. Il est impossible, en effet, ajoute-t-elle, qu'ils ne reconnaissent pas l'inanité de leur résistance et qu'ils n'acceptent pas leur défaite comme un fait accompli avec la résignation qu'ils ont si souvent prêchée à d'autres peuples, comme le premier devoir d'une nation civilisée. Les hommes qui se sont emparés du pouvoir, à Tours et à Paris, ont assumé sur eux la plus terrible des responsabilités ; ils devraient comprendre, enfin, qu'opposer des masses indisciplinées et inexpérimentées à des armées régulières n'est rien de moins qu'un crime. — Peu nous importe après tout, dit-elle, en terminant, si la France veut à tout prix persister dans son aveuglement et refuser obstinément à reconnaître la portée de la capitulation de Metz ; elle en subira les conséquences dans toute leur rigueur. » — Tels sont les sentiments que notre résistance inspire au parti militaire. Inaccessible à toute notion de générosité, il ne sera satisfait que lorsque, par notre ruine complète, il nous aura, suivant le programme de M. de Bismarck, « rendus à jamais impuissants ».

LXX

31 Octobre 1870.

La reddition de Metz n'a pas seulement des conséquences militaires, elle renverse du même coup les combinaisons politiques qui se poursuivaient ténébreusement pendant ces dernières semaines. Le maréchal Bazaine croyait en être le pivot, il n'en était que l'instrument. Instruit par le prince Frédéric-Charles, avec une déférence calculée, des événements du 4 septembre, il se refusa à reconnaître un gouvernement issu de la révolution et à s'associer à la défense commune. C'était ce que voulait la Prusse. Elle connaissait son caractère, son tempérament, par les rapports de ses agents au Mexique; sa diplomatie n'avait pas à dépenser de grands efforts pour le convaincre que des négociations étaient engagées en vue de la restauration de l'Empire et qu'il serait appelé, à l'heure de la paix, à jouer dans les destinées de la France un rôle décisif. Il n'était que la dupe d'une comédie savamment imaginée. On l'endormait, on paralysait l'armée confiée à son commandement. La Prusse avait intérêt à conjurer une sortie désespérée, à ménager la vie de ses soldats. On tenait la place par la famine, il était inutile de la payer au prix du sang. Il suffisait de gagner du temps, d'entretenir pendant quelques semaines les illusions du commandant en chef. Le maréchal a pu sortir ses fourgons de Metz en échange de ses compromissions ; mais il y a laissé son honneur [1]. Il est aujourd'hui prisonnier, dépossédé de son commandement, ré-

---

1. On a dit depuis que Bazaine avait emporté dans ses fourgons la majeure partie des fonds que l'empereur avait affectés au service secret de la place. La libre sortie de ses fourgons aurait été le prix de ses compromissions.

prouvé en France, méprisé en Allemagne [1]. M. de Bismarck l'abandonne à la vindicte publique; ses journaux le jettent par-dessus bord ; ils affirment maintenant que la Prusse n'a chargé personne de s'entremettre, qu'elle n'a jamais songé à intervenir dans nos affaires intérieures, à négocier avec la régente, à restaurer l'Empire ; que peu lui importe la forme de notre gouvernement ; que, sa politique étant sans préjugés, elle traitera indifféremment avec la République ou avec la monarchie, pourvu que ses conditions soient acceptées et fidèlement exécutées.

L'impératrice s'est sentie touchée au vif par cette évolution si subite, si osée ; elle affirme dans le *Daily News* que des propositions lui ont été faites au nom de M. de Bismarck, par des intermédiaires autorisés ; elle déclare, par contre, qu'elle est restée étrangère à la mission du général Boyer et aux agissements de M. Régnier [2].

1. Les mots d'ordre étaient arrêtés à la fin du mois par le chef d'état-major général pour tous les jours du mois suivant. Le baron d'Andlau raconte que le maréchal Bazaine, qui voulait de grand matin sortir incognito de Metz, demanda, le 28 au soir, le mot d'ordre du 29, et que le mot de passe, par un étrange hasard, était : « *Dumouriez.* »

2. Régnier, qui n'était qu'un aventurier, avait obtenu de M. Filon que le prince impérial, à l'insu de sa mère, traçât de sa main quel-

Il lui en coûte d'admettre qu'elle ait été la dupe d'une mystification et surtout la complice d'un acte de félonie [1].

Les pourparlers poursuivis entre Versailles, Hastings et Metz n'en resteront pas moins un des épisodes les plus émouvants de cette guerre. Ne sont-ils qu'un incident provoqué par le hasard, par l'agencement des événements, où sont-ils le résultat d'une comédie savante, machiavélique, imaginée par le ministre prussien? On le saura difficilement. M. de Bismarck a tout intérêt aujourd'hui à laisser planer le doute sur la pensée qui a présidé à ces obscures négociations: Metz est entre ses mains et il sait que l'Empire ne se prêtera à aucune cession territoriale.

LXXI

31 Octobre 1870.

Toutes les correspondances de Pétersbourg s'accordent à reconnaître que M. Thiers a été de la part de l'empereur Alexandre, du prince

ques lignes de souvenir à son père au bas d'une vue d'Hastings que l'agent de M. de Bismarck devait porter à Wilhelmshœhe. L'impératrice, dès qu'elle fut informée du fait, écrivit à l'empereur de se méfier de Régnier.

1. Voir à l'Appendice, l'attitude de l'impératrice pendant la guerre. N° 10.

Gortschakof et de la famille impériale, l'objet de l'accueil le plus courtois, le plus empressé [1]; mais elles disent aussi qu'il se serait heurté contre des positions prises, et qu'on lui aurait fait comprendre, dès ses premiers entretiens, qu'il arrivait trop tard, que déjà la Prusse avait pris les devants. Ce résultat n'a rien de surprenant. Il prouve que la vigilance de la diplomatie française en Allemagne n'était pas en défaut, lorsqu'elle se préoccupait, dans ses rapports, des relations d'intimité qui, après un refroidissement apparent, s'étaient renoués entre la cour de Russie et la cour de Berlin, peu de mois avant la guerre. Le gouvernement impérial était averti, il ne dépendait que de lui de se prémunir. Il lui

---

[1]. Le jour même où M. Thiers quittait Pétersbourg, l'empereur Alexandre, comme pour corriger l'effet de l'accueil qu'on lui avait fait, envoyait au prince Adalbert, le frère du roi de Prusse, la croix de Saint-Georges. Il le félicitait de ses qualités militaires, qui répandaient, disait-il, un nouvel éclat sur les annales glorieuses de la vaillante armée prussienne. Aussi M. de Bismarck parlait-il avec une grande désinvolture de M. Thiers et de ses missions. « C'est un homme qu'on reçoit toujours, disait-il; mais vraiment il joue en ce moment en Europe un rôle bien piteux. Il a été reçu à Pétersbourg avec les égards qui lui étaient dus; mais l'empereur lui a dit : « Si l'Autriche prend parti pour la France, je lui déclare immédiatement la guerre. » A Vienne, on lui a fait froide mine. Que fait-il à Florence? on n'en sait rien; j'ai bien d'autres soucis que de chercher à m'en enquérir. »

eût été aisé, avec un peu de prévoyance, de conjurer l'entente qui a paralysé notre action à Copenhague, à Vienne, à Munich, et qui, dès le début de la guerre, a permis à la Prusse de dégarnir toutes ses frontières orientales.

L'alliance russe était au plus offrant depuis de longues années ; le prince Gortschakoff nous l'avait proposée sans se lasser ; il poursuivait la revision des stipulations de 1856 ; il appelait le traité de Paris sa robe de Nessus, son idée fixe était de la déchirer ; il était venu dans ce but à Stuttgard en 1857 ; il nous avait donné son appui moral pendant la guerre d'Italie ; il nous avait sauvés d'une coalition en 1860, après l'annexion de Nice et de la Savoie, et nous l'avions payé de retour par l'insurrection de la Pologne. Ce n'est qu'après de nombreux déboires qu'il est revenu vers la Prusse. Il aurait fallu prendre les devants et rendre impossible à M. de Bismarck l'alliance qu'il a rapportée d'Ems, « sans laquelle il ne pouvait rien », et qui lui permet aujourd'hui de réaliser ses desseins en toute sécurité.

La mission du général Fleury a été une des dernières erreurs diplomatiques du gouvernement impérial. Elle a précipité les événements, en révélant au cabinet de Berlin les arrière-pensées de l'empereur. M. de Bismarck, en face du danger d'une entente éventuelle entre la France et la Russie, n'a plus hésité ; la guerre avec toutes ses nécessités s'est imposée à ses résolutions. Les missions extraordinaires ont les plus graves inconvénients ; elles ne se justifient que lorsqu'elles ont un but précis, immédiat, et que leur succès est en quelque sorte assuré d'avance. Le général Fleury était un homme considérable, il était le confident de l'empereur ; son envoi en Russie devait mettre en éveil la diplomatie européenne, exciter les jalousies et les appréhensions de la Prusse. M. de Bismarck pouvait craindre que l'alliance de la France et de la Russie, qui avait passé par tant de péripéties, ne fût à la veille de se conclure. Sa situation à ce moment était des plus critiques. Les élections pour le Parlement du Nord et la seconde Chambre, fixées au mois de septembre, allaient se faire sur la question du dégrèvement des charges militaires ; le particularisme se manifestait bruyamment au Midi ; le prince de Hohenlohe était tombé du pouvoir en Bavière, sous le reproche d'avoir trop concédé à la Prusse, les chambres à Munich et à Stuttgard cherchaient à rendre illusoires les traités d'alliance en refusant les crédits nécessaires pour la réorganisation des armées sur le modèle prussien, des pourparlers mystérieux se poursuivaient entre Paris [1], Vienne et

1. L'empereur Napoléon, après les modifications que le plébiscite avait introduits dans la constitution de 1852, n'était plus en situation de traiter et d'agir sans l'assentiment de ses ministres, qui arrivaient au pouvoir avec le programme du désarmement. Les négociations qu'il poursuivait secrètement avec l'empereur François-Joseph et le roi Victor-Emmanuel s'en ressentirent. Il dut même renoncer, sur les observations du comte Daru, à communiquer directement avec le général Fleury. Cependant l'archiduc Albert vint à Paris au mois de février 1870, pour s'enquérir de notre situation militaire et le général Lebrun fut envoyé, dit-on, à Vienne, dans le courant du mois de mai, pour concerter avec l'état-major autrichien un plan de campagne combiné. Il ne s'agissait pas d'une guerre d'aggression, mais l'Autriche et la France tenaient à être en mesure de faire respecter le traité de Prague, le jour où il plairait à la Prusse d'étendre violemment sa domination au delà du Mein. L'armée française devait prendre l'offensive, pénétrer dans le midi de l'Allemagne et opérer sa jonction avec l'armée autrichienne. C'est ce qui explique, jusqu'à un certain point, le peu de cas que le duc de Gramont et le maréchal Lebœuf faisaient de la neutralité des royaumes du Sud. Ils étaient convaincus que la Bavière et le Wurtemberg seraient paralysés par la crainte de nos alliances avec l'Autriche et l'Italie.

M. de Bismarck s'était assuré des intelligences à la cour des Tuileries et à la cour de Vienne; il connaissait, sinon par le menu, du moins dans leur ensemble, les pourparlers qui se poursuivaient entre les deux souverains. On dit qu'il s'en servit uti-

Florence, et pour peu que le général Fleury eût été écouté à Pétersbourg, la Prusse restait isolée en Europe, divisée à l'intérieur, l'œuvre de 1866 était sérieusement menacée. Mais, heureusement pour le cabinet de Berlin, l'envoyé de l'empereur Napoléon n'avait pas d'instructions précises, il devait sonder le terrain, préparer les voies, renouer des relations compromises ; il n'avait pas mission d'offrir à la Russie, en échange de son concours, la seule concession qui pût l'impressionner : la revision du traité de Paris. La présence du général Fleury à Pétersbourg, malgré le charme de sa personne et les qualités de son esprit, ne servit en réalité qu'à entretenir nos illusions sur les dispositions du tzar, elle attisa les défiances de la Prusse, elle permit au chancelier russe de les faire tourner au profit de sa politique. Son alliance était aux enchères : il la concéda au plus offrant. On avait oublié aux Tuileries la mission du général de Manteuffel en 1866, et l'attitude plus qu'équivoque du prince Gortschakof au début de l'affaire du Luxembourg.

lement dans les entretiens qu'il eut à Ems avec l'empereur Alexandre, au mois de mai 1870, ainsi que des rapports que ses agents secrets lui adressaient sur les agissememnts de l'Autriche en Pologne. Voir à l'appendice n° 7.

III

NOVEMBRE 1870

LXXII

1ᵉʳ Novembre 1870.

L'Allemagne ne supporte pas avec sérénité sa haute fortune : ses victoires lui font tourner la tête, elles la grisent et son enivrement n'est rien moins que sentimental. La gloire, loin d'élever ses pensées, éveille, surexcite ses instincts les plus vulgaires : l'envie et l'outrecuidance. Elle est comme les parvenus de la Bourse, qui, non contents d'avoir médité et consommé la ruine du prochain par des manœuvres dolosives, voudraient encore imposer à leurs victimes le respect et l'admiration.

Que nos philosophes et nos historiens y regardent à deux fois avant de faire appel à sa fraternité intellectuelle. Leurs manifestes restent sans écho. Personne ne rend hommage aux sentiments dont s'inspirent les lettres de M. Renan, de M. Taine, de Victor Hugo et de M. Laboulaye, on n'y voit que des actes de contrition tardive et forcée, vis-à-vis de l'Allemagne, méconnue par l'ignorance française. Il faudrait presque regretter ces pages éloquentes si elles ne devaient s'adresser qu'à l'Allemagne; elle ne s'y arrête que pour les dénaturer et les persifler.

M. Renan [1], dans ses aspirations vers l'idéal, s'est mépris sur la portée de la lettre ouverte que le docteur Strauss lui a adressée d'une façon si insolite par la voie des journaux. Il ne s'est pas douté du piège qu'on lui tendait ; il ne s'est pas aperçu qu'on ne l'a pris à partie que pour avoir

---

1. Extrait de la réponse de M. Renan, en date du 13 septembre. — « Vos hautes et philosophiques paroles nous sont arrivées à travers le déchaînement de l'enfer, comme un message de paix ; elles nous ont été une grande consolation, à moi surtout qui dois à l'Allemagne ce à quoi je tiens le plus, ma philosophie, je dirais presque, ma religion... Si le succès justifie tout, le gouvernement prussien est complètement absous ; mais nous sommes philosophes et nous avons la naïveté de croire que celui qui a réussi peut avoir eu des torts. Ah ! cher maître, que Jésus a bien fait de fonder le royaume de Dieu, un monde supérieur à la haine, à la jalousie, à l'orgueil, où le plus estimé n'est pas, comme dans les tristes heures que nous traversons, celui qui fait le plus de mal ; celui qui frappe, tue, insulte, celui qui est le plus menteur, le plus déloyal, le plus mal élevé, le plus défiant, le plus perfide, le plus fécond en mauvais procédés, en idées diaboliques, le plus fermé à la justice, au pardon, celui qui n'a nulle politesse, qui surprend son adversaire, lui joue les plus mauvais tours; mais bien celui qui est le plus doux, le plus modeste, le plus éloigné de toute assurance, jactance et dureté ; celui qui cède le pas à tout le monde, celui qui se regarde comme le dernier. La guerre est un tissu de péchés, un état contre nature, où c'est un devoir de se réjouir du malheur d'au-

un prétexte de mieux rabaisser la science et la philosophie françaises. M. Renan, en répondant, a cédé aux élans de son cœur; il ne s'est souvenu que de l'Allemagne de ses jeunes années, paisible, modeste, humaine; il ne l'a pas vue, transformée par la guerre, âpre, vindicative, méprisante. Il n'a pas suivi le docteur Strauss dans ses évolutions. Il paraît avoir ignoré que Darmstadt a été pour l'auteur de la *Vie de Jésus* la

trui, où celui qui rendrait le bien pour le mal serait absurde et même blâmable. Ce qui fait entrer dans la Walhalla est ce qui exclut du royaume de Dieu... Avez-vous remarqué que, ni dans le Sermon sur la montagne, ni dans les huit béatitudes, ni dans l'Évangile, ni dans toute la littérature chrétienne, il n'y a pas un mot qui mette les vertus militaires parmi celles qui gagnent le royaume du ciel ? Le royaume de Dieu ne connaît ni vainqueurs ni vaincus ; il consiste dans la joie du cœur, de l'imagination, que le vaincu goûte plus que le vainqueur, s'il est plus élevé moralement et s'il a plus d'esprit. »

Extrait de la réplique du docteur Strauss à la réponse de M. Renan. — «... C'est assez singulier, très honoré monsieur, — et cela indique une interversion remarquable des choses,—que ce soit un Français qui prêche la paix à nous autres Allemands, un membre de ce peuple qui depuis des siècles, porte en main le brandon de la guerre européenne, au voisin qui a toujours été occupé à éteindre les incendies que l'autre avait allumés dans ses villes et dans ses moissons. Que d'événements ont dû se passer, que de choses ont dû changer pour que ce cas pût se présenter. Le Français a si longtemps maltraité l'Allemand, il l'a si incessamment menacé, qu'à la fin ce dernier, pour avoir du repos, s'est décidé à forger de sa faucille une épée, et c'est avec cette épée que l'Allemand a si bien corrigé le Français, que ce dernier com-

route de Damas, où il s'est converti, sous les auspices de la princesse Alice, à la haine de la France et à l'amour de la Prusse. Il aurait pu s'en convraincre rien qu'en lisant la dédicace de la *Vie de Voltaire*.

C'est un affligeant spectacle, pour ceux qui ont aimé, apprécié l'Allemagne, de voir, en ces tristes jours, le monde universitaire allemand déserter la cause de l'humanité pour attiser les haines

---

mence à lui vanter les bienfaits de la faucille. Pour n'avoir pas besoin de ces recommandations, nous aurions préféré garder la faucille. — Lorsque Milon put lire le discours corrigé et amplifié que Cicéron avait prononcé pour sa défense il dit : « Si tu avais » parlé de la sorte, Marcus Jullius, je ne mangerais pas aujour- » d'hui ces poissons délicats à Massilia (Marseille). » — C'est aussi ce que pourraient se dire nos fils sur le sol français, s'ils pouvaient lire votre lettre à la lueur des bivacs. « Ah ! » diraient-ils, « si tu » avais tenu ce langange à tes Français, et que tu les eusses con- » vertis à tes sentiments, nous ne connaîtrions pas ces vins si » délicieux que bientôt nous boirons à Paris. »

La première lettre du docteur Strauss était courtoise, c'était une page d'histoire, modérée dans la forme et dans la pensée ; elle rappelait les hontes de l'Allemagne et se félicitait de son glorieux relèvement. M. Renan, dans sa réponse, ne s'était pas départi de la plus extrême urbanité ; il rendait hommage aux vertus de l'Allemagne, à ses poètes, à sa science ; mais, dans le passage que j'ai reproduit, l'indignation du patriote l'emporta sur la mansuétude du philosophe. C'était fournir au docteur Strauss le prétexte qu'il attendait pour déverser sur la France les passions haineuses accumulées au fond de son cœur. Les parvenus de la gloire n'admettent pas qu'on discute les moyens dont ils ont fait usage et qu'on leur rappelle les droits imprescriptibles de la morale.

internationales et préconiser la théorie des annexions violentes. Cela ne devrait pas être son rôle; mais les professeurs allemands que M. de Bismarck, dans d'autres temps, appelait le « fléau de l'Allemagne », en sont arrivés, enivrés par tant de succès, à croire très sérieusement que les événements en voie de s'accomplir sont leur œuvre, que le roi Guillaume et son ministre ne sont que les instruments aveugles de leur rêve : l'avènement de la race germanique. Et cependant ces mêmes hommes qui le prennent de si haut, et qui voudraient faire croire à l'Europe, en supprimant Descartes et Montesquieu, qu'ils sont les inventeurs de la philosophie et de la politique modernes, étaient fiers, il n'y a pas longtemps, lorsque nos journaux et nos revues daignaient s'occuper d'eux et jeter quelque clarté sur leur science diffuse [1].

---

1. Voir *l'Allemagne aux Tuileries*, par M. Bordier.

LXXIII

2 Novembre 1870.

Le fait de la capitulation de Metz, bien que prévu depuis le 18 août par tous ceux qui ont vu, et avec raison, dans la bataille de Gravelotte, un effort suprême tenté par le maréchal Bazaine pour se frayer un passage à travers les lignes ennemies, n'en a pas moins, sous la première impression, éveillé des idées de trahison [1]. Il a semblé, en effet, incompréhensible qu'une armée de 130,000 hommes valides, appuyée à une place forte de premier ordre, commandée par d'habiles généraux, protégée par une inondation et des forts détachés, n'ait pu réussir à sortir du

---

[1]. Proclamation de M. Gambetta. — « Le général sur qui la France comptait, même après l'expédition du Mexique, vient d'enlever à la patrie en danger plus de cent mille défenseurs. Bazaine a trahi ; il s'est fait le complice de l'envahisseur, et, au mépris de l'honneur de l'armée dont il avait la garde, il a livré, sans même essayer un suprême effort, cent mille combattants, vingt mille blessés, les fusils, les canons, les drapeaux et la plus forte citadelle de la France. — Un tel crime est au-dessous même des sentences de la justice. »

cercle où l'enfermaient 200,000 hommes, répartis sur une ligne trop étendue pour être partout également inviolable. Ce qui donnait, il faut bien le dire, à ces soupçons une grande autorité, c'est la mission secrète que le général Boyer était allé remplir à Versailles et à Londres, en dehors du gouvernement de la Défense nationale. Mais la réaction n'a pas tardé à se produire et à se manifester dans les organes les plus accrédités de l'opinion publique à l'étranger.

Le *Journal de Genève*, entr'autres, dont la rédaction militaire s'est distinguée, dès le début de la guerre, par le jugement le plus éclairé, loin de céder à ces entraînements, s'est appliqué, dès la première heure, dans un long article, à démontrer que l'armée avait dû capituler devant un ennemi qui ne pouvait être vaincu : la famine [1].

Les appréciations du *Journal de Genève* sont ratifiées par la plupart des journaux suisses ; elles le sont également, dans leur ensemble, par les journaux allemands, qui, bien qu'enivrés par le

---

1. Lettre du général Boyer. — « Nous n'avons pas capitulé avec l'honneur, nous n'avons pas capitulé avec le devoir, nous avons capitulé avec la faim. »

succès, ne marchandent pas leurs éloges à la
défense de Metz. Ils savent ce qu'elle a coûté à
l'Allemagne ! — plus de 60,000 hommes tués
ou blessés, et 40,000 malades.

« L'attitude politique du maréchal Bazaine,
disent-ils, n'a peut-être pas été correcte, elle a
pu s'inspirer d'arrière-pensées ; mais les négociations qu'il a poursuivies, à l'insu de la délégation de Tours, ne sauraient porter atteinte à
sa conduite militaire. Si la France, ajoutent-ils,
au lieu de céder à des illusions, avait voulu se
rendre un compte exact de la position de Metz
après les batailles décisives du 14, du 16 et du
18 août, le maréchal Mac-Mahon ne se serait pas
exposé au désastre de Sedan, et le gouvernement
de la Défense nationale, loin de formuler une
condamnation collective contre les chefs de
l'armée de la Moselle, aurait reconnu, s'il avait
pu se dégager de tout esprit de parti, l'immense
service qu'ils ont rendu à leur pays, en tenant
paralysée, loin de Paris, pendant plus de deux
mois, une armée de plus de 200,000 hommes. »

Il est certain que la capitulation de Metz porte
un coup cruel, irréparable à notre défense ; mais
ce n'est pas une raison pour condamner sommai-

rement, sans enquête, la bravoure et le patriotisme de nos généraux. Les esprits peuvent être divisés sur les questions de principes ; mais on ne voit pas l'avantage que la France peut trouver en se montrant plus sévère que ses ennemis, à ternir une page, sinon glorieuse, du moins vaillante de son histoire militaire.

LXXIV

3 Novembre 1870.

Les Prussiens se vantent d'avoir sauvé, à Saint-Cloud, au péril de leur vie, grand nombre d'objets d'art, entre autres un buste célèbre de Napoléon Ier, une collection de vases de Sèvres, le crucifix en or de la chapelle, et la majeure partie de la bibliothèque. Le prince royal aurait fait placer plusieurs de ces objets sous bonne garde dans le vestibule de son habitation. Est-ce à titre de butin ou est-ce à titre de dépôt? Le prince royal a l'âme généreuse : il est permis d'espérer que ces épaves nous seront restituées.

Des Français fort inoffensifs, arrêtés à Berlin la veille de la déclaration de guerre, ont été relâchés seulement ces jours derniers, faute de preuves. La presse libérale proteste contre ces arrestations arbitraires, faites en violation du droit des gens. Elle demande que des garanties plus précises pour la liberté individuelle soient inscrites dans la législation.

Toutes les nouvelles d'Allemagne disent que les prisonniers français sont fort éprouvés par les maladies ; ils ne souffriraient pas seulement du climat, mais encore de la faim.

LXXV

4 Novembre 1870.

La presse allemande n'est pas en ce moment l'interprète bien fidèle du sentiment public et du véritable état de choses en Allemagne. Les journaux indépendants, ainsi que les organes du parti démocratique, sont surveillés de près. On les confisque dès qu'ils se permettent de gémir sur les atrocités de la guerre, de réclamer la fin de la lutte, et la conclusion d'une paix équitable, conforme aux principes de la civilisation moderne. Quant aux journaux inspirés par les chefs du parti national, ils ne cessent pas d'être les auxiliaires ardents de M. de Bismarck ; souvent même ils dépassent de beaucoup les exigences de sa politique. Ils ne tiennent aucun compte des souffrances que la guerre impose aux populations allemandes ; ils s'appliquent à les cacher ; ils ne disent mot des maladies épidémiques qui sévissent de tous côtés, ni de la misère qui se généralise de plus en plus. Assez véridiques au début de la guerre, sur l'état sanitaire des armées, et sur les pertes qu'elles ont subies, ils s'efforcent aujourd'hui d'amoindrir le chiffre des blessés, des malades et des tués. Le total des pertes, jusqu'à la bataille de Sedan, était évalué par le correspondant de la *Gazette de Cologne* attaché aux états-majors, à 60 mille tués et blessés et à 30 mille malades. Ces chiffres, qui assurément n'avaient rien d'exagéré, se réduisent aujourd'hui, dans les feuilles libérales, à une trentaine de mille hommes. Quant aux soldats allemands qui encombrent les hôpitaux, il n'en est plus question. On se contente de parler des fièvres typhoïdes et des diphtérides qui séviraient d'une façon inquiétante dans les centres où se trouvent internés les prisonniers français, et particulièrement dans les forteresses de la Prusse orientale et de la Poméranie.

Les journaux anglais sont frappés de cette dissimulation. Ils se plaisaient à rendre hommage, au début de la guerre, à l'absolue véracité des bulletins prussiens. Ils sont forcés de reconnaitre qu'avec la prolongation de la lutte, ils ont perdu toute sincérité.

LXXVI

5 Novembre 1870.

Le gouvernement impérial, sous la pression violente de l'opinion publique a pris, peu de temps après la déclaration de guerre, une mesure des plus graves. Il a décrété l'expulsion en masse des Allemands domiciliés en France [1]. Beaucoup d'entre eux avaient méconnu notre hospitalité. Ils s'étaient faits les informateurs de leur gouvernement, ils avaient profité de notre laisser aller, des facilités que les étrangers rencontrent dans notre pays pour lui fournir, en vue de la guerre, de précieux renseignements [2]. On ne s'en aperçut que lorsqu'il était trop tard. L'indignation n'en fut que plus vive, on crut user du droit le plus légitime en renvoyant au delà de nos frontières des hôtes aussi dangereux. La mesure était impolitique : elle atteignait quelques coupables, mais elle frappait aussi beaucoup d'innocents ; elle exaspéra l'Allemagne, l'Europe s'en émut, et M. de Bismarck s'en fit une arme de guerre. Il s'en empara pour surexciter les passions germaniques et nous accuser publique-

---

[1]. Le gouvernement impérial avait invité les Allemands à quitter le territoire. Le gouvernement provisoire décréta que tout Allemand non muni d'autorisation spéciale serait tenu de quitter les départements de la Seine et de Seine-et-Oise dans les vingt-quatre heures, sous peine d'être passible des lois militaires. — Proclamation du *Journal officiel de la République*, 6 septembre 1870.

[2]. Lettre de Michelet. — « Nulle part plus qu'en France, les Allemands sont entrés modestement ; nulle part plus discrètement, ils ont préparé, renseigné, guidé l'invasion. Tel est parti tailleur est revenu uhlan. »

ment d'avoir manqué aux sentiments que prescrit l'humanité, aux devoirs que dicte le droit des gens. Il transforma notre détermination en une question nationale de premier ordre, il nous déclara responsables de toutes les pertes subies par les Allemands. La presse dépassa ces menaces : elle réclama une réparation partielle immédiate, au moyen de contributions de guerre spéciales imposées à tous les départements occupés.

Il était donc urgent à tous égards de rétablir les faits, de présenter notre mesure sous son véritable jour et d'en bien établir la légitimité. La réfutation était aisée. Il suffisait d'énumérer les violences commises en Allemagne, même avant la déclaration de guerre, contre des Français inoffensifs, pour couper court à cette campagne. Le ministre de l'intérieur n'aurait eu qu'à se faire interpeller dans les Chambres par un membre de la majorité, pour ramener à leur juste valeur, du haut de la tribune, les accusations dont nous étions l'objet. Je le demandais instamment, au risque d'être importun, dans les rapports que j'adressais alors journellement au ministre des affaires étrangères. Mes instances verbales et écrites restèrent sans effet. On avait d'autres soucis. On refusa de prêter à cet incident l'importance qu'il comportait ; l'Allemagne prit acte de notre silence pour en conclure que nous passions condamnation.

La question est donc restée ouverte de l'autre côté du Rhin et il est certain qu'elle sera posée lors de la paix. On pourrait même dire que déjà elle est préjugée ; car les états-majors ont prélevé de nombreuses contributions dans les provinces envahies au profit des expulsés. Des comités se sont formés dans les centres les plus importants de l'Allemagne où tous ceux qui ont vécu en France, les riches comme les nécessiteux, sont venus énumérer, dans des proportions fantastiques, les pertes qu'ils disent avoir éprouvées sans tenir compte des avantages de tout genre que leur a valu notre hospitalité. Les chiffres fournis s'élèvent à des centaines de millions de thalers ! Il est à craindre que ce ne soit pas le dernier mot des convoitises allemandes.

Le gouvernement prussien a nommé une commission centrale chargée d'examiner toutes les requêtes et d'indiquer, dans un rapport d'ensemble, la somme ronde que l'Allemagne aura à réclamer à la France. Le président de cette commission serait déjà désigné. On parle de M. Jundt, l'architecte de l'ambassade de Prusse à Paris, momentanément attaché à l'état-major du prince impérial. M. Jundt, disent les journaux, est tout indiqué « en raison des connaissances intimes qu'il s'est acquises sur l'état des choses en France ».

LXXVII

6 Novembre 1870.

La presse allemande ne se lasse pas de soulever des questions, dans la pensée de nous créer des embarras. La Suisse et l'Italie, ayant, par honnêteté autant que par prudence, répudié toute idée d'agrandissement, elle met sur le tapis la question du Luxembourg[1]. Elle se flatte que cette

---

[1]. La question du Luxembourg était réellement soulevée, mais non pas pour être résolue par voie d'échange. Tandis que le prince Gortschakoff dénonçait le traité de Paris, M. de Bismarck aurait bien voulu déchirer le traité de Londres de 1867 ; il prétendait que les Luxembourgeois violaient leur neutralité ; il menaçait d'envahir le grand-duché. Le danger fut conjuré par l'intervention de l'Angleterre et les démarches du prince Henri des Pays-Bas, auprès du roi Guillaume.

province d'origine germanique est toute disposée à rentrer dans le giron de l'Allemagne ; ce serait le vœu de la partie éclairée de sa population et l'intérêt de son commerce. La *Gazette de Cologne* veut bien reconnaître, toutefois, que revenir sur le protocole de Londres du 12 mai 1867 n'est pas chose aisée ; il faudrait l'assentiment des puissances signataires. Mais elle ne prévoit aucune difficulté sérieuse de ce côté ; elle est convaincue que la France serait trop heureuse de s'y prêter si, en échange de son acquiescement, elle était relevée de certaines clauses de la paix auxquelles elle attacherait une importance plus grande.

Si l'annexion du Luxembourg à l'Allemagne devait nous assurer la conservation de l'Alsace, la question mériterait d'être prise en sérieuse considération, et les grandes puissances, qui, jusqu'à présent, ont si peu fait pour nous, n'hésiteraient pas, il est permis de le croire, à accéder à un arrangement qui nous préserverait du démembrement. Mais ce serait céder à des illusions de croire que le cabinet de Berlin, quel que soit son désir de déchirer une page récente et fâcheuse de l'histoire de sa diplomatie, attache assez d'importance à la possession du grand-duché pour le considérer comme l'équivalent de la conquête de l'Alsace et d'une partie de la Lorraine.

LXXVIII

7 Novembre 1870.

Ce n'était pas assez pour l'orgueil prussien de réunir en congrès, à Versailles, les ministres des États du Midi ; on paraît vouloir nous infliger une humiliation plus grande encore en y convoquant le Parlement du Nord. On rattacherait à cette idée la présence au quartier général de M. de Bennigsen et des chefs des différentes fractions du Reichstag[1]. Sera-t-elle réellement mise à exécution ? On en doute, tant elle paraît étrange, sinon grotesque. Mais elle n'en a pas moins été conçue[1] et peut-être même discutée en conseil.

---

1. « J'ai fait venir Bennigsen, Freudenthal, Brackenbourg, a dit M. de Bismarck, pour connaître leur opinion sur la convocation du Parlement à Versailles. Tout ce qui se passe est si imprévu, si merveilleux, que l'on peut s'attendre à tout. Il se pourrait qu'on vit le Reichstag siéger à Versailles et Napoléon réunir à Cassel le Corps législatif pour sanctionner la paix ; car les anciens députés du Corps législatif sont restés légalement les seuls représentants du pays. » M. Busch.

« Un Parlement à Versailles, s'écrie le journal de M. de Bennigsen, ce serait bien la constatation la plus frappante du triomphe de l'Allemagne sur la France ! »

« Un Parlement, délibérant au milieu des armées, quelle honte ! » réplique la *Gazette de Francfort*.

LXXIX

8 Novembre 1870

Le télégraphe annonce ce matin la rupture des négociations ouvertes à Versailles avec M. Thiers en vue d'un armistice. M. de Bismarck a donc atteint son but ; il est parvenu, comme il le voulait, à donner le change aux gouvernements neutres et à l'opinion publique européenne sur ses intentions pacifiques. Les concessions qu'il nous faisait étaient, il faut le reconnaître, des plus inattendues. On y était si peu préparé, que la *Gazette nationale de Berlin* se demandait déjà avec inquiétude si les intérêts de l'Allemagne n'allaient pas être sacrifiés à un amour intempestif de la paix. Dans les états-majors allemands, le désenchantement n'était pas moins vif; on scrutait avec colère les causes qui avaient pu amener une conversion si brusque dans les idées du roi et de son ministre; on se récriait contre les interventions étrangères, auxquelles on attribuait les résolutions du quartier général, et l'on se demandait avec indignation si, à la honte de l'Europe, le siège allait être levé, et l'armée condamnée à devoir rentrer en Allemagne sans avoir couronné ses victoires par une entrée triomphale dans Paris. Ces craintes sont aujourd'hui dissipées, et l'on reconnaît que cet intermède diplomatique, si habilement provoqué, était indispensable à la politique prussienne pour dégager sa responsabilité, aux yeux de l'histoire, de l'œuvre de destruction méditée de longue date et qu'on est à la veille de consommer.

M. de Bismarck savait, en effet, connaissant parfaitement les nécessités qui s'imposent aux hommes qui président en ce moment aux destinées de la France, qu'il suffirait de certaines réserves, insignifiantes pour le public, mais inconciliables avec les déclarations solennelles qu'ils avaient émises, pour rendre tout arrangement impossible. Ses prévisions n'ont pas été déjouées. Il ne manquera pas de prétendre aujourd'hui, que le gouvernement de la Défense nationale, pour se maintenir au pouvoir et sauver sa popularité, a préféré sacrifier l'existence de la France, plutôt que de laisser le pays, dont il redoute le verdict, se consulter librement. Il dira, et ses journaux l'insinuent déjà, que l'Allemagne, conciliante à l'excès, a été forcée, malgré elle et contrairement à ses instincts, de relever le défi audacieux que la Révolution ne craint pas de jeter à l'Europe entière, en méconnaissant les avis désintéressés des grandes puissances.

Il ne faudrait donc pas nous étonner, si l'opinion publique au dehors, sous l'action de la presse inspirée par le cabinet de Berlin, se retournait contre nous et nous reprochait de ne céder qu'aux entraînements de la passion, au lieu de nous rendre un compte exact du péril de notre situation.

Je prévoyais ce résultat, si regrettable pour notre influence morale, peu de jours avant l'ouverture de ces négociations, convaincu, comme je l'étais, que la Prusse ne ferait à la paix aucune concession sérieuse, tant que Paris n'aurait pas capitulé. Voici, en effet, les réflexions que j'émettais à la date du 25 octobre, et que l'événement n'a que trop justifiées :

« Les démarches qui ont été tentées dans ces derniers temps, à titre privé ou par voie diplomatique, en vue d'un armistice, ont contribué, on ne saurait le nier, à développer puissamment, dans toute l'Europe, le sentiment de la paix. Sous ce rapport, elles nous ont donc été véritablement utiles; mais, si ces tentatives n'ont été autorisées et même encouragées par M. de Bismarck qu'avec l'arrière-pensée de les faire échouer par des conditions en apparence conciliantes, mais en réalité inacceptables, on peut se demander s'il n'y a pas pour nous plus d'inconvénients que d'avantages à continuer des pourparlers sans issue.

» Il suffit de lire les journaux inspirés par le gouvernement prussien, tant à l'étranger qu'en Allemagne, pour voir tout le profit qu'il en retire. Il s'en prévaut, en effet, pour exalter sa modération et rejeter sur nous tout l'odieux de la guerre. C'est ainsi que l'entrevue de Ferrières et l'intervention du général Burnside lui ont rendu les plus grands services. Elles lui ont permis de témoigner auprès des puissances neutres, et surtout aux yeux de l'opinion allemande, de ses sentiments conciliants et de la nécessité qui lui est imposée de poursuivre la lutte avec outrance.

» Ne conviendrait-il pas mieux, dès lors, de renoncer, une fois pour toutes, à des démarches si facilement compromettantes pour laisser aux grandes puissances le soin exclusif de s'entremettre auprès du roi Guillaume, non pas comme médiatrices, puisqu'il leur répugne de revendiquer ce titre, mais au nom de leurs propres intérêts, mis en péril par cette lutte d'extermination. Leur intervention resterait sans doute sans résultat, mais elle aurait du moins l'avantage de forcer M. de Bismarck à sortir des équivoques et à montrer à tous ce qu'il ne veut pas avouer, qu'il ne traitera pas sérieusement de la paix tant que les armées allemandes ne se seront pas emparées de Paris. C'est cette conviction qu'il nous importe de généraliser, car la prise de Paris, mes rapports l'ont établi plus d'une fois, est pour les états-majors prussiens la condition préalable de tout arrangement. »

LXXX

9 Novembre 1870.

On a été frappé généralement de l'accueil courtois et empressé que M. de Bismarck a fait à la démarche du gouvernement anglais. Les rapports aigres-doux que les réclamations au sujet de l'exportation des armes de guerre avaient provoqués entre les deux cabinets, et le langage peu encourageant que le chancelier avait opposé, jusqu'à présent, à la diplomatie anglaise, toutes les fois qu'il s'agissait d'intervention, n'étaient pas de nature, en effet, à faire pressentir que la dépêche de lord Granville serait l'objet d'une réponse aussi chaleureuse et surtout aussi conciliante. On en a conclu, ne s'en tenant qu'à la lettre de ce document et non pas à la pensée perfide qui l'avait dicté, que la Prusse était disposée enfin à faire à la paix les plus larges concessions. C'est ce qui a fait que partout on a salué la proposition d'armistice comme l'événement précurseur et infaillible de la cessation de la guerre. On s'aperçoit, aujourd'hui, que cette offre n'avait en réalité qu'un but, celui de rejeter sur nous les conséquences du bombardement. En refusant le ravitaillement, qui a fait rompre les négociations, M. de Bismarck, qui connaissait l'état exact des approvisionnements de Paris, savait d'avance que le gouvernement provisoire ne pourrait pas consentir à un arrangement qui exposerait la population à devoir capituler à merci, sous l'empire de la faim, dès l'expiration de la trêve.

C'est ce que paraissent comprendre les journaux anglais, car le *Times* lui-même n'hésite pas à déclarer que le refus de M. de Bismarck est en contradiction flagrante avec les considérations humanitaires développées dans son mémorandum. « On ne peut pas, dit-il, se targuer de sentiments d'humanité, et se refuser en même temps à y satisfaire, en se retranchant impitoyablement derrière des raisons stratégiques. » Ce qui prouve, du reste, le manque absolu de sincérité que M. de Bismarck a apporté à ces négociations, ce sont les réponses hautaines qu'il a fait faire par ses représentants aux cabinets de Vienne et de Florence, qui s'étaient associés à la démarche de lord Granville. On dit, avec raison, que, si la paix lui avait tenu réellement à cœur, loin de s'irriter du concours prêté à la diplomatie anglaise par l'Italie et l'Autriche, il se serait servi de leur intervention pour vaincre les résistances du parti militaire.

LXXXI

10 Novembre 1870.

Aujourd'hui que les négociations sont rompues, la diplomatie française ne saurait plus avoir aucun doute, en admettant qu'elle ait cédé à des illusions, sur la pensée qui a inspiré la réponse du cabinet de Berlin à la dépêche de lord Granville, et sur le but que poursuivait M. de Bismarck, lorsqu'il nous proposait un armistice. Les conférences de Versailles ont eu pour la politique prussienne tout le bénéfice qu'elle en attendait ; elles ont flatté sa vanité en plaçant dans une situation douloureuse l'homme illustre que l'Allemagne a toujours considéré comme le représentant le plus ardent du patriotisme français[1], et elles lui ont permis d'affirmer hautement, avant de donner suite à ses sinistres projets, qu'elle est allée, dans son amour de la paix et dans son désir de répondre aux vœux de l'Angleterre, jusqu'à la dernière limite des concessions. L'entrevue de Ferrières, la médiation officieuse du général Burnside, l'offre d'un armistice de vingt-huit jours, sans parler des pourparlers mystérieux de Metz, et enfin la promesse, faite sans conditions aucunes, de laisser s'accomplir librement les opérations du scrutin dans tous les départements occupés, ne sont-ce pas là des témoignages irrécusables de sentiments conciliants? Aussi la responsabilité de la Prusse est-elle dorénavant complètement dégagée, et personne ne saurait en bonne con-

1. M. Busch. « M. Thiers, dit le chef, est un homme aimable, intelligent, malin, spirituel ; mais, chez lui, pas trace de diplomate. Il est trop sentimental pour le métier. C'est certainement une nature plus distinguée que celle de Jules Favre ; mais ce n'est pas l'homme qu'il faut pour discuter une affaire, pas même un achat de chevaux. Il se laisse facilement impressionner, il trahit ce qu'il éprouve, il se laisse sonder. C'est ainsi que j'ai su de lui une foule de choses. Je crois qu'il a l'intention d'écrire encore un livre d'histoire ; car, dans nos conversations, il parle de choses fort étrangères à nos affaires. »

science l'accuser, si les considérations sur les conséquences du siège que, dans un sentiment d'humanité, M. de Bismarck a cru devoir soumettre aux puissances neutres, devaient, dans un jour prochain, malheureusement se réaliser.

« C'est donc aux canons, après tant d'efforts stériles, dit le journal de la chancellerie, à faire entendre raison au gouvernement qui a refusé l'armistice, et à ceux qui le suivent volontairement ou contre leur gré. L'Allemagne a fait tout ce qui dépendait d'elle pour épargner à la malheureuse capitale de la France une dernière catastrophe! Que le sang et la malédiction des milliers d'hommes qui en pâtiront retombent sur la tête de ceux qui se sont emparés du pouvoir, sans avoir le courage d'envisager la situation en face.

» Tout gouvernement régulier, ajoute la *Gazette de l'Allemagne du Nord*, n'aurait pas manqué de conclure la paix dans des circonstances aussi désespérées. Mais il n'existe plus de gouvernement régulier en France; il ne s'y trouve plus que des factions qui, au moyen de la guerre, espèrent arriver au pouvoir, et qui, par soif de domination, ne craignent pas de sacrifier leur pays. Pas un parti ne veut s'exposer à conclure la paix, parce qu'ils craignent tous qu'en s'y prêtant ils ne s'exposent à perdre leurs chances pour l'avenir. »

C'est sur ce thème, expédié du quartier général, que brodent en ce moment toutes les feuilles qui reçoivent leur mot d'ordre de Berlin, sans qu'aucun journal indépendant ose avouer que, si les négociations de Versailles ont échoué, cela tient moins au mauvais vouloir des négociateurs français qu'à l'obstination des états-majors allemands, qui ne se prêteront à aucun arrangement tant que le problème qu'ils se sont posé ne sera pas victorieusement résolu. C'est à Paris, je l'ai dit souvent, qu'ils entendent consacrer la grandeur de leurs succès et la profondeur de notre défaite. Sur ce point, malgré les dissentiments qui éclatent parfois entre le cabinet militaire et le cabinet politique du roi, tout le monde est en parfait accord au quartier général. Il suffit, pour s'en convaincre, de lire la lettre que le chancelier écrivait à la comtesse de Bismarck au moment même où, à la face de l'Europe, il protestait de ses sentiments d'humanité. Tandis que, dans son mémorandum, il appelait en termes attristés l'attention des puissances neutres sur les conséquences effroyables du siège, il se plaisait à rassurer les Berlinois, dans la forme humoristique qui lui est familière, sur la portée de l'artillerie allemande. Certain de les divertir à l'aspect de nos misères, il laissait entrevoir à leur imagination, dépravée par la haine, un désolant spectacle : la population parisienne rongée par l'anarchie, torturée par la famine, affolée, terrifiée sous la pluie infernale des schrapnels prussiens.

LXXXII

10 Novembre 1870.

Les organes du parti national n'ont pas cessé, dans ces derniers mois, de prétendre que les négociations ouvertes entre le pouvoir fédéral et les États du Midi étaient en bonne voie. D'après eux, il ne s'agissait plus, pour assurer la reconstitution de toute l'Allemagne sur de nouvelles bases, que du règlement de questions de détail, sans importance sérieuse ; leur langage, il est vrai, était devenu, depuis peu, moins affirmatif. Les attaques qu'ils dirigeaient derechef, avec une grande véhémence, contre le président du conseil bavarois, permettaient de supposer que le comte de Bray se montrait au congrès de Versailles tout aussi peu disposé que dans ses conférences avec M. Delbrück, le vice-président du conseil fédéral, à sacrifier à l'ambition de la Prusse l'autonomie de la Bavière. La *Correspondance provinciale* s'est chargée, dans son dernier numéro, d'expliquer et de justifier la mauvaise humeur manifestée tout à coup par la presse unitaire. Elle annonce, en termes laconiques, que « l'accession de la Hesse, de Bade et du Wurtemberg peut être considérée comme imminente, mais que les *relations de la Bavière avec la confédération du Nord restent subordonnées à des négociations ultérieures* ».

Cette déclaration inattendue met fin à toute équivoque. Les journaux arrivés ce matin montrent qu'elle cause en Allemagne une profonde sensation, et que, si d'une part elle consterne le parti unitaire, elle ne laisse pas que de réjouir les ennemis de la Prusse [1].

Les nationaux s'efforcent d'atténuer de leur mieux ce dénouement, si contraire à leurs espérances et à leurs affirmations. Ils disent que partie remise n'est pas partie perdue, et qu'en tout cas, la Bavière regrettera, plus tard, d'avoir laissé échapper une occasion aussi belle d'entrer dans le giron fédéral ; à les en croire, elle ne trouverait plus jamais, pour franchir le Mein, des conditions aussi bonnes. Ils pronostiquent au roi Louis le plus inquiétant avenir, s'il ne prend pas le parti, comme l'a fait le roi de Wurtemberg, de se débarrasser d'une Chambre hostile aux intérêts de sa dynastie, qui seraient ceux de l'Allemagne ; ils lui reprochent de se montrer infidèle à l'attitude si patriotique qu'il avait su prendre au mois de juillet, lorsqu'il imposait à son ministère hésitant l'exécution des traités d'alliance.

1. Maurice Busch. « J'ai la plus grande inquiétude, disait le chancelier; nous sommes sur la pointe d'un paratonnerre ; si nous perdons l'équilibre que j'ai eu tant de peine à établir, nous dégringolerons immédiatement. Si nous n'avons pas terminé le 1ᵉʳ janvier, — ce dont bien des gens seraient contents à Munich. — c'en est fait de l'unité allemande, peut-être pour des années. »

LXXXIII

11 Novembre 1870.

M. de Beust, à en juger par les correspondances qu'il inspire, paraît avoir été très affecté de la réponse peu mesurée que sa tentative d'intervention lui a value de la part du cabinet de Berlin, ainsi que des attaques violentes dont il a été l'objet dans la presse prussienne. Mais, au lieu de les relever comme il conviendrait au ministre d'un grand pays, il s'applique plutôt, avec une insistance des plus humbles, à justifier sa conduite [1]. Il cherche à établir que, s'il est sorti de sa réserve, ce n'est que sur les instances pressantes de lord Grandville, et que, loin d'encourager la résistance du gouvernement français, et de lui laisser entrevoir une intervention plus efficace encore, il s'est efforcé plutôt de peser de toute son influence sur la délégation

---

1. Maurice Busch. — « M. de Bismarck dit que Beust lui a fait des excuses au sujet de sa dernière circulaire, en disant que ce n'était pas lui, mais Biegeleben, qui en était l'auteur. »

de Tours, pour lui faire accepter les conditions de la Prusse. Le moment arrivera d'ailleurs, ajoutent ses journaux, où le chancelier de l'Empire, par la production de ses dépêches, prouvera d'une manière irréfragable qu'il n'a pas attendu les manifestations antibelliqueuses des populations autrichiennes pour imprimer à sa politique, malgré les incitations dont il a été l'objet, le caractère le plus résolument pacifique.

Les deux gouvernements ne sont donc pas encore arrivés, comme on le prétendait, à une entente intime reposant sur des arrangements contractuels, que M. de Schweinitz aurait été chargé de proposer au cabinet de Vienne. Toutefois, si les rapports entre M. de Bismarck et M. de Beust sont toujours empreints d'une certaine irritation qu'explique leur antagonisme passé, on ne saurait nier que les relations entre les deux souverains ont pris, dans ces derniers temps, un caractère de plus en plus cordial. On a pu le constater tout récemment, par les regrets que le roi Guillaume a fait exprimer, par son envoyé, à l'empereur François-Joseph, *de ne pas le voir, dans cette guerre, à ses côtés, à titre d'allié.*

LXXXIV

12 Novembre 1870.

La commission nommée pour régler les indemnités des Allemands expulsés de France serait, paraît-il, assiégée de demandes. Les prétentions seraient fantastiques. En additionnant les sommes réclamées, on serait déjà arrivé à un total de 700 millions! La *Gazette de Cologne* ne peut s'empêcher de trouver que c'est dépasser la mesure ; on ne saurait, dit-elle, en bonne justice, rendre la France responsable de toutes les pertes, et surtout lui porter en compte celles qui ne sont que le résultat du *lucrum cessans*. Elle pense que l'équité serait largement satisfaite si l'on allouait à chaque expulsé cent francs de frais de voyage et une indemnité de nourriture de cinq francs par jour. La carte à payer serait encore assez lourde : elle dépasserait 68 millions de thalers. Il faut nous attendre à d'autres réclamations tout aussi iniques. Déjà il s'est constitué, dans tous les ports de mer, des commissions qui enregistrent les demandes des armateurs, des expéditeurs, des fafabricants et des négociants. Leurs réclamations ne portent pas seulement sur les bâtiments et les marchandises saisies, mais aussi sur le dommage que le blocus aurait causé à leur industrie, en paralysant le trafic[1].

Le gouvernement prussien n'a rien fait, jusqu'à présent, pour arrêter ces spéculations éhontées ; il semble plutôt les encourager. Aussi toutes les imaginations sont-elles en branle. Tout le monde veut participer à la curée ; c'est à qui trouvera un prétexte pour nous dépouiller. Les savants eux-mêmes se mettent de la partie ; ils compulsent les vieux catalogues de nos musées, de nos bibliothèques, pour s'assurer s'il ne s'y trouve pas par hasard des livres ou des objets d'art, de provenance germanique. Dans certaines provinces, tant les convoitises sont surexcitées, on entend profiter de l'occasion pour se faire restituer les contributions imposées, en Allemagne, aux communes et aux particuliers, lors

---

[1]. On voyait figurer dans ces calculs des sommes énormes représentant le dommage apporté au capital national par la mort des hommes tués sur les champs de bataille. On estimait la valeur pécuniaire d'un Allemand a dix mille francs. C'était un retour au vieux droit germanique qui consacrait le *Wehrgelt*.

des guerres de l'Empire. Dans les États du Midi, on songerait très sérieusement à se faire rembourser par la France les rançons payées à la Prusse, après Sadowa!

Qu'espérer, lorsque les passions sont surexcitées de la sorte! Elles étouffent tout élan de générosité, de commisération; elles imposent silence aux voix indignées, bien rares malheureusement, qui protestent contre l'abus de la force. Le commerce et l'industrie sont paralysés, l'agriculture manque de bras, la misère grandit chaque jour, peu importe! la France n'est-elle pas couverte de ruines, et ce qui lui restera des ses richesses ne servira-t-il pas à dédommager amplement l'Allemagne des pertes qu'elle subit momentanément?

C'est avec cette perspective qu'on se résigne et qu'on laisse aux états-majors toute latitude pour achever leur œuvre de destruction.

LXXXV

13 Novembre 1870.

Le prince Gortschakoff vient de ménager au gouvernement autrichien une fâcheuse surprise. M. de Beust se préparait à accompagner sa famille à Munich, sans appréhender la communication dont il allait être l'objet, lorsque M. de Novikof est venu inopinément lui annoncer que son gouvernement entendait, au mépris du traité de Paris, reprendre sa liberté d'action dans la mer Noire. L'envoyé de Russie se serait efforcé d'atténuer la portée de sa notification, il aurait fait ressortir qu'elle était conforme après tout aux propositions que M. de Beust avait faites lui-même, d'initiative, au cabinet de Pétersbourg, peu de temps après son entrée au pouvoir. S'étendant avec une grande insistance sur les sentiments pacifiques de sa cour, M. de Novikof aurait dit, que son gouvernement, en revendiquant l'exercice de ses droits de souveraineté dans la mer Noire, n'entendait pas pour cela se soustraire à toutes les clauses de la paix de Paris ; qu'il était tout disposé à s'entendre avec les puissances signataires pour procéder avec elles, si elles le jugeaient utile, à la révision de l'ensemble du traité. M. de Beust aurait fait bonne contenance en face de ces déclarations inattendues. Il aurait répondu qu'il regrettait d'autant plus la détermination de la Russie, qu'elle aurait pu atteindre d'une manière plus régulière, avec l'assentiment des autres puissances, le but qu'elle poursuivait séparément. Il n'aurait pas nié ni amoindri les offres qu'il avait faites au cabinet de Pétersbourg, dès son avènement au pouvoir, dans une pensée de réconciliation et dans un sentiment de justice ; mais, en se montrant disposé à faciliter à la Russie les moyens de recouvrer la liberté de ses mouvements dans la mer Noire, il s'était flatté qu'une modification aussi importante au traité de Paris serait soumise à un congrès et sanctionnée par toutes les puissances signataires. Les arguments invoqués par la circulaire, aurait-il ajouté, ne laissent pas que d'être dangereux ; car on pourrait, en les invoquant, arriver successivement à déchirer le traité tout entier. Il aurait dit enfin que l'Autriche n'ayant pas seule participé à la paix, il devait se borner à ces simples observations, tant qu'il ne se serait pas concerté avec les puissances garantes.

On prétend qu'à la suite de cet entretien, M. de Beust se serait rendu chez lord Bloomfield et lui aurait déclaré que, bien qu'une armée russe de 100,000 hommes fût concentrée sur la frontière de la Turquie, l'Autriche marcherait avec l'assistance de l'Angleterre.

La presse allemande n'a pas l'air de s'émouvoir beaucoup des propos belliqueux prêtés au chancelier autrichien. Il a pu, dit-elle, se montrer d'autant plus résolu, qu'il sait fort bien qu'on ne le prendra pas au mot, et que l'Angleterre, au lieu d'agir, se contentera de protester.

Ces appréciations sont jusqu'à un certain point autorisées par le langage de la presse officieuse autrichienne, qui, en effet, ne permet pas de croire que le gouvernement impérial veuille s'exposer à un conflit, ni même compromettre ses rapports avec la Russie.

LXXXVI

14 Novembre 1879.

La presse allemande qui surveillait naguère tous les mouvements du cabinet de Pétersbourg avec une anxieuse défiance et qui, à la veille de la guerre, entretenait encore, avec les organes du parti moscovite, une polémique des plus irritantes, au sujet de la russification des provinces de la Baltique, évite aujourd'hui, avec une circonspection significative, de s'associer aux appréciations sévères que la circulaire du prince Gortschakof a soulevées en Europe. Le journalisme allemand est des mieux disciplinés, mais il n'en serait pas moins difficile à M. de Bismarck de lui faire accepter, sans mot dire, les procédés du cabinet de Pétersbourg, si l'Allemagne n'avait pas conscience des services que lui a rendus la Russie dès le début de la guerre, et des embarras qu'elle pourrait lui susciter, en intervenant, au nom de l'équilibre européen menacé, dans le règlement de la paix. On peut donc dire, en face de cette attitude, que les arrangements secrets intervenus à Ems sont en quelque sorte consacrés par le sentiment public allemand, qui voit, dans la violation du traité de Paris, moins un danger, même indirect, pour ses intérêts qu'une défaite de plus pour la France et qu'une atteinte irréparable portée à notre prestige et à notre influence séculaire en Orient. On fait ressortir, en effet, avec une satisfaction non dissimulée, que les clauses du traité qui ont été déchirées sont l'œuvre spéciale de la France, qu'elles ont été imaginées par M. Drouyn de Lhuys et soumises à la conférence de Vienne avant d'être sanctionnées par le congrès de Paris. On ajoute que la diplomatie anglaise, mieux inspirée, plus prévoyante, ne se serait prêtée qu'à regret à la neutralisation du Pont-Euxin; elle pressentait que la Russie ne resterait pas sous le coup d'une interdiction humiliante, qui, d'ailleurs, atteignait aussi la Turquie.

Le désarroi est grand à Vienne et à Londres. On ne soucie pas de s'engager dans un conflit, en rappelant la Russie au respect de ses engagements, et cependant il en coûte de proclamer son impuissance, et de s'incliner sans mot dire, devant le défi que le prince Gortschakoff jette si audacieusement à l'Europe. C'est vers M. de Bismarck qu'on se retourne, c'est en lui qu'on espère pour sortir de l'impasse où l'on se voit acculé. Il est aujourd'hui l'arbitre ; de complice, il devient médiateur. On lui demandera de s'entremettre à Pétersbourg, de trouver une formule qui permette de sauvegarder la dignité, les susceptibilités des cours garantes, en tempérant la situation violente dans laquelle la Russie s'est engagée avec une audace sans précédent [1].

Concilier les bénéfices de la complicité avec les avantages de la médiation, n'est-ce pas le comble du savoir-faire !

---

1. L'opinion en Angleterre avait fort mal pris la circulaire du prince Gortschakoff. Elle reprochait à sa diplomatie d'avoir manqué de clairvoyance, de s'être laissé duper par la Prusse ; déjà elle voyait les Russes à Constantinople. M. Otto Roussel fut envoyé au quartier général. Il était chargé de se plaindre, de réclamer des équivalents et surtout de fixer son gouvernement sur la nature et la portée des engagements que la cour de Prusse avait pris avec la cour de Russie. M. de Bismarck affecta l'étonnement et le désintéressement ; d'après lui, l'Allemagne n'était à aucun titre intéressée dans la question. — « Mais quelle serait votre attitude si un conflit venait à éclater ? » demanda l'ambassadeur. — M. de Bismarck répliqua qu'il n'était pas partisan de la politique conjecturale ; qu'il réglait son attitude suivant les circonstances, et que, pour le quart d'heure, il n'avait aucun motif de s'immiscer dans une affaire qui ne le regardait

LXXXVII

15 Novembre 1870.

La circulaire du prince Gortschakof a produit à Vienne l'effet d'un coup de théâtre. La confusion y serait grande ; l'opinion publique serait, comme toujours, partagée suivant les nationalités. Tandis que les feuilles magyares déclarent que rien ne serait plus populaire et plus désirable qu'une guerre contre la Russie,

qu'indirectement. Il ajouta que, si la reconnaissance et la politique étaient deux mots inconciliables, il n'en était pas moins forcé de constater que l'empereur Alexandre s'était toujours montré fort sympathique à l'Allemagne, tandis que la conduite de l'Autriche avait été équivoque et celle de l'Angleterre rien moins qu'aimable. Quant à ce que serait l'avenir, il l'ignorait et préférait n'en pas parler. Il trouvait, du reste, qu'on s'était singulièrement exagéré l'habileté de la politique russe ; on la croyait d'une finesse subtile, pleine de ruse, de détours et d'artifices, tandis qu'elle est tout simplement candide ; plus avisée, elle eût déchiré le traité tout entier, et on lui aurait su gré d'en conserver quelques morceaux et de se borner à la revendication de ses droits de souveraineté dans la mer Noire. — M. de Bismarck néanmoins ne refusa pas ses bons offices, il émit l'idée d'une conférence qui se réunirait à Londres ; il promit de s'entremettre à Pétersbourg, l'Angleterre n'en demandait pas davantage.

et promettent le concours de centaine de mille combattants hongrois, les organes des partis tchèques, slovènes et serbes ne cachent pas la satisfaction que leur cause la déclaration russe. Les Polonais seraient dans une fiévreuse surexcitation et les représentants de la Gallicie au Parlement autrichien se déclareraient, à l'instar de la Hongrie, prêts à tous les sacrifices. Le parti allemand envisage les choses avec infiniment plus de calme. Il ne veut pas de complications, il fera tout ce qui dépendra de lui pour les conjurer. Il n'entend se sacrifier ni aux Slaves, ni aux Hongrois, il n'admet pas que la question d'Orient soit ouverte, dès à présent, par le fait de la circulaire russe, et qu'il y ait lieu de partir en guerre. M. de Beust est de cet avis. Ses journaux proclament sa sagesse, sa prévoyance; ils montrent qu'il était bien inspiré en 1867, lorsque, dès son entrée au pouvoir, il faisait voir à la France et à l'Angleterre combien il serait difficile de maintenir à la longue des stipulations aussi humiliantes pour une grande puissance.

LXXXVIII

16 Novembre 1870.

La Bavière résiste toujours; il lui en coûte de renoncer à un passé glorieux et de se placer sous la coupe des Hohenzollern; mais, dominée par les événements, elle sera forcée, malgré les services rendus par son armée, de sacrifier aux passions unitaires une partie de son indépendance. Il faudra avant tout qu'elle se soumette à li'nexorable nécessité de reconnaître l'empire germanique, à moins de rompre avec l'opinion publique allemande et de se créer une situation périlleuse. Ses intérêts sont trop enchevêtrés avec ceux de l'Allemagne pour qu'elle puisse, sans l'appui d'une puissance étrangère, affirmer une politique autonome. D'ailleurs, ses divisions intérieures sont trop profondes pour lui permettre de continuer les traditions de sa diplomatie. Plus le parti patriotique marquerait des tendances exclusives, plus le parti national, par haine de l'ultramontanisme, affirmerait le sentiment de l'unité. La Bavière a pu, au printemps dernier, résister aux sollicitations de M. de Bismarck et s'opposer à la proclamation de l'empire. Elle ne peut plus s'y refuser aujourd'hui, tout indique, d'ailleurs, qu'elle y est résignée. Reste à savoir si elle entrera dans la confédération du Nord. Son refus, si la mission du prince Otto, envoyé du quartier général, à Munich, ne devait pas amener une transaction, serait un événement considérable, qui pourrait bien ne pas rester sans influence sur les déterminations du Wurtemberg. Ce serait une déception de plus pour les nationaux, qui ont la candeur de s'imaginer que la Prusse n'a entrepris la guerre que dans le but de se fondre dans l'Allemagne et d'assurer leur avènement au pouvoir.

On aurait renoncé définitivement à l'idée de convoquer le Reichstag à Versailles, voire même à Strasbourg. La session s'ouvrira donc, vers la fin du mois, à Berlin, sans grande solennité, dans la salle de la Chambre des seigneurs.

LXXXIX

17 Novembre 1870.

Le gouvernement anglais, en proposant l'armistice et en usant de toute son influence pour nous décider aux négociations de Versailles, a été, pour nous, ce qu'on appelle un imprudent ami. Il aurait dû, avant de nous le recommander aussi instamment, et de se rendre en quelque sorte garant des bonnes dispositions de la Prusse, en débattre et en préciser les conditions essentielles avec M. de Bismarck, et ne pas lui permettre, alors qu'il nous voyait disposés à faire à la paix des sacrifices inattendus, de remettre tout en question, en se retranchant subitement derrière des conditions stratégiques. Mais il semblerait que la diplomatie britannique ait été en cette occasion plus préoccupée du désir de donner une satisfaction à l'opinion publique anglaise, qui commençait à s'impatienter de son effacement, que de contribuer efficacement à la conclusion de la paix. Je ne sais si lord Granville a réussi par ses démarches à satisfaire entièrement aux exigences de sa politique intérieure, mais on a trouvé généralement que le rôle qu'il a joué dans ces négociations n'a été marqué ni de la prévoyance ni de la chaleur nécessaires au succès. Les discours que viennent de prononcer les trois membres les plus importants du cabinet n'ont fait qu'accréditer cette conviction. Ils ont, en effet, mis un soin extrême à dégager leur responsabilité, en partie à notre détriment, des causes qui ont fait échouer l'œuvre à laquelle ils s'étaient consacrés sous la pression du sentiment public. Connaissaient-ils déjà, à ce moment, la circulaire que le prince Gortschakoff a adressée si inopinément à ses agents auprès des grandes cours signataires de la paix de Paris, et pensaient-ils qu'en ménageant la Prusse, il leur serait plus facile de conjurer le danger qui menace leur politique en Orient?

On serait presque autorisé à le croire, en les voyant expédier, en toute hâte, un employé supérieur du Foreign-Office, sir Otto Russell, au quartier général. Il n'est pas vraisemblable que les efforts qu'ils tentent auprès du cabinet de Berlin, sinon pour l'associer à des démarches communes en vue du maintien du traité de 1856, du moins pour lui demander d'user de toute son influence pour arrêter la cour de Russie dans la voie dangereuse où elle vient de s'engager, aient chance de produire grand effet. La Russie, depuis quinze ans que dure son recueillement apparent, n'a pas cessé de protester tacitement contre les stipulations qui ont limité sa puissance militaire dans la mer Noire et entravent ainsi l'influence légitime et prépondérante qu'elle se croit en droit d'exercer sur les populations orientales. Il n'aurait dépendu que de nous de l'attacher utilement à notre politique, en lui promettant, en échange de son concours éventuel, de la relever des conséquences de la guerre de Crimée. L'entrevue de Stuttgard avait préparé la voie; car les deux souverains s'étaient séparés en se promettant de ne rien entreprendre en Europe sans se prévenir et se consulter réciproquement; mais cette entente fut bientôt troublée par les affaires de Pologne, et le cabinet de Pétersbourg, en nous infligeant une leçon diplomatique des plus vives, put à bon droit se plaindre de nos procédés après le concours moral qu'il nous avait prêté efficacement en maintes circonstances.

On essaya depuis lors, plus d'une fois, de renouer avec l'empereur Alexandre; mais nos avances ne furent plus acceptées qu'avec un sentiment des plus défiants. On avait perdu toute illusion, on s'était convaincu que l'empereur n'oserait jamais se dégager des liens qui l'attachaient à l'Angleterre, dont il s'exagérait l'action politique et militaire, et dont le ressentiment aurait pu être fatal aux intérêts de sa dynastie. Toutefois, la mission confiée au général Fleury, vers la fin de l'année dernière, pouvait faire supposer qu'en face de la transformation de l'Allemagne et de la question de prépondérance, posée implacablement entre les deux pays, toutes les hésitations avaient enfin cessé, et que le confident de l'empereur emportait à Pétersbourg des instructions formelles en vue d'une alliance offensive et défensive. Ce furent du moins les appréhensions que cette mission extraordinaire provoqua un instant à Berlin [1]; mais notre ambassadeur avait à peine pris possession de son poste, que l'empereur Alexandre, soit qu'il se fût dès les premiers entretiens assuré qu'aucune proposition sérieuse ne lui serait faite, soit qu'il fût déjà plus ou moins engagé avec le cabinet de Berlin, s'empressa d'en-

1 Voir appendice, n° 1. La mission du général Fleury.

voyer à son oncle, le roi de Prusse, au grand étonnement de la diplomatie européenne, le grand cordon de Saint-Georges. Par cette marque de distinction, inusitée jusqu'alors pour des princes étrangers, le tzar parut en quelque sorte sanctionner tous les actes de la politique prussienne depuis 1866. Il est vrai que les agents russes cherchèrent à atténuer l'effet produit par cette démonstration, en insinuant qu'il ne s'agissait, en réalité, que d'une manifestation à l'adresse de M. Katkow et du vieux parti moscovite de plus en plus remuant. Mais il n'en était pas moins évident, pour tout esprit clairvoyant, que les liens de famille, quelque peu relâchés pendant ces dernières années entre Pétersbourg et Berlin, s'étaient resserrés de nouveau sous l'influence de la politique. La diplomatie française s'en émut, comme de raison ; elle ne reprit sa quiétude que lorsque l'empereur Alexandre voulut bien, dans des épanchements confidentiels, engager sa parole qu'aucun lien contractuel n'existait entre son cabinet et celui de Berlin. L'entrevue d'Ems qui eut lieu ce printemps entre les deux souverains, et à laquelle assista M. de Bismarck, réveilla les inquiétudes un instant calmées.

La presse allemande ne se méprit pas sur sa signification, et si, à Paris, on avait attaché aux renseignements que recevait le ministère des affaires étrangères sur les agissements du chancelier fédéral en Allemagne [1], l'importance voulue, peut-être aurait-on compris, à défaut de preuves certaines, que l'entente entre les deux cours, jusqu'alors éventuelle, avait dû prendre un caractère plus formel.

C'est donc à Ems, tout permet de le supposer, qu'ont été arrêtés définitivement les arrangements secrets qui ont valu à la Prusse le concours de l'empereur Alexandre par la pression qu'il a exercée sur les cours de Copenhague et de Stuttgard, et par l'attitude qu'il a imposée à l'Autriche. Ce sont aussi ces arrangements qui permettent aujourd'hui à la Russie de déclarer, à la face de l'Europe, qu'elle se tient pour dégagée des traités

1. Rapport du comte Benedetti, 30 juin 1870. « En parfait accord avec son souverain, M. de Bismarck s'est constamment appliqué à s'assurer, le cas échéant, le concours éventuel de la Russie; dans cette pensée il s'est montré d'une part favorable à la politique du cabinet de Pétersbourg en Orient; il n'a cessé, de l'autre, d'éveiller ses susceptibilités dans les questions qui agitent le sentiment national en Russie. Je ne crains donc pas de me tromper en présumant qu'il s'est expliqué sur l'état des choses dans les principautés danubiennes et dans le Levant, de façon à plaire à l'empereur Alexandre, et il ne doit pas avoir manqué de signaler les tendances qui portent le cabinet de Vienne à constituer l'autonomie de la Pologne en Gallicie. »

de 1856, après toutes les modifications qu'ils ont subies, bien que ce fût avec son assentiment.

Le prince Gortschakoff et M. de Bismarck affirmeront sans doute, à tour de rôle, qu'ils ne sont liés l'un à l'autre par aucune convention. S'ils n'entendent parler que d'une convention écrite, véritable traité d'alliance offensive et défensive, leurs déclarations ne sauraient être mises en doute. Il n'en serait pas de même, s'ils allaient jusqu'à prétendre que leurs souverains n'ont pas sanctionné, soit par leurs paroles, soit par l'échange de lettres, les propositions débattues à Ems, en vue d'éventualités d'autant plus imminentes, que le premier ministre du roi Guillaume consacrait toute son habileté à les précipiter.

Sous la première impression, on a cru que le cabinet de Pétersbourg n'avait formulé qu'un désir et qu'il s'en remettrait aux puissances signataires pour arriver dans un congrès à la révision du traité de Paris. Mais on s'aperçoit, depuis que le texte de la circulaire a été livré à la publicité, qu'on entend se dégager *proprio motu* des dispositions les plus gênantes pour l'expansion militaire et politique de la Russie en Orient. On essaye de justifier ce procédé violent, en rappelant aux Anglais qu'un de leurs ministres, lord Stanley, a déclaré le premier, au moment même où il venait de signer le protocole de Londres garantissant la neutralité du Luxembourg, que les garanties n'engageaient plus à rien de nos jours, qu'elles avaient tout au plus une valeur morale. La Russie ne ferait pas autre chose que de mettre cette doctrine en pratique ; ce serait à l'Angleterre de décider si elle ne se sent atteinte que moralement par la circulaire russe, ou bien si elle entend donner à sa garantie une sanction matérielle. « Que fera le cabinet de Londres, demandent les journaux allemands ou, plutôt, qu'est-il en état de faire ? » disent-ils. — Ce n'est pas M. Gladstone, si opposé en 1853 à la guerre de Crimée, qui prendra l'initiative d'armements, et encore moins M. Bright qui, dans l'intérêt de la civilisation, préférerait voir plutôt les Russes que les Turcs à Constantinople.

Aussi pense-t-on généralement, en Allemagne, que l'Angleterre fera tout ce qui dépendra d'elle pour ne pas s'exposer à un conflit, aujourd'hui surtout que l'appui de la France lui fait défaut. On croit que loin de s'en prendre à M. de Bismarck et de lui reprocher d'être de connivence avec le prince Gortschakoff, elle réclamera plutôt ses bons offices en faveur d'un compromis diplomatique, dégageant son amour-propre et la sauvant des complications qu'elle redoute.

XC

18 Novembre 1870.

La presse prussienne affecte un grand désintéressement dans le débat qu'a soulevé en Europe la communication si imprévue que la Russie vient de faire aux puissances signataires du traité de Paris. Elle est d'avis que l'Allemagne n'a pas à s'en préoccuper, le Danube n'étant pas menacé. Mais elle voudrait par contre faire croire, ce qui est malaisé, que les déterminations du cabinet de Pétersbourg ne seraient nullement la conséquence d'une entente secrète et préalable avec le cabinet de Berlin. Les journaux officieux vont jusqu'à prétendre que M. de Bismarck aurait été surpris, comme tout le monde, par le coup de théâtre du prince Gortschakoff, et qu'il se serait empressé sinon de protester, du moins de faire des réserves à Pétersbourg. On ne doute pas que la démarche n'ait été faite, mais encore faudrait-il savoir dans quelle pensée et dans quels termes. Le chancelier de la Confédération du Nord a évidemment intérêt à sauver les apparences. Il n'entend pas se compromettre aux yeux de l'Europe et encore moins se brouiller avec l'Angleterre. Peut-être trouve-t-il qu'à Pétersbourg on met trop d'ostentation à afficher les relations, pour ne pas dire les connivences, qui se sont établies entre les deux cours. Les récompenses que l'empereur Alexandre, sans égard pour nos infortunes, ne cesse de prodiguer aux chefs des armées allemandes, tout comme s'il s'agissait de ses propres généraux, flattent sans doute l'amour-propre prussien; mais ces démonstrations persistantes, après ce qui vient de se passer, ne sont pas sans inconvénient. M. de Bismarck ne saurait être dupe de la pensée qui les inspire, et il ne serait pas étonnant que, après avoir retiré du concours de la Russie tout ce qu'il en attendait, il ne cherchât à se dégager, autant que possible, aux yeux de l'opinion européenne, des liens qu'il a contractés à Ems. Il veut bien plus ou moins passer pour un allié, mais il ne saurait lui convenir de passer pour complice et encore moins pour dupe. Toutefois, il lui reste encore bien des étapes à franchir avant de pouvoir s'émanciper de la Russie; elle restera l'arbitre de la situation, tant que la paix ne sera pas signée et ratifiée. Le prince Gortschakoff, en prenant un acompte sur les arrangements d'Ems, vient de prouver qu'il sait escompter les événements et qu'il n'est pas homme à laisser prescrire ses titres.

XCI

19 Novembre 1870.

La situation de M. de Beust devient chaque jour plus difficile. Tandis que ses embarras intérieurs vont augmentant, les deux traités qui sauvegardaient les intérêts de l'Autriche en Allemagne et en Orient, le traité de Prague et le traité de Paris, sont déchirés sans compensation aucune et même sans son assentiment. Aussi a-t-il recours à toutes les ressources de son esprit pour faire face aux complications qui le menacent de toutes parts. C'est surtout du côté de Berlin que se concentrent tous les efforts de sa diplomatie; il voudrait à tout prix faire oublier à M. de Bismarck les vieux ressentiments qu'il lui inspire, et, pour se réconcilier avec lui, il irait, dit-on, jusqu'à prêcher la conciliation au cabinet de Munich; il renierait les liens étroits qui l'attachaient à la France et les promesses qu'il nous faisait, alors qu'il espérait encore dans le succès de nos armes; il protesterait de ses sentiments allemands et énumérerait avec complaisance tous les services qu'il a rendus à la Prusse, en observant une neutralité des plus sévères; il exploiterait enfin notre révolution et ferait dire à ses journaux, en réponse aux articles réactionnaires de la *Gazette de la Croix*, qu'en vue d'une réconciliation, il ne serait pas éloigné de sacrifier la politique libérale inaugurée en 1866 pour s'associer étroitement à la Prusse, et concourir avec elle à la défense des intérêts monarchiques et conservateurs en Europe. Cette attitude ne laisse pas que de flatter la vanité prussienne; mais, s'il faut en croire les correspondances de Berlin, elle n'inspirerait à M. de Bismarck qu'une confiance très limitée, surtout depuis que les papiers confidentiels découverts à Saint-Cloud et au château de Cerçay lui ont révélé les tendances secrètes de la politique autrichienne.

XCII

20 Novembre 1870.

Déjà le roi Guillaume conférait à Versailles avec ses architectes; il préparait une mise en scène imposante dans le palais de Louis XIV; il transformait la salle des glaces, pour y proclamer, devant les princes allemands, dont les ancêtres, pour la plupart, ont vécu des subsides de la France, la régénération politique et militaire de l'Allemagne, et voici que l'on apprend que tout est remis en question, que le particularisme s'est réveillé, que la Bavière et le Wurtemberg regimbent, et qu'ils ne se prêteront à la proclamation de l'empire germanique qu'à bon escient, solennellement garantis contre de dangereux empiètements.

Les nationaux libéraux sont consternés ; la résistance opiniâtre de la Bavière les exaspère d'autant plus, qu'elle a été d'un fâcheux exemple pour le Wurtemberg. La cour de Stuttgard s'est ravisée, en effet, à la dernière heure ; elle est revenue sur ses concessions, lorsqu'elle a vu que le comte de Bray tenait ferme et que son obstination, vu les circonstances, avait toute chance de vaincre l'opiniâtreté de M. de Bismarck.

Tout est donc ajourné et subordonné à de nouvelles négociations. Dans ce péril extrême, ce n'est plus seulement aux tendances particularistes du ministre dirigeant de Bavière que l'on s'attaque. Le roi Louis et le roi Charles sont personnellement et directement mis en cause ; on soulève contre eux les passions populaires, et, pour vaincre leur entêtement, on les menace d'un parlement constituant. Si la Bavière, dit-on, a des droits primordiaux sur l'Allemagne, l'Allemagne a aussi des droits primordiaux sur la Bavière. C'est à tous ceux qui, au delà du Mein, se sont constitués les défenseurs de la cause nationale, de le proclamer, et de forcer la main, révolutionnairement au besoin, aux gouvernements récalcitrants.

C'est ce qu'à Berlin on appelle « n'exercer aucune pression sur les cours du Midi, pour assurer leur entrée dans la confédération du Nord ».

XCIII

21 Novembre 1870.

La *Gazette de la Croix* a tenu, dans ces derniers temps, un langage qui n'est rien moins que rassurant pour le développement des idées unitaires et libérales en Allemagne. Elle tire, en effet, de cette guerre des conséquences qui doivent donner à réfléchir à ceux qui s'étaient imaginé que la Prusse serait disposée à transformer son esprit et ses institutions, qu'elle se prêterait à la pratique sincère du régime constitutionnel. Ce n'est pas ainsi que l'entend le parti militaire. La guerre qu'il a faite si glorieusement n'a pas été entreprise dans le but de substituer à son influence celle des classes moyennes. Ce que l'on a combattu en France, la *Gazette de la Croix* ne le cache pas, c'est la Révolution, ce sont les idées de 1789, dont la propagande n'a déjà fait que trop de mal à l'Allemagne. Elle se flatte que l'anarchie qui règne en France, et les convulsions dans lesquelles elle se débattra longtemps, serviront d'exemple à tous, et que la bourgeoisie allemande, effrayée par ce spectacle, se soumettra avec résignation à un gouvernement autoritaire. Telle est la moralité que ce journal, interprète fidèle des passions qui prédominent dans les sphères élevées de l'armée, retire, contrairement aux aspirations nationales, des événements qui sont en voie de s'accomplir. Cet article, véritable manifeste du parti conservateur, n'a pas passé inaperçu dans les journaux allemands; mais ceux qui l'ont signalé ont évité de le commenter, et de protester contre les tendances réactionnaires qui l'ont inspiré, tant l'esprit public est affaissé à l'heure qu'il est. L'indifférence qu'on apporte aux élections pour la seconde Chambre prussienne montre qu'on n'est accessible qu'aux idées de domination, de prépondérance, et que les questions intérieures, si graves avant la guerre, sont jusqu'à nouvel ordre réléguées au second plan.

Mais le réveil ne sera que plus vif, orsque, après être sorti de l'enivrement des victoires, on s'apervra que la guerre, au lieu de consacrer l'établissement définitif de la liberté et de l'unité, n'aura servi qu'à fortifier l'action du pouvoir central et les intérêts dynastiques. Quelles que soient les précautions que prend aujourd'hui le gouvernement prussien avec ses alliés, pour se garantir contre les empiètements du parlementarisme, et se réserver la fixation de son budget militaire, sa grande préoccupation, il aboutira néanmoins, tôt ou tard, à un ministère fédéral responsable, et par conséquent à l'avènement du tiers état.

C'est pour se prémunir contre cette éventualité, dangereuse pour son influence jusqu'à présent prépondérante dans l'État, que le parti militaire poursuit la guerre à outrance, et que la diplomatie prussienne voudrait arriver, moins à la conclusion d'une paix durable et solide, impliquant le désarmement, qu'à une trève menaçante, exigeant le maintien des charges militaires. Ce n'est qu'à cette condition que M. de Bismarck pourra conserver la dictature qu'il s'est assurée dans la constitution fédérale et tenir tête dans son futur parlement aux libéraux du Nord et du Midi. La politique prussienne n'a pas d'autre mobile et ce n'est pas trop s'avancer de croire que ce sont surtout les idées développées par la *Gazette de la Croix*, qui président, en ce moment, dans les conférences de Versailles, à la transformation de l'Allemagne.

XCIV

22 Novembre 1870.

L'alliance entre la Prusse et l'Autriche n'est pas encore, tant s'en faut, un fait accompli; mais on ne saurait nier qu'elle compte à Vienne, aussi bien qu'à Berlin, de nombreux et d'influents partisans; M. de Beust, malgré ses antécédents, n'a plus d'autre souci qu'un rapprochement entre les deux pays. On remarque, en effet, que ses journaux insistent beaucoup, depuis quelque temps, sur les dangers de la Révolution et sur la nécessité, pour les gouvernements, de s'unir entre eux, au nom des intérêts conservateurs et monarchiques, mis en péril par la propagande des idées subversives. C'est dans ce sens que M. Warrens, le publiciste qui est le plus avant dans son intimité, s'exprimait dans un de ses derniers articles. Il citait, à l'appui de sa thèse, des propos attribués à M. de Bismarck. « *Nous avons, par le fait de nos seules forces,* aurait dit le chancelier fédéral, *vaincu la France militaire ; mais nous aurons, pour de longues années encore, à combattre la France révolutionnaire, et, pour cela, il nous faudra des alliés sûrs, en parfaite communion de sentiments et d'intérêts avec nous.* »

Ces paroles révèlent tout un programme ; ce n'est pas tout d'abattre la France, il faut encore l'empêcher de se relever, et le moyen le plus sûr de l'affaiblir, de l'isoler, c'est de la rendre suspecte et de la faire passer aux yeux de l'Europe, pour « une brebis galeuse ». Aussi est-ce sur le terrain des intérêts conservateurs et monarchiques que M. de Beust, à défaut d'une autre base, cherche à se rapprocher de M. de Bismarck et à lui faire oublier son attitude toujours équivoque, malgré les dépêches qu'il a écrites pour son livre rouge, en vue de sa justification.

XCV

26 Novembre 1870.

L'attitude de la Suisse offre un contraste frappant avec celle des autres puissances neutres et particulièrement avec celle de l'Italie. Elle nous marque ouvertement ses sympathies ; loin d'escompter nos revers, elle s'en afflige. La première, elle a reconnu le gouvernement de la Défense nationale ; elle a voulu que son représentant restât à Paris pendant le siège, bien qu'elle eût lieu d'appréhender les arrière-pensées de l'Allemagne au sujet de Schaffouse et de Bâle. J'ajouterai que, lors du bombardement de Strasbourg, elle n'a pas craint de donner au gouvernement prussien des leçons d'humanité ; que les Alsaciens réfugiés sur son territoire ont été l'objet de l'accueil le plus touchant et que, partout, pour leur venir en aide, se sont constitués, dans un immense élan de charité, des comités de secours. La France serait ingrate si elle l'oubliait.

L'Italie refuse de suivre ce généreux exemple ; elle s'efface et se montre plus disposée à céder aux réclamations de la diplomatie prussienne au sujet de la contrebande de guerre et du passage de nos prisonniers, venant d'Autriche, à travers la Péninsule, que préoccupée des souvenirs de sa délivrance. On n'entend parler ni des démarches de son gouvernement en faveur de la paix, ni des manifestations de sa charité privée. On sait par contre que, dès nos premières défaites, elle s'est empressée, pour se soustraire à nos sollicitations, de subordonner sa liberté d'action à celle de l'Angleterre. L'assistance de Garibaldi et de ses bandes indisciplinées serait son seul titre à notre reconnaissance, si elle n'y trouvait pas l'inappréciable avantage de se débarrasser des éléments révolutionnaires, au moment où elle s'installe à Rome. La Prusse, loin d'en faire un reproche au gouvernement italien, se plaît à reconnaître la correction de

---

1. Maurice Busch. — « On annonce que Garibaldi a été fait prisonnier. — « Il faut, avant de le fusiller, » dit un général, « le mettre en cage et le montrer en public. — Non, » répond M. de Bismarck, « il faut le conduire à Berlin et lui suspendre au cou un écriteau avec les mots : *Reconnaissance pour services rendus à l'Allemagne.* »

son attitude. Aussi, peut-on se demander, si notre diplomatie à Florence a été bien inspirée, en présidant au recrutement d'auxiliaires aussi dangereux, aussi compromettants.

XCVI

28 Novembre 1870.

Des concessions importantes ont été faites à la Bavière à la dernière heure, au moment même où *la Correspondance provinciale* annonçait, sinon la rupture définitive, du moins l'ajournement indéfini des négociations poursuivies depuis plusieurs mois avec le cabinet de Munich. L'entrée de la Bavière dans la confédération du Nord serait donc aujourd'hui un fait acquis. C'est à la mission du prince Otto, qu'en reviendrait l'honneur.

Sur quelles bases s'est-on rapproché? C'est ce que les journaux nationaux qui, dans l'espace de peu de jours, ont passé du découragement le plus profond à la satisfaction la plus bruyante, négligent de dire. Leur silence permet de supposer que, dans cette transaction *in extremis*, ce n'est pas le cabinet de Munich qui a subordonné ses exigences à celles de la Prusse. M. de Bismarck en face de l'opiniâtreté invincible de M. le comte de Bray, a dû reconnaître évidemment, dans une mesure très large, la prétention de la Bavière d'occuper au sein de la confédération une situation privilégiée et de pouvoir s'opposer par un véto à toute modification constitutionnelle. Les circonstances ont dominé la volonté du chancelier. Il ne pouvait pas, sans porter atteinte à sa politique et à son prestige, réunir le Reichstag pour lui avouer humblement que tous les efforts de sa diplomatie n'avaient abouti qu'aux modestes accessions de la Hesse et de Bade, prévues et sollicitées de longue date. C'eût été proclamer du même coup l'avortement de l'œuvre nationale. Un pareil aveu n'eût pas manqué de soulever le sentiment public ; il eût justifié les soupçons de ceux qui affirment que cette guerre a été provoquée, moins pour satisfaire les aspirations patriotiques de l'Allemagne, que dans l'intérêt du parti militaire prussien.

Le comte de Bray, sans rien exagérer, avait le sentiment de sa force et de ses devoirs ; il ne s'est laissé impressionner ni par les adulations ni par les menaces ; il a repoussé les conditions qu'il a jugées attentatoires à l'indépendance de la Bavière. Il a bien mérité de son souverain et de son pays. Il a eu raison de M. de Bismarck qui, dès le début des négociations, avait déclaré qu'il ne démordrait pas d'une constitution qui fonctionnait depuis quatre ans, à la satisfaction de tous ses confédérés ; qu'il n'en altérerait pas le mécanisme par de nouvelles complications ; qu'elle était à prendre ou à laisser. M. de Bray, il faut bien le dire, avait, pour vaincre les résistances de son redoutable adversaire, un argument décisif : la couronne impériale, l'objet des convoitises ardentes du roi Guillaume. Comment, en effet, constituer l'Empire germanique sans l'assentiment de la Bavière ? Le succès n'était pas douteux ; pour l'emporter, il suffisait d'un peu de persévérance [1].

---

1. C'est sur l'initiative du roi de Bavière, qui, dans un accès de lyrisme, avait appelé le roi de Prusse « Guillaume le Victorieux », que S. M. Prussienne fut invitée par les souverains allemands à prendre le titre d'empereur d'Allemagne. Les Chambres

Il est donc permis d'admettre, à défaut de données officielles, que les traités signés le 23 novembre à Versailles, à la veille de l'ouverture du Parlement, assurent à la Bavière toutes les garanties qu'elle demandait, pour mettre ses institutions et son armée à l'abri de dangereux empiètements [1].

---

bavaroises ne ratifièrent néanmoins les traités signés à Versailles qui assuraient aux États du Midi leur entrée dans la confédération germanique, qu'à la majorité de 102 voix contre 48, le 21 janvier 1871, longtemps après la proclamation de l'Empire.

1. Maurice Busch. — « Enfin le traité bavarois est terminé, signé, disait M. de Bismarck avec émotion. Apportez une bouteille de champagne, c'est un événement. Que serait-il arrivé si je m'étais obstiné et si rien ne s'était conclu? Mes inquiétudes étaient mortelles. Les journaux ne seront pas contents, ils diront: « L'imbécile aurait pu obtenir davantage. » Mais j'ai voulu que les Bavarois fussent satisfaits. Qu'est-ce qu'un traité quand on le subit? Je n'ai pas voulu les mettre à la torture, exploiter la situation. Le mécontentement de la Bavière eût montré la fente où l'on pourrait mettre le coin pour affaiblir l'unité d'abord et la détruire ensuite. Le traité a des lacunes, il n'en est que plus solide. C'est le résultat le plus important auquel nous soyons arrivés dans ces dernières années. J'ai fait accepter le titre d'empereur aux Bavarois, en leur montrant qu'il serait plus aisé à l'amour propre de leur souverain de s'accommoder avec un empereur d'Allemagne qu'avec un roi de Prusse. C'est, en somme, la question de l'Alsace qui a fait pencher la balance. Il fallait une personnalité politique pour la revendiquer; elle ne pouvait être réclamée à la France qu'au nom et en faveur de l'Allemagne. »

XCVII

30 Novembre 1870.

Les personnes qui, à l'étranger, nous témoignent le plus de sympathie, ne nous voient pas sans tristesse continuer une lutte à outrance, dans les conditions les plus inégales, au risque de consommer la ruine de la France. Elles se demandent s'il ne serait pas plus sage, l'honneur national étant sauf, de nous soumettre momentanément à la loi du destin. Il leur semble que ne pas épuiser nos dernières ressources serait le moyen le plus sûr de reprendre notre place dans le monde, et de pouvoir reconquérir un jour, dans de plus heureuses conjonctures, les provinces perdues. On rend hommage sans doute au dévouement que portent à la cause publique les hommes qui sont au pouvoir; mais on craint aussi que leur patriotisme ne soit pas dégagé de tout esprit de parti[1]. En face de l'anarchie qui règne dans quelques centres du Midi et qui menace de se généraliser, on appréhende la guerre civile.

On regrette que, le 4 septembre, l'opposition du Corps législatif ne se soit pas ralliée à la transaction, un instant proposée par M. Thiers; elle eût tout concilié : elle impliquait la déchéance, en même temps qu'elle réservait au pays la faculté de se prononcer sur la forme définitive du gouvernement. Elle avait surtout l'immense avantage de conserver un pouvoir régulier, réunissant autour de lui dans une pensée commune, celle de la défense, toutes les opinions; elle n'eût pas permis à la Prusse de se retrancher perfidement derrière des questions de principes, pour entraver et retarder la paix au gré de ses convenances. On déplore que les passions, compréhensibles d'ailleurs, après un réveil comme celui de Sedan, l'aient emporté sur la prévoyance. Il en

---

1. Lettre de M. Gambetta à M. J. Favre. — « Ne distinguez plus entre la République et la France, c'est désormais une seule et même puissance dont l'Europe reconnaît l'indivisibilité, sur laquelle les gouvernements comptent et qu'il est de notre honneur de républicains et d'hommes d'État de ne laisser ni entamer ni amoindrir. »

est résulté pour nous les conséquences les plus désastreuses. A l'intérieur, on s'est divisé; à l'étranger, on s'est refroidi. Les gouvernements qui nous marquaient le plus de bienveillance n'ont plus osé s'entremettre, en face de notre état révolutionnaire, autrement qu'en invoquant des raisons d'humanité. La Prusse a eu, dès lors, libre jeu pour la poursuite de ses desseins; elle s'est servie de l'épouvantail du socialisme pour paralyser les puissances et pour imposer silence aux manifestations pacifiques de l'opinion en Europe. Les diplomates qui ont suivi la Délégation à Tours, M. de Metternich, le chevalier Nigra et M. Oukenef, cherchent sans doute, par l'expression de leurs sympathies personnelles, à pallier le revirement qui s'opère de plus en plus dans les dispositions de leurs cours. Mais ils ne sauraient nous faire prendre le change. La Russie met de l'ostentation à afficher l'intimité de ses relations avec le roi Guillaume, au mépris de sa neutralité et de nos infortunes; l'Italie n'est préoccupée que de Rome, et M. de Beust, qui a entretenu tant d'illusions à Paris, se montre plus sérieux de ses rapports avec le cabinet de Berlin que du sort futur de la France.

Tous considèrent aujourd'hui la ténacité de notre résistance comme inopportune, stérile.

Tels sont les jugements qu'inspire notre situation aux personnes que nos revers ne laissent pas indifférentes. On nous voit sans assistance, réduits à nos propres forces, et l'on se demande si le gouvernement de la Défense nationale croit réellement pouvoir, avec ses ressources militaires, débloquer Paris et refouler l'armée envahissante au delà de notre territoire. Sans rejeter la possibilité de succès partiels, les hommes les plus compétents doutent qu'après tant de désastres, avec une artillerie et une cavalerie insuffisantes, il nous soit permis de compter sur un retour de fortune décisif. Ils craignent que les corps d'armée allemands qui opèrent au nord, à l'est, et au centre ne parviennent avant peu à couper la France en deux, et à réduire Paris, sinon par le bombardement, du moins par la faim. La Prusse resterait alors entièrement maîtresse de ses mouvements; elle pourrait, suivant ses convenances, se retirer avec son immense butin sur la ligne des Vosges et se borner à la défense des provinces conquises, en s'appuyant sur Metz, Strasbourg et les places de second ordre tombées en son pouvoir; ou bien il lui serait loisible de continuer l'occupation de Paris et des riches provinces du Centre et du Nord jusqu'à leur entier épuisement. Elle abandonnerait le Midi aux convulsions révolutionnaires et attendrait tranquillement, en fomentant la guerre civile, la constitution d'un gouvernement régulier, prêt à sacrifier l'Alsace et la Lorraine et à lui garantir le payement d'immenses contributions de guerre.

Ces tristes réflexions, je le répète, s'imposent à tous ceux qui, à l'étranger, jugent notre situation avec le plus de sympathie, et je crois remplir un devoir, en les soumettant à la Délégation de Tours comme l'expression très fidèle et plutôt atténuée de l'opinion prédominante dans les pays neutres, dont je suis les manifestations avec l'attention la plus consciencieuse.

Quant à l'Allemagne, je ne l'ai dit que trop souvent, elle restera jusqu'à la reddition de notre capitale, spectatrice impassible des événements, et nous nous exposerions aux plus regrettables déceptions, si nous comptions, même en cas de revers essuyés par ses armées, sur un mouvement irrésistible du sentiment public en faveur de la paix.

Le gouvernement de la Défense nationale appréciera; il jugera s'il n'est pas grandement temps d'en appeler au pays et de lui laisser le soin de ses destinées.

MA NOMINATION A FLORENCE

CORRESPONDANCE AVEC M. LE COMTE CHAUDORDY

MA NOMINATION A FLORENCE

LETTRE DU COMTE CHAUDORDY. — *Tours, 20 octobre 1870.*
... Je songe à vous pour une situation importante au dehors. Seriez-vous disposé à l'accepter? Cela nous rendrait service.

LETTRE AU COMTE CHAUDORDY. — *Morges, 23 octobre 1870.* — Merci de vos bonnes intentions, mais veuillez, je vous prie, ne pas me faire entrer dans vos combinaisons. Je tiens à ne pas sortir de ma retraite. Je n'en continuerai pas moins à vous renseigner chaque jour sur les affaires allemandes, heureux si mes appréciations pouvaient vous faciliter votre tâche.

LETTRE DU COMTE CHAUDORDY. — *Tours, 6 décembre 1870.* — Je viens vous demander, sans tenir compte de vos objections, si vous voudriez aller à Florence gérer notre légation. Il y a beaucoup de choses utiles à y faire. Senard a donné sa démission, ce qu'on désirait depuis longtemps. Beaucoup de fautes ont été commises. Il s'agit de les réparer. Le Gouvernement de la défense m'a demandé d'envoyer en Italie un homme expérimenté de la carrière. Si vous vouliez accepter, cela nous serait agréable, et tout le monde, à tous les points de vue, y trouverait son compte. J'ai parlé de vous à la Délégation, elle approuve entièrement mon choix. Veuillez me dire par le télégraphe : *J'accepte* et je comprendrai. Vous pourriez, dès lors, partir directement pour Florence, vous y trouveriez toutes les instructions et les lettres d'introduction auprès du ministre. Nous ne sommes pas reconnus officiellement, ce qui empêche des lettres de créance. Mais Nigra est à Tours et tout cela sera facile. Aussitôt que nous tiendrons votre acceptation, je préviendrai Nigra, et pendant que vous ferez vos paquets, nous recevrons la réponse de Florence. Permettez-moi de vous dire, avant de terminer, que chacun doit aujourd'hui faire tout son possible pour aider au salut du pays.

En même temps que par le télégraphe, envoyez-moi un mot par la poste.

LETTRE AU COMTE CHAUDORDY. — *Morges, 12 décembre 1870.* — Votre lettre du 6, qui m'arrive ce matin seulement, me rend fort perplexe. Je suis partagé en face de vos offres, entre le vif désir de vous être utile et le sentiment que déjà je vous ai exprimé. C'est en moi une lutte intime, qui ne laisse pas d'être pénible car vous connaissez toute l'ardeur de mon patriotisme. Si j'avais la certitude de pouvoir réellement rendre service à mon pays, je n'hésiterais pas une minute à imposer silence à toute autre considération. Mais persuadé que je ne représenterai pas votre politique à outrance avec une conviction suffisante, je crois remplir un devoir en déclinant la proposition que vous voulez bien me faire. Je suis prêt toutefois, après l'appel si pressant que vous m'adressez, à partir pour Florence et à mettre à votre service, mais sans qualité officielle, à titre de simple particulier, mon concours le plus dévoué. Voyez si dans cette mesure mon dévouement peut vous être utile, je vous l'offre avec l'abnégation la plus complète et aussi de la façon la plus désintéressée. Ce n'est pas un compromis politique que je vous soumets, je ne suis pas un homme de parti [1] ; je suis, quant au passé,

1. Je n'ai eu que des rapports fugitifs avec l'empereur et je n'ai approché l'impératrice que dans de douloureuses circonstances, en 1867, lors de l'affaire du Luxembourg, le 2 août 1870, à la veille de la bataille de Frœschviller, et, à Chiselhurst et à Arrenenberg au lendemain de la guerre. Je n'ai jamais été un homme de parti, je n'ai qu'une passion, celle de la France et, si j'ai décliné la direction politique du ministère des affaires étrangères, que m'ont offerte deux ministres patriotes, M. Gambetta et M. Duclerc, c'est uniquement parce que j'ai pensé servir plus utilement mon pays, en me consacrant à l'étude des causes qui ont présidé à notre démembrement.

aussi bien qu'en ce qui concerne l'avenir, dégagé de toute arrière-pensée.

DÉPÊCHE TÉLÉGRAPHIQUE DU COMTE CHAUDORDY. — *Bordeaux, 18 décembre 1870.* — Reçu votre lettre, il serait bien utile que vous acceptiez officiellement. En tout cas, veuillez aller de suite à Florence et me prévenir. Merci d'avance.

DÉPÊCHE TÉLÉGRAPHIQUE AU Cte CHAUDORDY. — *Morges, 19 décembre 1870.* — Je vais partir, quoique souffrant, mais ne me conformerai à vos désirs qu'après une étude consciencieuse du terrain et la certitude acquise de pouvoir vous être réellement utile.

DÉPÊCHE TÉLÉGRAPHIQUE AU Cte CHAUDORDY. — *Florence, 25 décembre 1870.* — Je suis arrivé à Florence en toute hâte, sans trouver d'instructions. De la Villetreux a recouvré, depuis le départ de M. Clery, toute sa liberté d'action, il fonctionne comme chargé d'affaires, sa position à Florence est excellente ; c'est un homme distingué, il répond à toutes les exigences du service.

LETTRE DU Cte CHAUDORDY. — *Bordeaux, 29 décembre 1870.* M. Nigra avec lequel j'avais parlé de votre nomination à Florence m'a prévenu qu'en raison des bons souvenirs que vous aviez laissés à Turin, vous seriez très bien accueilli par son gouvernement et que le roi recevrait officiellement les lettres de créance que la Délégation vous donnerait en qualité d'Envoyé extraordinaire et Ministre plénipotentiaire de France.

DÉPÊCHE TÉLÉGRAPHIQUE AU Cte CHAUDORDY. — *Florence, 29 décembre 1870.* — Je crois vous servir plus utilement à titre officieux; prenez en sérieuse considération ma lettre particulière.

DÉPÊCHE DU Cte CHAUDORDY. — *Bordeaux, 3 janvier 1871.* — Votre nomination est faite ici. Nous n'avons das de modèle de lettres de créance, je vous serai obligé de m'en formuler.

LETTRE AU Cte CHAUDORDY. — *Florence, 4 janvier 1871.* — Mon cher ami, je conclus de votre dépêche télégraphique, me demandant un modèle de lettres de créance, que vous avez pris le parti de m'accréditer en qualité de Ministre auprès du roi d'Italie. Je n'ai pas à discuter vos déterminations, mais comme je vous le disais dans ma dernière lettre, ma nomination officielle n'aura pour votre politique aucun avantage réel. Loin de précipiter les résolutions du gouvernement italien, elle ne les rendra que plus hésitantes. J'ai réussi à convaincre M. Visconti Venosta de la nécessité de sortir de sa passiveté et de faire quelque chose pour la France qui a tant fait pour l'Italie. Ma correspondance vous prouve qu'il agit avec une activité d'autant plus grande, qu'il n'est pas paralysé par une pression apparente, de nature à éveiller les susceptibilités du Parlement et à provoquer les réclamations de la Prusse. — Je reste donc convaincu que si vous aviez accepté la proposition que je vous ai faite de Morges et qui semblait vous agréer, lorsque je me suis mis en route, les choses auraient marché ici à votre entière satisfaction.

DÉPÊCHE TÉLÉGRAPHIQUE DU Cte CHAUDORDY. — *Bordeaux, 6 janvier 1871.* — Laissez-moi vous dire qu'il est nécessaire que vous acceptiez le titre officiel, parce qu'au moment où va s'ouvrir la conférence de Londres il y a intérêt à bien constater que nous sommes officiellement reconnus par l'Italie. Je demande que cette formalité soit remplie par les autres puissances et je m'appuierai sur l'exemple donné par l'Italie. L'Italie comme grande puissance devant prendre part à la conférence, il est très important d'être en règle vis-à-vis d'elle ; aussi je prends sur moi, dans l'intérêt général, de passer outre à vos scrupules. Vous êtes Ministre plénipotentiaire et Envoyé extraordinaire auprès du roi d'Italie et je désirerais que la remise de vos lettres eût lieu sans retard. Je vous remercie de votre conversation avec M. Visconti Venosta et des assurances pour la conférence qu'il vous a données. Enfin nos affaires sont conduites à Florence et nous pouvons y voir clair. Je me félicite chaque jour de la combinaison qui vous y a conduit.

DÉPÊCHE TÉLÉGRAPHIQUE AU Cte CHAUDORDY. — *Morges, 7 janvier 1871.* — La reconnaissance du Gouvernement de la Défense nationale par l'Italie nous étant indispensable pour les conférences qui vont s'ouvrir à Londres en vue de la paix, j'accepte sans hésitation.

APPENDICE

I

LES CRAINTES PROVOQUÉES EN ALLEMAGNE PAR LA NOMI-
NATION DU GÉNÉRAL FLEURY A PÉTERSBOURG.

Au prince de La Tour d'Auvergne. ministre des
affaires étrangères. — *Hambourg, 29 novembre 1869.*
— Il est désagréable au cabinet de Berlin de voir la presse
étrangère émettre des doutes sur le maintien de ses
bonnes relations traditionnelles avec la cour de Russie.
Ses journaux se donnent beaucoup de mal, pour établir
que les liens qui existent si heureusement entre les deux
pays et leurs souverains, n'ont reçu aucune atteinte. Ils
prétendent que les sentiments d'hostilité prêtés au Grand-
Duc héritier pour tout ce qui est allemand seraient
pour le moins exagérés. Mais on n'en est pas moins
inquiet. La nomination du général Fleury n'a fait
qu'ajouter aux préoccupations que l'attitude de la
Russie inspire depuis quelque temps à la politique

prussienne. On craint que le vieux parti russe, ennemi de toute tendance germanique, ne veuille saisir les occasions qui pourraient se présenter pour pousser à une alliance avec la France, dans le but de s'opposer à l'unification de l'Allemagne. Il paraîtrait du reste, à en juger par les correspondances du *Times*, que la présence du confident de l'empereur à Pétersbourg, servirait de texte à tous les organes moscovites, pour éveiller les sympathies françaises et préconiser un nouveau Tilsit qui, cette fois, disent-ils, ne serait pas suivi d'une campagne, comme celle de 1812, dans le but de sauver la Prusse.

L'on se demande à quelles résolutions s'arrêtera M. de Bismarck si le général Fleury, contrairement à nos protestations pacifiques, était réellement chargé de s'assurer, en vue de prochaines éventualités, le concours de la Russie. Les difficultés du chancelier fédéral sont grandes à l'intérieur; l'opinion réclame le dégrèvement des charges militaires et le sentiment national, base de sa politique, s'affaiblit de plus en plus des deux côtés du Mein. Si l'alliance russe lui échappait, il serait isolé en Europe, son œuvre serait menacée. Un changement notable s'est opéré depuis quelque temps, dans l'attitude de la diplomatie russe. Son langage devient de moins en moins réservé. Elle s'arrête volontiers, aujourd'hui, aux événements de 1866, qu'elle avait acceptés avec tant de philosophie. Elle les trouve regrettables ; elle s'aperçoit qu'ils ont entravé son expansion dans la Baltique et diminué son influence sur les cours allemandes. La prévoyance de M. de Bismarck serait en défaut s'il n'était pas frappé de ce revirement. Il y a là matière à sérieuses réflexions pour sa politique.

II

LA FRANCE ET L'ALLEMAGNE.

AU COMTE DARU, MINISTRE DES AFFAIRES ÉTRANGÈRES. *Hambourg, le 14 mars 1870.* — Bien que le Gouvernement de l'Empereur n'ait pas jugé à propos de s'expliquer, jusqu'à présent, sur sa politique allemande, on n'en est pas moins persuadé en Allemagne que le cabinet actuel, malgré ses tendances éminemment pacifiques, s'en tient strictement aux stipulations de Prague et qu'il interviendrait, d'accord avec le cabinet de Vienne, si, par le fait de la violence, les conditions de la paix que l'Autriche a signée et dont la France a arrêté les bases, devaient être méconnues. Il est curieux que ce sentiment, qui ne s'appuie sur aucune déclaration officielle de notre politique, soit aussi généralement accrédité. Peut-être faut-il l'attribuer aux idées que le garde des sceaux a émises parfois dans des conversations particulières, avant d'entrer au pouvoir et qu'il aurait développées récemment encore devant des correspondants de journaux étrangers. Cette conviction s'est fortifiée par l'accord qui s'est établi entre l'Empereur et ses conseillers. On reconnait qu'il serait malaisé de spéculer dorénavant sur nos défaillances, pour consommer l'œuvre unitaire en face de la transformation qui s'est faite en France et de la force que donne au Gouvernement la réconciliation des partis.

Pratiquer une politique libérale, affirmer le respect des traités dans une bonne mesure, de façon à ne pas froisser le patriotisme allemand, me paraît être le moyen le plus sûr de rejeter M. de Bismarck dans ses embarras intérieurs, de l'obliger à concentrer sa dévorante activité sur la Confédération du Nord, et de l'empêcher de faire appel aux passions nationales, à moins qu'il ne soit tenté de recommencer à tout prix, dans les conditions morales et diplomatiques les moins favorables, les périlleuses aventures de 1866.

III

Les partis en allemagne. — L'affaiblissement du sentiment national. — Les embarras de M. de Bismarck. — Notre politique.

A M. Émile Ollivier, ministre intérimaire des affaires étrangères. — *Hambourg, 19 avril 1870.* — Vous avez bien voulu m'informer, par votre office du 16 de ce mois, que vous aviez pris la direction intérimaire du ministère des affaires étrangères. Les rapports personnels que j'ai eu l'honneur d'entretenir avec vous, avant votre entrée au pouvoir, me permettent d'espérer que vous apprécierez avec une bienveillance sympathique mes efforts à bien renseigner le gouvernement de l'Empereur sur l'état des choses et des esprits en Allemagne.

La crise qui a éclaté simultanément à Munich et à Stuttgard donne à réfléchir au cabinet de Berlin. Elle prouve que le sentiment public au delà du Mein n'est pas aussi sympathique, qu'il le prétend, à ses tendances envahissantes; elle permet aussi de supposer qu'il s'est formé une entente secrète entre l'opposition parlementaire du Wurtemberg et celle de la Bavière, dans la pensée commune de défendre leur autonomie. Les Chambres méridionales marchandent, en effet, à leurs gouvernements, les crédits indispensables à la transformation de leurs armées sur le modèle prussien ; loin de les pousser à solliciter leur admission dans la Confédération du Nord, elles s'efforcent plutôt de rendre illusoire l'exécution des traités d'alliance qui leur ont été imposés après Sadowa. Ce sont de fâcheux symptômes qui ne sauraient échapper au gouvernement prussien; il s'en alarmerait à coup sûr, s'il avait à redouter une coalition européenne, prête à le rappeler à la stricte observation de ses engagements internationaux. En face du trouble politique qui s'est emparé du Midi, la guerre s'offrirait à lui dans d'inquiétantes conditions. Le roi de Wurtemberg et le roi de Bavière, quelle que soit leur fidélité personnelle aux traités qui consacrent leurs défaites, n'entraîneraient pas aisément leurs pays dans une lutte, dont le caractère ne serait pas national. Les populations refuseraient de marcher avec la Prusse qui poursuit leur asservissement, si l'Autriche, s'appuyant sur la France, se constituait le défenseur de leur autonomie. Mais la diplomatie prussienne est bien renseignée, elle croit savoir, que pour l'heure, elle n'a pas à appréhender une aussi périlleuse épreuve. Le cabinet de Vienne, qui serait en droit de protester contre les violations flagrantes qu'a subies le traité de Prague, affecte le désintéressement ; il s'efface à Stuttgard et à Munich, où jadis son influence était prépondérante, et rien n'indique qu'il songe à reconquérir la situation qu'il a perdue en Allemagne. Il est vrai qu'il est paralysé dans son expansion extérieure par les exigences multiples et contradictoires des nombreuses nationalités dont se compose la monarchie.

La France seule est un sujet de préoccupations constantes pour la Prusse. Elle voit que nos difficultés intérieures, un instant aplanies par les réformes constitutionnelles, s'aggravent de nouveau, et que les partis n'ont pas désarmé; elle craint, ou elle espère, que l'Empereur, atteint dans son prestige et son autorité, depuis les événements de 1866, ne soit entraîné à la politique des dérivatifs et que, si un prétexte plausible pour déclarer la guerre s'offrait à lui, il ne le saisisse volontiers. On estime à Berlin qu'il faudrait peu de chose pour retourner l'opinion en France, malgré ses tendances éminemment pacifiques. On prétend qu'elle n'accccepte qu'avec une résignation mal déguisée la transformation allemande, et qu'il serait aisé de donner à un conflit avec la Prusse, dont elle se sent menacée dans sa prépondérance et dans sa sécurité, un caractère patriotique. La prudence est donc plus que jamais à l'ordre du jour dans les conseils du roi Guillaume. Tous les actes ostensibles du cabinet de Berlin montrent qu'il joue serré, qu'il se maintient, au nord et au midi, sur la plus stricte défensive, et qu'il évite avec le plus grand soin de donner prise aux légitimes protestations des grandes puissances, qu'une unification violente du centre de l'Europe ne laisserait certes pas indifférentes [1]. M. de Bismarck peut donc suivre avec une quiétude relative les manifestations déplaisantes du particularisme méridional, certain de conserver la paix tant qu'il ne se départira pas en Allemagne de la circonspection qui, pour le moment, je le répète, paraît être la règle absolue de sa conduite. Les agitations populaires en deçà du Mein ne sauraient le contrarier, car il s'en dégage, pour les souverains et les gouvernements enchaînés à sa politique, de salutaires avertissements. Elles leur font comprendre, mieux que les conseils et les menaces de sa diplomatie, la nécessité de se placer sous sa puissante égide, et de rester inébranlablement fidèles à leurs engagements militaires. Ce sont les exagérations du parti démocratique, tendant à proclamer la république, à transformer le Wurtemberg en un canton suisse, qui ont obligé le roi Charles à renforcer son

1. « De ma vie, disait l'empereur Alexandre au comte de Bismarck, il ne sera porté atteinte à l'indépendance des États du Midi.

ministère contre la révolution par des personnalités énergiques, ouvertement dévouées à l'alliance prussienne. Ce sont aussi des préoccupations dynastiques qui ont détourné le roi Louis de ses penchants favoris et l'ont condamné à prendre une part plus active à la direction des affaires, dans un esprit peu conforme au sentiment bavarois.

Toutefois la Prusse, malgré l'ascendant que la peur de la révolution lui donne sur les cours de Stuttgard et de Munich, n'en est pas moins contrainte à reconnaître que sa plus grande force, le sentiment national, sur lequel est basée toute sa politique, s'affaiblit de toute part en Allemagne. Qu'elle le veuille ou non, il ne lui reste plus, en face du réveil si marqué du particularisme, des deux côtés du Mein, qu'à se replier sur elle-même, et à attendre des conjonctures meilleures pour la poursuite de ses projets. Il ne faudrait pas cependant en inférer que M. de Bismarck, inquiet de cette situation, soit disposé le moins du monde à donner à l'Europe des gages contractuels de sa modération, et à brider son ambition par une interprétation restrictive des préliminaires que nous lui avons imposés à Nikolsbourg. Je suis convaincu pour ma part, et je n'ai pas cessé de le faire ressortir dans ma correspondance, que si des ouvertures lui étaient faites dans ce sens, elles n'auraient aucune chance d'être agréées, à moins d'être basées sur une entente intime et résolue des trois grandes puissances continentales.

La diplomatie prussienne parait du reste peu redouter une pareille éventualité. Elle n'admet pas, je le répète, que l'Autriche et la Russie soient disposées à entrer dans une coalition sous l'inspiration de la France, tant qu'elle ne violentera pas les Etats du Midi. Elle est convaincue, comme je l'indiquais tantôt, qu'en tempérant momentanément le mouvement unitaire, elle pourra en toute sécurité s'en remettre à l'avenir pour l'accomplissement de son programme. Notre devoir est de la surveiller, et de retarder par l'habileté de notre diplomatie, sans froisser les passions nationales, la transformation qu'elle médite. Ce serait méconnaitre les intérêts de notre politique et se méprendre sur la crise allemande, que de sortir intempestivement de notre réserve, à la veille de trois élections, au parlement du Nord, au parlement douanier et à la seconde Chambre, pour soulever des questions qui auraient le grave inconvénient de raviver le sentiment germanique aujourd'hui si affaibli. L'abstention la plus complète me parait plus que jamais de circonstance, car elle condamne la politique prussienne à s'user dans la lutte des partis dont les exigences s'accentuent chaque jour davantage.

Lettre de M. Émile Ollivier. — *Paris, le 26 avril 1870.* — J'ai reçu la dépêche que vous m'avez fait l'honneur de m'adresser sous le n° 152 et la date du 19 de ce mois. Les appréciations qu'elle renferme sur la situation générale de l'Allemagne et sur les tendances des différents partis dans ce pays m'ont paru très judicieuses. L'attention que le gouvernement de l'Empereur doit prêter aux événements qui se produisent au-delà du Rhin et qui sont de nature à avoir un contre-coup sur la politique des autres nations me fait attacher beaucoup de prix à tout ce qui peut nous éclairer sur la marche des affaires allemandes. Vous pouvez donc être assuré de l'intérêt avec lequel je prendrai connaissance des informations que vous voudrez bien me faire parvenir et je ne puis que vous encourager à renseigner le département avec la même abondance et la même régularité que par le passé.

Recevez, Monsieur, les assurances de ma haute considération, « *et du plaisir avec lequel je vous ai lu* [1]. »

Emile Ollivier.

IV

Les appréhensions provoquées en Allemagne par la nomination du duc de Gramont au ministère des affaires étrangères.

M. de Bismarck, en 1870, ne voyait plus qu'un moyen de sortir de ses embarras intérieurs et de sauver son œuvre : c'était la guerre. Il la poursuivait secrètement, sans oser la provoquer. Il entrait dans sa tactique de donner le change sur sa pensée, en affirmant la paix. Il n'y manqua pas lorsque M. de

1. Ces derniers mots étaient ajoutés de la main du ministre.

Gramont prit en main la direction de notre politique extérieure. Il connaissait ses tendances, il pressentait peut-être qu'il provoquerait la guerre. Il avait en tout cas intérêt, au moment où, de connivence avec Prim, il poursuivait la candidature du prince de Hohenzollern au trône d'Espagne, à présenter son entrée au pouvoir comme un danger pour la paix générale. Voici ce que j'écrivais à M. de Gramont à la date du 22 mai, peu de jours après sa nomination :

« Votre avènement au pouvoir a causé une vive émotion en Allemagne. On a cru, et quelques articles semi-officiels ont contribué à accréditer ce sentiment, que vos relations intimes avec le comte de Beust, et les souvenirs que vous emportiez de Vienne, pourraient bien vous porter à exercer dans les conseils de l'Empereur une influence préjudiciable à l'Allemagne. On est allé jusqu'à vous prêter un programme concerté d'avance, qui aurait pour but de resserrer et de développer, tant en Allemagne qu'en Orient, l'entente ébauchée à Salzbourg entre l'empereur Napoléon et l'empereur François-Joseph. Quelques paroles aigres-douces échappées à votre sujet, à mon collègue de Prusse, m'ont permis de supposer que le cabinet de Berlin avait de la peine à se soustraire à un sentiment de vague inquiétude, en vous voyant prendre en main la direction de notre politique extérieure [1]. Les entre-

[1] « Je ne vous cacherai pas, disait le baron de Varnbuhler à M. de Saint-Vallier, que nous ne pouvons nous défendre d'une certaine crainte, en voyant dans les mains de M. de Gramont la

tiens que vous avez eus, depuis, avec le baron de Werther paraissent avoir atténué, en partie, ces appréhensions. Mais votre nomination qui coïncide si étrangement avec celle de M. le comte de Bray, votre ancien collègue à Vienne, auquel le roi de Bavière confiait, en quelque sorte à la même heure, la présidence de son Conseil, n'en reste pas moins pour la diplomatie prussienne une énigme difficile à résoudre. Les journaux prussiens, d'habitude inspirés, reconnaissent, avec une pointe d'ironie, que l'Autriche a tout lieu de se féliciter de voir deux diplomates récemment encore accrédités à Vienne, nommés simultanément ministres des affaires étrangères, l'un en Bavière, l'autre en France, c'est-à-dire dans les deux pays dont le concours est particulièrement précieux à sa politique. Mais pour rassurer l'opinion publique allemande, ils s'appliquent à ne voir dans la simultanéité de ces nominations que le fait du hasard ; ils se refusent à les considérer comme le résultat de combinaisons ténébreuses, ourdies entre Paris, Vienne et Munich, dans une pensée hostile à la Prusse. Ils affectent de les présenter plutôt comme un gage de la paix, car, disent-ils, le comte de Bray et le duc de Gramont

conduite des affaires extérieures de la France. Sa nomination a excité de l'inquiétude en Allemagne et cette défiance existe également à Vienne ; quelques personnes disent que l'Empereur ne l'aurait pas choisi, s'il n'avait eu l'arrière-pensée de se jeter dans une politique aventureuse pour la conduite de laquelle il a besoin d'un ministre plus complaisant que sérieux. » Opuscule du comte de Saint-Vallier. — Avril 1871.

connaissent trop bien la situation intérieure de l'Autriche, pour concevoir la moindre illusion sur son concours éventuel : ils s'appliqueront plutôt à faire ressortir dans les conseils de leurs souverains l'inanité d'une pareille alliance.

« C'est ainsi que le cabinet de Berlin cherche à rassurer l'opinion sur les changements ministériels qui se sont produits conjointement à Paris et à Munich. Il ne cache pas, du reste, qu'il est prêt à toute éventualité. La Confédération du Nord, disent ses journaux, est aujourd'hui, grâce au développement incessant donné à ses armements, en état de parer à tous les dangers, et cette conviction partagée au dehors, restera comme elle l'a été dans ces dernières années, la garantie la plus sûre de la paix. »

V

Les démarches tentées par M. de Bismarck, avant la guerre, en vue de la proclamation de l'Empire d'Allemagne.

Le ministère du 2 janvier s'était inspiré à ses débuts d'une sage politique. Il affirmait la paix et poursuivait le désarmement; il affectait de se désintéresser des affaires allemandes, tout en faisant comprendre discrètement, que, d'accord avec l'Autriche, il saurait au besoin s'opposer à une violation flagrante du traité de Prague et défendre l'autonomie des royaumes du Sud. Ce plan de conduite était habile. Il permettait aux cours du Midi de reprendre confiance, de réagir contre les tendances envahissantes de la Prusse, il enlevait au cabinet de Berlin tout prétexte pour raviver les passions germaniques au profit de ses desseins. Il restait, il est vrai, à M. de Bismarck, un sérieux argument pour impressionner les dynasties allemandes : le réveil de l'esprit révolutionnaire en France et la nécessité pour le gouvernement impérial de chercher au dehors un dérivatif aux attaques des partis. Il spéculait sur nos défaillances intérieures, il les exploitait auprès de ses alliés dès qu'elles s'accentuaient ; ses allures et ses procédés se réglaient d'après les renseignements que son ambassadeur lui adressait de Paris. Son langage devenait impératif, dès que l'opposition prenait une attitude menaçante, il s'adoucissait, lorsque l'Empereur paraissait recouvrer sa force et son prestige. Il fut arrogant, lors des émeutes qui se produisirent au début de 1870, il redevint conciliant après le plébiciste.

Mais si l'opposition grandissait en France, elle se développait aussi en Allemagne, sous l'influence de notre transformation constitutionnelle. Le particularisme se réveillait des deux côtés du Mein, la confédération du Nord n'apparaissait plus que comme une œuvre précaire, mal conçue, la Prusse était acculée dans une impasse. « La locomotive unitaire, disait M. Michaeli, est embourbée dans le Mein, elle ne peut plus ni avancer ni reculer. » L'œuvre de 1866 était menacée ; il importait de la sauver, à tout prix, en la complétant soit par la guerre, soit par le libre consentement de tous les princes allemands. C'est à cette dernière solution que s'arrêta M. de Bismarck, au commencement de 1870, tandis que, pour nous paralyser en face de la transformation de l'Allemagne, il s'appliquait, secrètement, à nous mettre aux prises avec l'Espagne.

Le roi Guillaume convoitait ardemment la couronne impériale, mais il craignait que la proclamation de l'Empire ne provoquât des complications internationales. Aussi son ministre, pour ne pas s'exposer à un refus de sa part, prit-il le parti de poursuivre les négociations, à son insu, à Munich et à Stuttgard. En procédant de sa propre initiative il assumait la responsabilité d'un échec éventuel, il permettait à son souverain d'opposer de sincères et d'énergiques dénégations aux interpellations dont il pourrait être l'objet.

Voici ce qu'au mois de mai 1870, j'écrivais de Hambourg, à ce sujet, au duc de Gramont :

« J'ai entretenu le département, à différentes reprises, des démarches que M. de Bismarck a tentées auprès du roi de Wurtemberg et du roi de Bavière pour les amener à concéder au roi Guillaume le titre d'empereur d'Allemagne. Je suis à même aujourd'hui de compléter et de préciser ces renseignements.

» C'est bien au mois de décembre dernier que le chancelier, à l'insu du Roi, dit-on, a conçu l'idée de reconstituer nominalement l'Empire germanique. Il redoutait les inconvénients d'une politique stationnaire, autant pour son gouvernement que pour sa popularité. Il n'entendait pas achever l'œuvre commencée en 1866, par l'entrée des États du Midi dans la Confédération. Son ambition se bornait à assurer au Roi la couronne impériale. La situation générale de l'Europe était telle, que son esprit audacieux pouvait jusqu'à un certain point espérer le succès. Il n'avait pas à se préoccuper de la Russie et encore moins de l'Autriche, il voyait la France absorbée par sa crise intérieure ; il n'admettait pas qu'elle fût en état de s'opposer à ses desseins, autrement que par des protestations. Notre état révolutionnaire, dont la presse allemande exagerait la gravité, était de nature à faciliter ses démarches. Il pouvait s'en servir comme d'un argument décisif auprès des cours méridionales, que rongeait la crainte de la démocratie.

» Ce n'est en réalité qu'au mois de mars, après avoir fait sonder et préparer le terrain, par des intermédiaires officieux, appartenant à des maisons princières, qu'il s'en ouvrit au grand-duc de Bade, aux ducs d'Oldenbourg de Mecklenbourg-Schwérin et de Weimar qui étaient accourus à Berlin pour féliciter le Roi à l'occasion de sa fête. Peu de jours après, des propositions formelles étaient soumises aux rois de Bavière et de Wurtemberg. On ne leur demandait aucun sacrifice nouveau, la Prusse se souciait peu d'ouvrir son Parlement aux éléments turbulents du Midi et de voir la majorité se retourner contre elle au sein du Conseil fédéral. Elle s'engageait, au contraire, à s'en tenir strictement à ce qui existait et à n'aggraver en rien les traités d'alliance. En assurant au Roi le titre d'Empereur le cabinet de Berlin n'avait qu'un but : consacrer une fois pour toutes l'union de l'Allemagne vis-à-vis de l'étranger et consolider l'alliance étroite de toutes les dynasties allemandes contre la révolution. M. de Bismarck s'engageait à faire cesser les agitations du parti national, à rompre avec lui s'il le fallait. Il soutiendrait militairement les gouvernements, s'ils le demandaient, pour les défendre contre les soulèvements révolutionnaires ; il les prémunirait contre la démocratie qui n'attendait, affirmait-il, qu'un mouvement insurrectionnel en France pour proclamer la république dans tout le sud de l'Allemagne. — Quant aux conséquences d'une violation ouverte de la paix de Prague, il n'y avait pas lieu de s'en préoccuper. Tout indiquait au contraire que le gouvernement de l'Empereur, paralysé par la lutte des partis et lié par le principe des nationalités, s'inclinerait devant un fait accompli, s'appuyant à la fois sur le libre consentement des souverains et sur la volonté hautement manifestée d'un grand peuple. Le discours du Roi, si affirmatif au point de vue unitaire, n'avait-il pas été accepté par la presse française tout entière, avec une complète résignation ? Le moment était donc des plus opportuns pour résoudre la question allemande, et l'Allemagne définitivement constituée, avec les garanties les plus absolues pour la sécurité et l'avenir des dynasties, la guerre et la révolution seraient du même coup, à jamais conjurées.

Tels sont les arguments que M. de Bismarck faisait valoir à Munich et à Stuttgard pour impressionner les rois de Bavière et de Wurtemberg. Le roi Louis ne fut pas seul à repousser des propositions, qui, bien que présentées dans la forme la plus rassurante, étaient de nature cependant à porter atteinte à ses droits de souveraineté, car elles avaient pour conséquence de placer en temps de paix, aussi bien qu'en temps de guerre, toutes les armées allemandes sous le commandement suprême de l'empereur. Le roi Charles s'associa très résolument à ces protestations, malgré la lutte qu'il soutenait à ce moment avec la seconde Chambre. C'est à ce refus, dont il tenait à atténuer la mauvaise impression à Berlin, qu'il faut attribuer le dénouement étrange de la crise ministérielle, qui substituait à M. Wagner, tombant devant l'opposition antiprussienne de la Chambre, M. de Suchow, le réfutateur de la brochure Arcolay, qui dans l'armée wurtembourgeoise passait pour le défenseur le plus résolu des traités d'alliance.

Ces pourparlers jettent, aujourd'hui qu'ils nous sont connus, une vive lumière sur le discours du roi de Prusse à l'ouverture du Parlement, le plus regrettable de tous ceux qu'il a prononcés depuis 1866, et dans lequel il affirmait de la façon la plus hautaine le droit de l'Allemagne de se constituer en dehors de tout contrôle international. Ils servent aussi de commentaire instructif aux avances que le chancelier faisait à la Bavière dans la mémorable séance du 24 février, et à ses allusions à l'ancien empire germanique; ils expliquent enfin la violence extrême avec laquelle il traita

le parti national qui, par la motion intempestive de
M. Lasker, au sujet de l'entrée de Bade dans la Confédération du Nord, jetait malencontreusement l'inquiétude dans l'esprit des souverains, qu'il s'appliquait
précisément à rassurer sur les conséquences de leur
acquiescement.

J'ajouterai que c'est à l'irritation que lui ont causée
les réponses du roi de Bavière et du roi de Wurtemberg que les amis de M. de Bismarck attribuent, en
partie, le mouvement de bile qu'il a ressenti et qui pendant plusieurs semaines l'a tenu éloigné de Berlin. On
comprend qu'il ait été vivement affecté de ces refus ;
ils constituent pour sa politique un sérieux échec.

VI

ALLUSIONS FAITES PAR LE ROI ET LE COMTE DE BISMARCK
A L'EMPIRE GERMANIQUE.

Au duc de Gramont, ministre des affaires étrangères. — *Hambourg, 12 juin 1870*. — « J'ai relu attentivement le discours du roi de Prusse à l'ouverture du
Reichstag, et les réponses irritées de M. de Bismarck
à M. Lasker, réclamant l'entrée du grand-duché de
Bade dans la Confédération du Nord, et j'ai relevé
dans les paroles du souverain, ainsi que dans celles
de son ministre, les allusions les plus transparentes
aux pourparlers, poursuivis secrètement à Stuttgard
et à Munich, en vue de la proclamation de l'Empire.
Ces allusions ne sont que des preuves incidentes, mais

elles fortifient les informations que le gouvernement de l'Empereur a reçues simultanément de son ambassade à Berlin et de sa légation à Hambourg ; elles projettent une lumière inquiétante sur les desseins de M. de Bismarck ; elles nous permettent aussi de réduire à leur valeur les dénégations que M. de Thile, dont le rôle est de tout ignorer et de tout démentir, a opposées aux interpellations dont M. Benedetti a pris l'initiative.

» Lorsque le roi, sans se préoccuper de l'émotion que ses paroles provoqueraient au delà du Rhin, affirmait publiquement le droit de l'Allemagne de se constituer au gré de ses aspirations, en dehors de tout contrôle international, il voulait évidemment impressionner les cours du Midi, les préparer aux concessions qui leur seraient demandées officiellement et les rassurer du même coup sur les suites de leurs déterminations, en révélant, par la hauteur de son langage, le sentiment que la Prusse avait de sa force et le peu de soucis que lui inspiraient les protestations éventuelles de la France. L'effet de ces paroles fut considérable à Stuttgard et à Munich, à en juger par les inquiétudes manifestées par M. de Vahrenbühler. Du reste, déjà le terrain était préparé. Des princes alliés à la maison de Hohenzollern s'étaient entremis, — le gouvernement de l'Empereur ne l'ignore pas, — auprès des rois de Wurtemberg et de Bavière. Ils leur avaient démontré l'urgence de résoudre la question allemande et de se mettre une fois pour toutes à l'abri des ingérences étrangères. Proclamer l'Empire était, d'après eux, un moyen infaillible de conjurer à la fois la guerre et la révolution ; la France, impuissante et divisée, se bornerait à de stériles protestations ; aucun sacrifice ne serait demandé aux gouvernements allemands, le *statu quo* serait strictement maintenu, les intérêts dynastiques seraient largement et solennellement garantis, tout se bornerait à la proclamation nominale de l'Empire.

» C'est à ce moment, alors que la diplomatie prussienne s'efforçait de rassurer le roi Charles et le roi Louis sur les conséquences de leur acquiescement, et qu'elle leur promettait de rompre en visière avec les passions unitaires, que se produisit de la façon la plus malencontreuse l'interpellation de M. Lasker. L'irritation du chancelier fut extrême. La motion de M. Lasker, réclamant l'entrée immédiate du grand-duché de Bade dans la Confédération du Nord, ravivait inopinément les inquiétudes des cours méridionales ; elle était un avertissement pour les souverains, elle leur prouvait que la Prusse, malgré la solennité de ses déclarations, ne parviendrait pas à se dégager de ses compromissions avec les nationaux libéraux ; ils en conclurent qu'aussitôt l'Empire proclamé ils seraient pris dans l'engrenage et fatalement absorbés. »

M. de Bismarck ne ménagea pas au parti qui lui servait d'instrument l'expression de sa colère : « Vous » auriez dû vous concerter avec moi, disait-il dans un » langage dédaigneux, comme s'il s'adressait à des

» écoliers, et vous enquérir si cette motion ne serait
» pas de nature à contrecarrer ma politique. Voyez à
» quoi vous m'exposez! On va s'imaginer que je suis
» de connivence avec vous, et parce que le tact vous
» fait défaut, vous allez me forcer de dégager ma
» responsabilité et de m'expliquer sur le rôle que le
» grand-duché de Bade joue dans la politique alle-
» mande, explications qui ne manqueront pas d'a-
» voir, à Carlsruhe, un pénible retentissement. L'ac-
» cession isolée de Bade, je l'ai dit maintes fois, n'est
» pas une solution; ce que nous poursuivons, c'est
» une union étroite avec l'Allemagne entière, *sous*
» *quelque forme que ce soit*, mais en toute liberté,
» sans pression, sans menace. Plutôt que d'employer
» la contrainte, je préférerais attendre tout le temps
» qui s'écoulera d'une génération à une autre...

» Dans ces conditions, ne vaut-il pas mieux que le
» grand-duché de Bade, qui est, pour ainsi dire, le
» seul représentant officiel de l'idée nationale au Midi,
» reste l'intermédiaire des négociations qui pourraient
» s'ouvrir avec les États en deçà du Mein ? Séparer du
» Midi le seul État qui nous soit favorable, serait écré-
» mer le lait et laisser s'aigrir le résidu. Ne serait-ce
» pas exercer une véritable pression sur la Bavière et
» le Wurtemberg, déprimer les esprits et arrêter le
» progrès des idées ? On n'estime pas à sa juste va-
» leur ce qui a été accompli. Depuis le premier des
» Hohenstauffen, a-t-on eu en Allemagne toutes les
» forces militaires sous un même commandement et

» toutes les races solidaires dans l'attaque et dans la
» défense? A-t-on connaissance d'un Zollverein à la
» tête duquel aurait figuré l'empereur? Le nom ne
» fait rien à la chose ; mais lorsque je considère le
» pouvoir que le président de la Confédération exerce
» dans l'État, il m'est permis de prétendre que nul
» empereur n'en a exercé un semblable depuis Bar-
» berousse. »

Depuis que nous connaisons les démarches tentées simultanément à Munich et à Stuttgard, ce discours, dont j'ai cru devoir placer les passages les plus saillants sous les yeux de Votre Excellence, me semble avoir pris un caractère tout différent de celui qu'on lui prêtait sous la première impression. On s'était imaginé, en voyant M. de Bismarck s'opposer aussi énergiquement à l'entrée du grand-duché de Bade dans la Confédération du Nord, et rompre en quelque sorte en visière avec le parti national, qu'il avait voulu donner à l'Europe un gage de sa modération, et que, tout en continuant à faire de la politique allemande idéale, il s'en tiendrait désormais, dans la pratique, aux stipulations de la paix de Prague. On s'était mépris sur sa pensée. Il est bien évident aujourd'hui que sa colère contre les nationaux était provoquée, moins par leurs tendances que par leurs maladresses. Il est probable aussi qu'en évoquant Barberousse et les souvenirs de l'empire germanique, il cherchait à préparer l'opinion publique au coup de théâtre qu'il méditait.

Toujours est-il que, sans le refus du roi de Bavière et du roi de Wurtemberg, et sans la vigilance de notre diplomatie, la France aurait pu se trouver, du jour au lendemain, surprise et déconcertée en face de l'empire germanique poursuivi et proclamé à son insu. Atteinte dans son prestige, menacée dans sa sécurité, il ne lui serait resté d'autre alternative que de protester, tardivement et contrairement à ses principes, les armes à la main, ou de permettre à la Prusse de porter impunément un coup irréparable aux intérêts traditionnels de sa politique. Le danger est conjuré pour le moment ; il est des tentatives qui ne se renouvellent pas aisément. Déjà M. de Bismarck n'avait plus d'illusions sur les passions germaniques des populations méridionales ; il connaissait leurs répugnances pour les tendances autoritaires de sa politique. Il sait aujourd'hui que le roi de Bavière et le roi de Wurtemberg n'ont aucune envie de faire litière de leurs droits de souveraineté, et qu'à moins d'y être contraints par les événements, ils ne se reconnaîtront pas les feudataires des rois de Prusse. M. de Bismarck s'aperçoit aussi, par le dénoûment si rapide de notre crise constitutionnelle, qu'il aurait tort de spéculer sur nos divisions intérieures pour consommer son œuvre impunément.

VII

LES MISSIONS DE L'ARCHIDUC ALBERT ET DU GÉNÉRAL LEBRUN. — NOTRE PLAN DE CAMPAGNE.

Depuis 1866, la guerre entrait dans les prévisions de tous les gouvernements. On était convaincu que M. de Bismarck poursuivait la restauration de l'Empire d'Allemagne et qu'il ne désarmerait pas tant qu'il n'aurait pas réalisé ses desseins. L'Empereur, sous l'impression du danger qu'il avait couru au mois d'avril 1867, lors de l'affaire du Luxembourg, discutait, dans les lettres qu'il échangeait avec l'empereur François-Joseph et le roi d'Italie, l'éventualité d'un conflit. Il ne s'agissait pas de provoquer des complications, mais d'être en mesure, le cas échéant, de s'opposer à la transformation violente du centre de l'Europe. L'archiduc Albert vint à Paris, au mois de février 1870, pour s'enquérir de notre situation militaire, et le général Lebrun fut envoyé, dit-on, à Vienne, au commencement du mois de juin, pour concerter avec l'état-major autrichien un plan de campagne combiné. D'après ce plan, la France devait mobiliser en treize jours 400,000 hommes et former trois armées : celle de la Moselle, celle de Châlons, dite de réserve, celle du Rhin. Les forces réunies en Lorraine devaient se joindre à l'armée d'Alsace, passer avec elle le Rhin, se porter vers la Franconie où l'on comptait opérer la jonction avec l'armée autrichienne, et recommencer la campagne de 1806. L'armée de Châlons avançait en Lorraine et prenait position soit à Metz, soit à Nancy, pour couvrir nos communications, tandis que l'armée de la Moselle masquait à la Prusse le point d'attaque par une vigoureuse offensive.

Tels étaient les projets qui, au début de 1870, se discutaient entre Vienne et Paris, en vue d'une alliance éventuelle dont les bases étaient loin d'être arrêtées. L'empereur François-Joseph n'était pas avide de complications; il avait subi deux guerres désastreuses, il ne se souciait pas de courir de nouvelles chances sans d'impérieux motifs. Il était vraisemblable cependant qu'il ne resterait pas indifférent, le jour où la Prusse, pour satisfaire son ambition, déchirerait les derniers lambeaux du traité de Prague. M. de Beust l'affirmait, et le langage de l'archiduc Albert et des généraux autrichiens ne laissait pas de doute à cet égard. Ils ne semblaient prévoir ni les répugnances de la Hongrie, ni l'attitude comminatoire que prendrait la Russie.

Dix jours après le retour du général Lebrun, éclatait l'incident Hohenzollern, et la guerre était déclarée aussitôt avant qu'on n'eût le temps d'examiner et de discuter sérieusement les projets apportés de Vienne. On se payait d'illusions, on se plaisait à croire, en s'en rapportant à la diplomatie du comte de Beust et aux propos du parti militaire autrichien, que l'Autriche n'hésiterait pas à faire cause commune avec la France, dès le début des hostilités. C'est cette conviction, que l'événement devait si peu justifier, qui portait M. de Gramont à faire litière de la neutralité des royaumes du Sud. Il croyait qu'il importait à nos combinaisons stratégiques de ne prendre aucun engagement avec la Bavière et le Wurtemberg, afin de permettre à nos armées d'opérer leur jonction avec les forces autrichiennes.

Mais le 15 juillet, le jour où les Chambres se laissaient entraîner à la guerre, aucune alliance n'était conclue. Il ne pouvait donc être question de mettre à exécution le plan combiné avec l'archiduc Albert. Rien n'était moins certain, après les réserves faites aussitôt par M. de Beust, dans sa dépêche du 8 juillet, que la coopération de l'armée autrichienne. Ce fut un premier déboire. On reprit alors le plan de campagne que le général Frossard avait dressé, en 1867, sous les yeux de l'Empereur. Ce plan, très savamment conçu, prévoyait toutes les hypothèses, la victoire et surtout la défaite. On accepta les chiffres et les dates posés dans le travail de mobilisation élaboré par le maréchal Niel [1]. On crut qu'il suffirait de neuf jours pour jeter 150,000 hommes à la frontière et

1. On prétend que si le maréchal Lebœuf a été déçu dans ses combinaisons, il le doit aux calculs erronés de son prédécesseur. Il se peut que le maréchal Niel ait exagéré le chiffre de nos effectifs et la rapidité de notre mobilisation ; mais jamais il n'eût déclaré la guerre sans alliances certaines. « Je me ferai couper en quatre, disait-il, plutôt que de permettre à l'Empereur de s'attaquer à la Prusse sans alliés. »

que, le treizième jour, toute l'armée concentrée en Alsace et en Lorraine serait en état de franchir le Rhin; mais le projet de formation de trois armées indépendantes fut vite abandonné. L'Empereur se décida subitement, sous la pression de ses entours, à prendre le commandement en chef. Cette résolution arrêtée *in extremis* jeta la confusion dans les préparatifs. L'empereur n'était, ni moralement, ni physiquement, en état de prendre en main la direction d'une armée de trois cent mille hommes. Il renouvela les fautes commises par l'Autriche en 1866 ; il adopta comme base d'opérations une longue ligne qui s'étendait, parallèlement à la frontière, de Boulay à Belfort. Il espérait dissimuler à l'ennemi la direction de l'effort principal ; il cédait à la nécessité de placer les points de concentration sur les voies ferrées pour faciliter l'arrivée des réserves et des approvisionnements. Il se berçait de l'illusion de pouvoir concentrer ses forces avant la concentration de l'armée allemande et de prendre l'offensive en suppléant à l'infériorité du nombre par la vigueur de l'attaque. Mais les vices de notre organisation ne tardèrent pas à éclater au grand jour. Devant la rapidité de la mobilisation allemande, on dut renoncer à l'offensive pour laisser à l'armée le temps de se compléter et d'achever ses préparatifs. Nous étions loin d'être prêts lorsque la Prusse dessinait déjà son attaque.

Notre état-major général voulait la guerre, il se disait prêt, il répondait du succès, et lorsqu'il ouvrit les hostilités, il se trouva qu'il n'avait en réalité pas de plan de campagne (¹) !

VIII

L'EXPÉDITION DU NUMÉRAIRE DE LA BANQUE DE FRANCE A BREST.

Le préfet maritime fut informé par le gouvernement de la Régence, quelques jours après la bataille

1. LES ALLIANCES DE L'EMPIRE EN 1869 ET 1870, PAR LE PRINCE NAPOLÉON BONAPARTE (JÉROME).

« L'empereur crut avoir dans les lettres de François-Joseph et du roi d'Italie l'assurance que ces lettres pourraient, à un moment donné, servir de base à la rédaction d'un traité qu'on n'aurait plus qu'à signer en quelques jours. L'événement a prouvé que c'était une grave erreur. Mais, il faut le reconnaître, la conduite des deux représentants à Paris, de l'Autriche et de l'Italie, était bien faite pour illusionner l'empereur. Ces deux envoyés, dans des conversations particulières, dans des épanchements intimes très explicites, affirmaient à ce point les bonnes dispositions de leurs gouvernements qu'ils les engageaient plus qu'ils n'y étaient autorisés. Les rapports fréquents et directs que M. Nigra et le prince de Metternich avaient aux Tuileries ont évidemment égaré l'empereur et son entourage. Ils ont créé et entretenu des espérances trompeuses. Tel est le danger de ces relations trop intimes et trop personnelles entre un souverain et des ministres étrangers. Les motifs les plus frivoles, dans ce commerce avec les Tuileries, où ils cherchaient à plaire, ont pu conduire les représentants de ces deux cours à faire croire à l'Empereur que l'alliance de leurs gouvernements serait plus facile à obtenir qu'elle ne l'était en réalité. »

L'auteur se réserve d'élucider la question des alliances dans son second volume : *L'Italie, 1870-1871*.

(*Note de l'éditeur.*)

de Frœschwiller, que la Banque de France lui expédierait cinq cents millions en or (¹), les valeurs en dépôts et les diamants de la couronne. Le reste du numéraire était envoyé dans les succursales. Le gouvernement s'en remettait à l'amiral du soin de trouver dans le port un endroit sûr; il lui prescrivait une absolue discrétion. — La discrétion fut admirablement observée, si bien, que personne, pendant toute la durée de la guerre, ne se douta que le port de Brest était le dépositaire d'une partie de la fortune et du crédit de la France. L'amiral chargea le lieutenant de vaisseau de Lonlay de diriger seul et personnellement le travail du transbordement. On choisit une ancienne galerie souterraine, abandonnée, à l'entrée du port militaire, à proximité d'un embranchement du chemin de fer. — Les wagons portaient en grosse inscription : *matières explosibles, projectiles dangereux*. Ces inscriptions juraient étrangement avec le cachet de la Banque de France étourdiment apposé sur les portes. On avait cru bien faire, en affublant d'un costume de francs-tireurs les garçons de recette qui escortaient le premier convoi. L'idée ne fut pas heureuse, elle faillit tout compromettre : les ouvriers du port prirent les francs-tireurs de la Banque de France pour des soldats prussiens et, sans la présence d'esprit du lieutenant de Lonlay, les wagons eussent été pris d'assaut. — Après cette aventure, les convois

---

1. Il fallut, dit-on, vingt mille caisses pour les contenir.

n'arrivèrent plus que tard dans la soirée et, pendant la nuit, ils étaient dirigés sur le port, où une corvée de gabiers et de chefs de services choisis par la direction opérait le transbordement des caisses dans la galerie. — Le poids des caisses, leur son métallique, éveillèrent les soupçons des marins, mais tous feignirent d'ignorer le contenu des colis, et pas un ne révéla le secret. — Vers la fin de l'année, nos provinces de l'Ouest étaient envahies par les armées allemandes, on parlait de leur marche sur Brest, peut-être savait-on au quartier général prussien que le numéraire de la Banque s'y trouvait déposé. L'amiral jugea, d'accord avec le délégué de la Banque, qu'il était urgent de transporter les 500 millions en mer. Un instant, il fut question de les mettre à bord d'une croisière en partance pour le cap Horn; on songea aussi à les charger sur une gabarre et de les couler, comme les galions de Vigo, en un point donné de la rade. Finalement, on les mit sur le vaisseau-école « le *Borda* », et c'est là que la Banque, après la guerre, retrouva intacte son encaisse. Quant aux diamants de la couronne, ils restèrent *oubliés* à bord du vaisseau-école, pendant deux ans, sous le nom de *projectiles dangereux !*

IX

NOTE DE M. VANDAL, DIRECTEUR GÉNÉRAL DES POSTES, CONCERNANT LES DISPOSITIONS QU'IL AVAIT PRISES, POUR ASSURER PENDANT LE SIÈGE LES COMMUNICATIONS ENTRE PARIS ET LES DÉPARTEMENTS.

« Le directeur général des Postes qui, dès le commencement du mois d'août, prévoyait le siège de Paris, se préoccupa du moyen de franchir la ligne d'investissement et de transmettre les ordres du pouvoir central aux départements. Il fit faire une carte spéciale embrassant tous les environs dans un rayon de 80 kilomètres. Cette carte présentait uniquement les voies ferrées, les grandes routes, les routes départementales, les chemins vicinaux, c'est-à-dire tous les organes de viabilité compris dans son périmètre ; elle indiquait toutes les localités sièges de bureaux de poste, de casernes de gendarmerie, d'anciens relais de poste, pourvues des moyens qui pourraient favoriser la locomotion. En même temps, il réunissait au siège de l'administration centrale quinze courriers convoyeurs, triés avec soin, tous anciens militaires, intelligents, énergiques. Il leur fit donner des notions de topographie, leur apprit la nature et le mode des réquisitions qu'ils étaient en droit d'exercer vis-à-vis des autorités locales pour obtenir des facilités de transport. On avait même préparé des blouses hors d'usage, maculées, pour leur permettre de dissimuler leur qualité et leurs fonctions. En peu de temps ce personnel avait été instruit, disposé et mis en demeure de remplir sa mission. — Aussitôt investi du gouvernement de Paris, le général Trochu s'était mis en rapport avec M. Vandal pour concerter les mesures que comporteraient les circonstances. Il déclara que l'investissement hermétique ne lui paraissait pas possible et que les mesures prises étaient celles qui convenaient; il félicita le chef du service des postes de son initiative et demanda qu'on mit à sa disposition un certain nombre de cartes préparées en vue de la circulation brisée dans une circonférence de 80 kilomètres. Cet ensemble de mesures aurait garanti les communications entre le gouvernement et la province, si le blocus, comme le prévoyait notre diplomatie, n'avait pas été submergé par une sorte de marée humaine; mais la prudence fut déjouée et le cercle de fer fut absolument fermé. »

X

LES MISSIONS DE M. THIERS A VIENNE, PÉTERSBOURG ET FLORENCE.

M. Thiers ne s'arrêta que peu de jours à Vienne. Il savait qu'il n'y avait rien à espérer de l'Autriche, qu'elle était paralysée à la fois par la pression de la Russie et par ses embarras intérieurs. — « M. Thiers ne semble pas se faire d'illusions sur la situation, écrivait M. de Beust au comte Appony; son langage ne porte pas l'empreinte du découragement, mais il indique une juste appréciation des événements et admet la nécessité de se soumettre à des sacrifices considérables afin d'obtenir la paix. » — « M. Thiers, écrivait de son côté le ministre des États-Unis à Vienne, a plus parlé des bévues de la dernière dynastie que des plans et des espérances du gouvernement qui lui a succédé. »

A la cour de Russie, on répondit aux appels de l'ambassadeur la Défense nationale par des récriminations; on récriminait d'autant plus volontiers que déjà l'on escomptait nos défaites. La France, disait l'empereur Alexandre, sans prendre conseil de personne, a déclaré la guerre à la suite d'exigences inadmissibles; elle a fait craindre à l'Europe qu'elle ne voulût renouveler la politique de conquêtes du premier Empire. Il ajoutait que la Russie avait dû prendre des garanties, définir exactement les conditions de sa neutralité et s'appliquer à localiser le conflit. M. Thiers emporta néanmoins la promesse que le tzar prêcherait la modération au roi Guillaume et qu'il s'appliquerait à le détourner de l'idée de restaurer la dynastie impériale. Il partit de Pétersbourg, certain que le jour où les événements le porteraient au pouvoir il serait reconnu par l'empereur Alexandre et soutenu par le prince Gortschakoff.

On lui promit aussi d'obtenir de M. de Bismarck un sauf-conduit, qui lui permettrait de communiquer avec le gouvernement de Paris.

« Le jeu de la Russie, a dit M. Sorel, était de mettre en avant l'empereur Alexandre par des lettres particulières adressées au roi Guillaume en faveur de l'intégrité de notre territoire et de se prévaloir de ces efforts pour n'entrer dans aucune combinaison de médiation, et le jeu du roi de Prusse était de répondre que malgré son vif désir de déférer à ses vœux, il était forcé de tenir compte du sentiment allemand qui impérieusement réclamait l'Alsace et la Lorraine. »

M. Thiers qui, sous l'empire, s'était posé en adversaire convaincu de l'unité italienne, avait peu de chance d'être écouté à Florence. Il se présentait, d'ailleurs, dans un moment inopportun pour le succès de sa mission. L'Italie venait de réaliser le plus ardent de ses désirs ; les événements lui avaient permis de s'incorporer le territoire pontifical, d'installer sa capitale à Rome et il ne pouvait entrer ni dans les instructions ni dans la pensée de l'envoyé de la Défense, d'approuver et encore moins de sanctionner, par ses déclarations, la spoliation de la papauté. Je recueillis peu de semaines après, à Florence où j'étais nommé ministre, par la délégation de Tours, quelques détails sur l'accueil dont M. Thiers fut l'objet à la Cour d'Italie. Le roi lui fit les honneurs d'un Conseil extraordinaire auquel il convoqua, indépendamment de ses ministres, plusieurs généraux. Il fut admis à exposer ses demandes, à développer ses idées ; on tenait à connaître nos ressources, à se rendre compte de notre plan de campagne, avant de mobiliser un corps d'armée et de se prêter à une démonstration militaire. Son éloquence électrisa le Conseil : il fut l'objet de chaleureuses protestations, il crut l'Italie ralliée à notre cause. Déjà il voyait 60.000 Italiens se joindre à l'armée de l'Est qu'organisait la délégation de Tours. « Je les ai enfermés dans un cercle, d'où ils auront de la peine à sortir, » disait-il, tout joyeux, au premier secrétaire de notre légation, au sortir du palais Pitti. — Le lendemain, le cercle était franchi : la nuit avait porté conseil au roi et à ses ministres ; ils se retranchaient derrière l'opinion du pays, le mauvais vouloir des chambres ; ils disaient que l'armée était désorganisée par la faute de l'empereur qui, interpellé sur ses projets, quelques mois avant la déclaration de guerre, leur avait formellement conseillé le désarmement. — « M. Thiers, se serait écrié le roi, d'un air martial, si vous pouvez me donner votre parole d'honneur, qu'avec mon faible contingent, je sauverai la France, je marcherai ! » — M. Thiers était convaincu de l'inanité de notre défense ; il resta muet, sa mission avait échoué. — « Quand un de nos amis, me disait le ministre des affaires étrangères, M. Visconti-Venosta, se jette par la fenêtre, sans nous prévenir, et se casse malencontreusement le cou, ce serait folie de sauter après lui et de se briser les membres sans pouvoir le sauver. » — « On saute tout de même, sauf à mettre de la paille, » disait M. Gambetta, auquel je citais un jour le mot, dont se servait volontiers le ministre italien, lorsque je lui rappelais d'anciens souvenirs et que je le pressais d'agir.

XI

L'IMPÉRATRICE PENDANT LA GUERRE.

L'attitude de l'impératrice dans ces tristes jours fut des plus dignes. Elle n'eut d'autre préoccupation, à peine arrivée en Angleterre, que de faire servir à la cause de la France les sympathies que son sort éveillait dans les cours d'Europe. Elle écrivit à l'Empereur François Joseph ; elle rappela à l'empereur Alexandre, que dans ses entretiens avec le général Fleury, après nos premiers désastres, il avait promis de ne pas sanctionner notre démembrement, et, lorsque M. de Bismarck lui proposa de négocier, elle en informa la délégation de Tours ; elle pria le prince de Metternich de dire qu'elle avait décliné l'offre de traiter, et qu'elle n'entendait en rien entraver la défense. Notre représentant à Londres, M. Tissot, fut chargé par le comte Chaudordy de la remercier de son attitude patriotique.

Les démarches que l'impératrice avait tentées à Vienne et à Pétersbourg restèrent sans effet. L'empereur Alexandre se borna à lui exprimer ses sentiments de condoléance. Il regrettait que les circonstances eussent modifié l'état des choses. — On a prétendu que M. de Bismarck aurait offert à l'impératrice de restaurer l'empire si elle consentait à la cession de Strasbourg avec une banlieue de deux cent cinquante mille habitants. On a même raconté que dans un conseil tenu à Hastings, auquel assistaient M. de Persigny,

M. Rouher, M. de Lavalette, M. Chevreau et M J. David, on aurait accepté les propositions formulées par le comte de Bernstorff, l'ambassadeur de Prusse à Londres, et, que le lendemain, au moment de signer la réponse, l'impératrice aurait déclaré qu'elle ne se prêterait jamais à la mutilation de la France. Son refus aurait provoqué une scène des plus vives ; M. de Persigny lui aurait reproché en termes amers sa conduite passée et présente; il l'aurait accusée d'avoir voulu la guerre [1]. L'incident n'eut pas ce caractère. M. de Persigny fut peu mesuré dans son langage; il blâma l'empereur de n'avoir pas signé la paix à Sedan, il récrimina contre les fautes commises, mais son indignation eût porté à faux, s'il avait fait un crime à la régente d'avoir repoussé des conditions que M. de Bismarck n'avait certes pas formulées. « On me couperait le cou ainsi qu'à mon souverain, disait le chancelier, si nous revenions à Berlin sans l'Alsace et la Lorraine. » M. de Bismarck avait bien fait offrir à la régente de restaurer l'empire, mais il demandait

---

1. L'impératrice a toujours protesté contre le mot : « c'est ma guerre ». — A-t-elle été victime des passions militaires où les a-t-elle partagées ? Ce qui est certain, c'est qu'à la sortie du Conseil, où venait de se décider le sort de la France et de la dynastie, elle demanda anxieusement à M. de Parieu ce qu'il pensait des résolutions prises. — « Je pense, Madame, dit le Président du Conseil d'État, que si l'Angleterre devait demain trouver une formule qui nous permettrait d'éviter la guerre, elle aurait bien mérité de la France. » — « Je suis bien de votre avis », répondit l'impératrice.

en échange un *blanc-seing* pour le règlement des conditions de la paix. — Il lui fallait Metz et Strasbourg, « ce sont les clefs de la maison », disait-il, dès nos premières défaites. Ses exigences eussent été plus modérées assurément, si l'on avait traité au lendemain de Sedan. On aurait pu sauver deux milliards et peut-être l'arrondissement d'Altkirch avec Mulhouse, mais reste à savoir si la république eût ratifié les conditions acceptées soit par l'empereur soit par la régente. L'Allemagne était décidée, d'ailleurs, à ne signer la paix qu'après la capitulation de Strasbourg et de Metz, et c'est par une entrée triomphale à Paris qu'elle entendait consacrer ses victoires. Il aurait fallu de grands succès, ou l'intervention résolue des puissances pour amener la Prusse à réduire son programme.

TABLE

	Pages.
INTRODUCTION	1
PRÉFACE	65
Lettre à M. Jules Favre, Morges, 9 septembre 1870	73

PREMIÈRE PARTIE. — SEPTEMBRE 1870.

I. — Le siège de Paris, Morges, 13 septembre 1870	77
II. — Les jugements sur le Manifeste du gouvernement provisoire après l'entrevue de Ferrières, 14 septembre 1870	79
III. — Le roi de Prusse et le gouvernement de la Défense nationale, 14 septembre 1870	81
IV. — Divergences d'opinion entre le roi Guillaume et M. de Bismarck sur la reconnaissance du gouvernement de la défense nationale, 15 septembre 1870	82
V. — L'attitude du Cabinet de Vienne. — Ses perplexités, 15 septembre 1870	84
VI. — Le roi de Prusse et la restauration de l'Empire, 16 septembre 1870	88

VII. — Les pertes subies par les armées allemandes, 16 septembre 1870... 89

VIII. — La presse allemande et notre défense, 17 septembre 1870... 92

IX. — Le roi Guillaume, son esprit de conquête. — La confusion dans la presse allemande. — M. de Bismarck évite de s'expliquer sur les conditions de la paix. Il craint sans doute qu'en les révélant prématurément, elles ne soient jugées excessives, 18 septembre 1870........ 94

X. — La réaction pacifique en Allemagne et le parti militaire, 19 septembre 1870... 96

XI. — Dénégations de M. de Bismarck au sujet de la restauration de l'Empire. — Ce qu'il veut, 20 septembre 1870... 99

XII. — L'état provisoire de l'Alsace et de la Lorraine. — Le rôle que la révolution joue dans la politique de M. de Bismarck, 20 septembre 1870... 101

XIII. — La volonté de l'état-major prussien de ne traiter qu'à Paris. — Le bien-être et les passions des armées allemandes, 21 septembre 1870... 104

XIV. — Indifférence dédaigneuse de M. de Bismarck au sujet des voyages de M. Thiers, 21 septembre 1870.... 105

XV. — La question de Nice et de la Savoie, 22 septembre 1870... 109

XVI. — Répugnances de la Prusse à traiter avec un gouvernement révolutionnaire. — Ses arrière-pensées, 22 septembre 1870... 111

XVII. — L'opinion en Angleterre; Sir Henri Bulwer et le *Times*, 23 septembre 1870... 114

XVIII. — Les négociations entre le chancelier et les cours du Midi, 23 septembre 1870... 116

XIX. — L'action des nationaux-libéraux à Munich et à Stuttgard. — Leurs espérances. — Le roi de Prusse et la responsabilité ministérielle, 24 septembre 1870...... 118

XX. — L'intervention du Cabinet de Londres en faveur d'un armistice. — Les armements de la Russie. — Les préoccupations qu'ils inspirent à l'Angleterre, 24 septembre 1870... 120

TABLE 393

	Pages.
XXI. — Le sort réservé à l'Alsace, 24 septembre 1870....	122
XXII. — Les circulaires prussiennes à l'occasion de l'entrevue de Ferrières. — Les réflexions qu'elles suggèrent à la presse allemande, 25 septembre 1870..............	124
XXIII. — Le discours du docteur Jacobi contre les annexions. — Son arrestation, 25 septembre 1870........	126
XXIV. — Mesures répressives contre le mouvement anti annexioniste. — Craintes que la réaction ne l'emporte après la guerre comme en 1815, 26 septembre 1870..........	127
XXV. — Les répugnances du roi de Prusse à traiter avec le gouvernement de la Défense nationale, 26 septemb. 1870	128
XXVI. — Les armements de la Prusse, la discrétion de la presse allemande sur le mouvement des troupes, 27 septembre 1870...	130
XXVII. — Les évolutions de M. de Bismarck............	132
XXVIII. — La proclamation du gouvernement de la Défense après l'entrevue de Ferrières. — Les démentis de M. de Bismarck. — Les services que lui rendent le *Times*, le *Journal de Saint-Pétersbourg* et la *Nouvelle Presse* de Vienne, 28 septembre 1870.............................	135
XXIX. — L'entrevue de Ferrières. — Le parti qu'en tire M. de Bismarck. — L'urgence de convoquer une Assemblée constituante, 28 septembre 1870..................	138
XXX. — La Prusse et l'intervention des puissances neutres. — Les missions de M. Thiers. — La cour de Pétersbourg, 29 septembre 1870.............................	141
XXXI. — Les évolutions de l'opinion publique en Allemagne au sujet des annexions. — Le langage des autorités prussiennes en Alsace. — Les arguments qu'elles tirent de notre état révolutionnaire, 29 septembre 1870 .	145
XXXII. — L'Allemagne et nos richesses. — La contribution de guerre, 29 septembre 1870	149
XXXIII. — Nouvelles militaires. — Formation d'un corps d'armée dont la mission serait de s'emparer de Tours, 28 septembre 1870	152
XXXIV. — La guerre et les universités allemandes. — Le manifeste de M. de Sybel, 29 septembre 1870 . . .	153
XXXV. — Les mécomptes de l'Allemagne au sujet d'un	

Parlement national. — Influence qu'une France sage et prospère exercerait au dehors, 30 septembre 1870. . . .   160

DEUXIÈME PARTIE, OCTOBRE 1870.

XXXVI. — La reddition de Strasbourg, l'enthousiasme de l'Allemagne, le désespoir de l'Alsace, 1er octobre 1870.   165
XXXVII. — La convocation d'une Assemblée constituante. — Réflexions, 2 octobre 1878.   166
XXXVIII. — La reddition de Strasbourg, les promesses de la Prusse et les sentiments de l'Alsace, 3 octobre 1870.   170
XXXIX. — La désorganisation du service postal en France   174
XL. — Les négociations de M. de Bismarck avec les cours du Midi en vue de la réorganisation de l'Allemagne, 5 octobre 1870.   175
XLI. — La réorganisation de l'Allemagne, les déceptions des libéraux. Le comte de Bray et le baron de Varnühler, 6 octobre 1870   180
XLII. — L'Autriche et le traité de Prague. Les justifications de M. de Beust. L'alliance éventuelle de l'Autriche et de l'Allemagne, 7 octobre 1870   184
XLIII. — Les résistances de la Bavière. — M. de Bennigsen et M. Lasker à Munich. — Le ministère Ollivier. — La diplomatie française, 8 octobre 1870.   186
XLIV. Le bombardement de Paris. — Les espérances de l'état-major prussien, 9 octobre 1870   192
XLV. — Le mémorandum de M. de Bismarck sur les conséquences du siège. — Réflexions, 10 octobre 1870.   194
XLVI. — L'Allemagne dans l'attente de la prise de Paris, 11 octobre 1870.   197
XLVI. — Le directeur de la police en Prusse à Paris, avant la guerre. — Le but de sa mission, 12 octobre 1870.   198
XLVIII. — Mouvement antiannexioniste en Allemagne. — Les théories stratégiques de M. de Bismarck. — Sa rupture avec la politique des nationalités, aux regrets du parti libéral, 12 octobre 1870   200
XLIX. — L'attitude réservée du comte de Beust. — Sa

circulaire au sujet du mémorandum de M. de Bismarck sur les conséquences du siège, 13 octobre 1870. 203

L. — Les ministres des cours d'Allemagne à Versailles, 14 octobre 1870. 205

LI. — Inconvénients de poursuivre des négociations sans issue. — Les avantages qu'en retire M. de Bismarck, 15 octobre 1870 207

LII. — L'intimidation exercée par la Prusse en Allemagne et en Belgique. — La guerre et la réaction à l'intérieur, 16 octobre 1870. 209

LIII. — La prolongation de la guerre, les plaintes et les souffrances de l'Allemagne ; les assurances de la presse officielle, 17 octobre 1870. 212

LIV. — Tiraillements entre Pétersbourg et Berlin. — Les méfiances du prince Gortschakoff, 17 octobre 1870 . . . 215

LV. — Le désir de la paix en Allemagne. La responsabilité de la prolongation de la guerre rejetée à l'étranger sur le gouvernement de la Défense, 18 octobre 1870 . . 216

LVI. — La prolongation de la guerre et les inquiétudes de l'Allemagne.— Les explications du gouvernement prussien, ses arrière-pensées, 19 octobre 1870 218

LVII. — Les évolutions de M. de Bismarck. Ses tiraillements avec les généraux, 20 octobre 1870 220

LVIII. — Les griefs de M. de Bismarck contre *la Gazette de Cologne* et *l'Indépendance belge*, 22 octobre 1870. . . . 222

LIX. — La mission du général Boyer. Conjectures, 23 octobre 1870 226

LX. — La mission du général Boyer. Espérances pacifiques, leur valeur. Considérations générales, 24 octobre 1870. 227

LXI. — Le mécontentement que les projets de réorganisation de l'Allemagne provoquent en Wurtemberg ; protestations de la Chambre, 25 octobre 1870 232

LXII. — Les mouvements de l'armée allemande. Nouvelles militaires, 25 octobre 1870. 234

LXIII. Les ministres des cours allemandes à Versailles. Atteintes portées à leur autonomie dans la réorganisation de l'Allemagne. Leurs résistances, 26 octobre 1870. 236

LXIV. — L'ajournement de la convocation du Parlement

ensuite des résistances de la Bavière. — Nouvelle évolution du Wurtemberg, 27 octobre 1870 239

LXV. — Efforts de la Bavière et du Wurtemberg pour modérer les exigences de la Prusse, en vue des relations futures de la France avec l'Allemagne, 28 octobre 1870. 241

LXVI. — La presse prussienne et l'action modératrice prêtée au cabinet de Munich, 29 octobre 1870 243

LXVII. — Les conséquences stratégiques de la reddition de Metz sur notre plan de défense. — Réflexions, 30 octobre 1870 244

LXVIII. — Dénégations de M. de Bismarck au sujet de la restauration de l'Empire. — Sa politique, 30 octobre 1870. 246

LXIX. — Le désaccord entre M. de Bismarck et le cabinet militaire du roi, 31 octobre 1870........... 248

LXX. — La reddition de Metz, ses conséquences politiques. — Le maréchal Bazaine. — Les propositions faites à la rég nte. — Les dénégations de M. de Bismarck, 31 octobre 1870 250

LXXI. — M. Thiers à Pétersbourg; la politique russe, 31 octobre 1870 253

TROISIÈME PARTIE. — NOVEMBRE 1870.

LXXII. — L'Allemagne universitaire. Les lettres du Dr Strauss et de M. Renan. — Les professeurs allemands, 1er novembre 1870 261

LXXIII. — Les appréciations de la presse étrangère sur la défense et la capitulation de Metz, 2 novembre 1870. . 267

LXXIV. — Nouvelles militaires, 3 novembre 1870 269

LXXV. — La presse allemande et les bulletins de la guerre, 4 novembre 1870 270

LXXVI. — L'expulsion des allemands du territoire français. Ses conséquences. La question des indemnités posée par l'Allemagne, 5 novembre 1870. 272

LXXVII. — La question du Luxembourg soulevée par la presse allemande, 6 novembre 1870 276

LXXVIII. — Le Parlement du Nord à Versailles, 7 novembre 1870. 278

TABLE 397

Pages.

LXXIX.—La rupture des négociations de Versailles, 8 novembre 1870 279

LXXX. — L'armistice. — M. de Bismarck et le gouvernement anglais, 9 novembre 1870 284

LXXXI. — Le but de M. de Bismarck en proposant l'armistice, 10 novembre 1870 286

LXXXII. — Suspension des négociations avec la Bavière, 10 novembre 1870. 290

LXXXIII. — Les rapports entre la Prusse et l'Autriche.—Les déboires et les justifications du comte de Beust, 11 novembre 1870 293

LXXXIV. — Les Allemands expulsés de France et leurs appétits, 12 novembre 1870 295

LXXXV. — La violation du traité de Paris notifiée au comte de Beust, sa surprise, ses observations, 13 novembre 1870 298

LXXXVI. — L'opinion publique allemande et la violation du traité de Paris. — Les perplexités à Londres et à Vienne. — L'intervention de M. de Bismarck à la fois complice et médiateur, 14 novembre 1870 301

LXXXVII. — Effet produit à Vienne par la circulaire du prince Gortschakoff. — Indignation des Hongrois, satisfaction des Slaves, 15 novembre 1870 304

LXXXVIII. — La nécessité pour la Bavière de transiger avec la Prusse, 16 novembre 1870 306

LXXXIX. — Le gouvernement anglais en face de la circulaire du prince Gortschakoff plus préoccupé de ses rapports avec la Prusse que de la France. — La politique de la Russie, 17 novembre, 1870 308

XC. — Le coup de théâtre du prince Gortschakoff. M. de Bismarck se défend d'être son complice, et surtout sa dupe, 18 novembre 1870. 316

XCI. — Les efforts du comte de Beust pour se réconcilier avec le comte de Bismarck, 19 novembre 1870. 318

XCII. — Ajournement des préparatifs, au palais de Versailles, en vue de la proclamation de l'Empire, 20 novembre 1870. 320

XCIII. — Le programme du parti féodal en Prusse. — Dans

quel but il poursuit la guerre, 21 novembre 1870... 322
XCIV. — L'alliance entre la Prusse et l'Autriche. — Le programme du comte de Bismarck, 22 novembre 1870.. 325
XCV. — L'attitude de la Suisse et celle de l'Italie, 26 novembre 1870................ 327
XCVI. — Reprise des négociations avec la Bavière. Les concessions qui lui sont faites. Le comte de Bray, 28 novembre 1870................ 329
XCVII. — Notre situation militaire et politique. Les jugements de nos amis en Europe. L'urgence d'en appeler au pays, 30 novembre 1870............ 333

MA NOMINATION A FLORENCE

Lettre du comte Chaudordy, Tours, 20 octobre 1870.... 341
Lettre au comte Chaudordy, Morges, 23 octobre 1870... 341
Lettre du comte Chaudordy, Tours, 6 décembre 1870.... 341
Lettre au comte Chaudordy, Morges, 12 décembre 1870. 342
Dépêche télégraphique du comte Chaudordy, Bordeaux, 18 décembre 1870................ 344
Dépêche télégraphique au comte Chaudordy, Morges, 19 décembre 1870................ 344
Dépêche télégraphique au comte Chaudordy, Florence, 25 décembre 1870................ 344
Lettre du comte Chaudordy, Bordeaux, 29 décembre 1870. 344
Dépêche télégraphique au comte Chaudordy, Florence, 29 décembre 1870................ 345
Dépêche télégraphique du comte Chaudordy. — Bordeaux, 3 janvier 1871.............. 345
Lettre au comte Chaudordy, Florence, 4 janvier 1871... 345
Dépêche télégraphique du comte Chaudordy, Bordeaux, 6 janvier 1871................ 346
Dépêche télégraphique au comte Chaudordy, Morges, 7 janvier 1871................ 347

APPENDICE

I. — Les craintes provoquées en Allemagne par la nomination du général Fleury à Pétersbourg........... 351
II. — La France et l'Allemagne............. 353

III. — Les partis en Allemagne. — L'affaiblissement du sentiment national. — Les embarras de M. de Bismarck. — Notre politique. 354

IV. — Les appréhensions provoquées en Allemagne par la nomination du duc de Gramont au ministère des affaires étrangères. 360

V. — Les démarches tentées par M. de Bismarck avant la guerre en vue de la proclamation de l'empire d'Allemagne 363

VI. — Allusions faites par le roi et le comte de Bismarck à l'empire germanique. 369

VII. — Les missions de l'archiduc Albert et du général Lebrun. — Notre plan de campagne. 375

VIII — L'expédition du numéraire de la Banque de France à Brest. 379

IX. — Note de M. Vandal, directeur général des Postes, concernant les dispositions qu'il avait prises pour assurer pendant le siège les communications entre Paris et les départements. 382

X. — Les missions de M. Thiers à Vienne, Pétersbourg et Florence. 383

XI. — L'impératrice pendant la guerre 387

IMPRIMERIE CHAIX, 20, RUE BERGÈRE, PARIS. — 1594-4.

www.ingramcontent.com/pod-product-compliance
Lightning Source LLC
Chambersburg PA
CBHW052040230426
43671CB00011B/1731